재미있는 심리사주

저 자 | 수풍정 서광호 |

심리사주

✿ 도서출판 **왕산**

재미있는 심리사주

초판 인쇄 2015년 6월 7일
초판 발행 2015년 6월 20일
개정판 2018년 5월 8일

저자 서광호
기획 편집디자인 최봉희
펴낸곳 도서출판 왕산
발행처 대구광역시 남구 봉덕로9길 79-1
등 록 2004년 4월 10일 제5-104호

전 화 053) 943-2107
팩 스 053) 215-4545
메 일 namoss@hanmail.net

ISBN 979-11-89229-00-9-03180

값 16,000원

국립중앙도서관 출판시 도서목록(CIP)

재미있는 심리사주/ 저자: 서광호. -- 대구 : 왕산, 2018
　　p. ;　cm

ISBN 979-11-89229-00-9-0 03180 : ₩16,000

사주명리학[四柱命理學]

188.5-KDC6
133.3-DDC23　　　　　　　　　CIP2018013528

사주공부
어렵게 하지마라 !

동양인의 지혜가 담긴 정신문화
사주명리를 제대로 공부하기 위한
방법은 무엇보다도 음양오행의
생극제화의 원리와 세상의 이치를
바라보는 시각과 사고의
폭을 넓히는데 있습니다.

재미있는
심리사주

프롤로그

사주공부를 하고 심리사주학을 강의한지 벌써 20여년이란 세월이 지나면서 정규과정을 150회를 넘겼으니 한창 열정이 있을 때는 서울, 대전, 대구, 부산을 오가며 일주일 동안 아침저녁으로 10개 반을 강의하기도 하였던 것 같습니다.

항상 무언가 아쉬웠고 수강생들이 사주공부가 어렵다는 얘기를 들으면 선생이 좀 더 노력을 해서 쉽게 가르쳐야 한다는 생각을 하면서 달려왔다는 생각이 듭니다.

그동안 2편의 책을 내었는데 주로 강의 교재로 사용하기 위함이었는데 나름대로 쉽게 쓴다고 했지만 그래도 쉽지만은 않아 보였습니다.

수풍정이 목표를 두고 있는 점이 사주의 대중화와 표준화입니다.

사주명리의 이론이 표준화 되고 현대적으로 해석이 되어야 대중화가 될 수 있다는 것이며 그렇게 될 때 진정한 학문으로 인정받을 수 있다는 것이 저의 소신입니다.

그래서 남녀노소 누구나 쉽게 접근하여 재미있게 공부하여 일상에 활용할 수 있고 나아가 더 연구를 하면 전문가 수준으로 발전할 수 있는 책을 만들어 보고자 합니다.

사주 공부하러 오신 분들 중에서 "심리사주는 무엇인가요? 저는 명리학을 공부하고 싶은데요"하고 의문을 제시하는데 저는 "사람의 생년월일시를 바탕으로 공부하는 것은 거의 다 같은 사주공부라고 보시면 됩니다."고 답변을 합니다.

사주는 뭘까? 사주를 공부해서 무엇을 알 수 있을까? 하는 궁금증을 가지고 있는데 사주에 대한 기본적인 개념을 좀 가져야겠지요.

사주(四柱)란 사람이 태어난 생년월일시를 동양의 달력인 60갑자로 적어 놓은 것을 말합니다. 예를 들어 양력 2018년 1월30일 오전 11시50분에 태어났다면 정유년 계축월 임술월 병오시가 되는데 60갑자는 천간(하늘)과 지지(땅)의 기운이 결합한 형태라고 보고 그것을 하늘과 땅을 연결하는 기둥(柱)이라고 하고 그 기둥이 4개가 되므로 사주(四柱)라고 하는 것입니다.

그러면 양력 2018년 1월 30일 午시에 태어난 남자 아이가 약 45명쯤 되는데 그들은 모두 동일한 사주를 가지고 살아 가는데 과연 그들이 일생을 살면서 겪는 일이나 사건들이 꼭 같을까? 하는 의문을 가지고 사주공부를 시작해야 합니다.

위의 사실을 항상 염두에 두고 사주공부를 하고 또 이 책을 읽으시면 제대로 된 사주공부를 할 수가 있다고 확신합니다.

무술년 초봄에 3번째 증보된 〈심리사주학〉교재를 마무리 하면서

수풍정 서광호

사주공부 추천사

삶은 신비하다. 우리는 자신의 미래의 운명을 모른다. 운명이 자신을 지배하는지 자신이 운명을 지배할 수 있는 것인지도 모른다. 사람들은 자신의 운명만 모르는 것이 아니다. 자신의 기질이 무엇인지, 강점이 무엇인지도 모르고 살아 가고 있다.

신은 우리에게 세상을 살아갈 수 있는 저마다의 무기를 하나씩 주었지만 그것을 쉽게 찾을 수 없도록 숨겨두었다. 그래서 삶은 더욱 신비하다. 만약 누군가가 자신의 운명이나 기질을 잘 아는 사람이 있어 자신에게 그것을 가르쳐 준다면 얼마나 좋을까 하고 생각한 적이 있다. 하지만 그렇게 할 수 있는 사람은 없으며 만약 자신의 운명을 알 수 있다고 하더라도 행복할 수 있을까? 그것은 신의 뜻이 아니다.

하지만 길이 없는 것은 아니다. 간절하게 구하는 사람에게 정답을 꼭 찔러 가르쳐 줄 수는 없지만 힌트는 줄 수 있다. 우리는 그것을 자신의 사주에서 찾을 수 있다.

나는 사주에 대해 전문가도 아니며 그것을 무조건 믿는 사람도 아니다. 그렇다고 눈에 보이는 것만 믿는 사람도 아니다. 눈에 보이지는 않지만 기운(氣)이라는 것은 분명히 있으며 사람이 태어날 때 자신이 우주에서 받은 기운에 따라 기질과 운명이 정해지는 것은 분명하다고 생각한다. 사주는 바로 이런 원리에 기초한 동양의 사상이다. 그것은 마치 쾌청한 날씨에는 기분이 상쾌하지만 비가 오는 날에는 이상하게 기분이 우울하다든가, 도자기를 구울 때 가마의 온도와 시간에 따라 도자기의 질이 정해지는 것과 같은 이치라고 보면 될 것이다.

신은 누구를 특별히 사랑하거나 미워할 것 같지 않다고 생각하면 누구나 한 세상을 살아가면서 행복과 불행의 총합은 같다고 보면 될 것이다. 아무리 운이 좋은 사람도 계속 좋을 수는 없고, 아무리 운이 나쁜 사람도 계속 나쁜 일만 일어나지는 않는다. 다만 우리는 〈그 시간〉을 모를 뿐이다. 〈그 때〉를 안다면 누구나 불행을 피할 수 있을 뿐만 아니라 행복하고 성공적인 인생을 살 수 있다. 대부분 사람들은 〈그 때〉를 모르기 때문에 천둥 번개가 칠 때 쇠꼬챙이를 들고 밖에 나가다 변을 당하기도 하고 날씨가 맑은 날에 이불을 말리지도 못하고 평생 눅눅하게 사는 것이다.

　살아가면서 자신의 운명도 궁금하지만 사실은 자신의 기질을 아는 것이 더 급선무다. 대부분의 자기계발서는 자신의 강점 위에서 미래를 건실하라고 한다. 그러나 대부분 사람들이 아직 자신의 기질과 강점이 무엇인지 알지 못한다. 소크라테스가 말한 "너 자신을 알라"가 명언이 된 이유도 바로 자신을 아는 것이 그만큼 어렵기 때문이다.

　기질적 특징이란 말 그대로 태어나면서 가지고 나온 특성을 말한다. 이 특성은 평생 동안 잘 바뀌지 않으며 우리들이 무엇을 잘 할 수 있는가, 그리고 자신의 진로를 선택하는 데 중요한 열쇠가 된다. 시중에는 MBTI, 에니어그램, 스트렝스 파인더 같이 강점 혹은 기질에 관한 도구들이 많이 있다. 하지만 그런 도구들이 시원하게 밝혀내는 데에는 한계가 있다.

　과거에는 동양이 서양에게서 배웠지만 지금은 서양이 동양에게 삶을 묻는다. 불교가 그렇고 노장 사상이 그렇다. 이제는 사주 공부하는 사람을 점쟁이만 하는 것이라는 생각에서 벗어 나야 할 때다. 그렇다고 자신의 사주가 인생의 모든 것을 결정 짓는다고 생각해서도 안 된다. 수영을 배워 물을 즐기더라도 항상 물을 두려워해야 하는 것과 같다.

　거듭 말하지만 사주는 자신의 기질을 알고 나아가야 할 때와 물러서야 할 때 그리고 기다려야 할 때를 알며, 자신이 가야 할 길과 가서는 안 될 길을 알게 해주는 나침반 역할을 해 준다. 때를 알면 인생이 보인다. 우리가 불행한 이유는 모두 〈그 때〉를 모르기 때문이다.

　이 책이 독자 여러분들의 인생의 때를 알 수 있는 알기 쉬운 지침서가 되길 바라며, 여러분들의 삶에 축복과 행복이 가득하길 기원한다.

「유쾌한 인간관계」 작가
자기계발 저술가　운제 김 달 국

명심보감 순명 편에 보면 이런 구절이 있습니다. 列子曰 "痴聾痼瘂도 家富豪요 知慧聰明도 却受貧이라, 年月日時該載定하니 算來由命不由 人이니라"(열자께서 말씀하시기를 어리석고 귀먹고 고질병이 있고 벙어리라도 큰 부자 일 수 있고, 지혜롭고 총명하여도 도리어 가난할 수 있는 것이다. 운명이라는 것은 해와 달과 날과 시에 분명히 정해져 있으니 그로 말미암아 타고난 命에 있는 것이지 사람에 있지 않다). 어릴 때는 이 구절의 뜻을 몰라 "아~이런 말씀도 있구나!"라고 지나쳤었는데 세상을 살아 가다보니 너무나 불합리한 일들이 도처에서 벌어지고 부조리한 일상들을 볼 때마다 문득 문득 옛 성현의 말씀이 생각났습니다. 그래서 20대 초 즈음부터 철학과 운명에 관해 이책 저책 뒤적거려 보기도 하고 몇 분 선생님들에게 수학도 해봤지만 갈수록 미로에 빠지고 아득해져서 결국 "八字풀이는 내 머리로는 풀 수 없는 수수께기"라고 여기고 공부를 포기하였습니다.

  그러나 그로부터 10여년이 지난 후 우연히 〈사주공부 어렵게 하지마라!〉라는 아주 재미있고 흥미로운 제목의 명리책을 접하게 되었고 여러 번 탐독 끝에 책의 저자인 운암선생을 직접 만나게 되었습니다. 홍어를 안주삼아 소주잔을 주고 받으며 이런 저런 세상이야기를 나누다 보니 선생은 바로 제 중학교 동기였습니다. 코흘리개 까까머리시절 친구가 40대후반들어 사제지간으로 만나다니 참 "알 수 없는 게 人生"인가 봅니다. 그 후 일주일에 한 두 번씩 〈水風井〉에 다니면서 명리의 기초부터 차근차근 공부를 다시 하게 되었습니다. 운암선생의 강의는 아주 명쾌합니다. 복잡다단하고 군더더기가 많은 사주풀이를 간단명료하면서도 깊이 있게 풀어 헤칩니다. 운암선생은 소박합니다. 그 소박함이 그의 철학에도 베어나 통변이 자유롭고 단아합니다.

　명리 초보자님들 특히 저처럼 사주바다에서 헤매는 수 많은 명리학도님들에게 이 책이 많은 도움이 되리라 생각됩니다. 운암선생은 항상 열려 있는 분입니다. 누구나 언제라도 손을 내밀어 잡아주는 명리학계의 좋은 선생님입니다. 부디 〈사주공부 어렵게 하지마라!〉라는 책이 널리 퍼져 혼탁한 명리학계에 밝고 환한 등대가 되어주기를 기원합니다.

立春을 기다리며　진료실에서

해독한의원 원장 상부 정 호 충

차 례

제**1**장

음양오행의 이해

제**2**장

사주명식의 구성

contents

명리학을 공부하기 전에

＊ 사주란 무엇인가?

학당에 공부하러 오거나 상담하러 오시는 분들한테 대뜸 "사주팔자가 무엇이라고 생각하느냐?"고 물어 보면 대부분 '글로 푸는 운명학' 혹은 '점(占)보는 것'이라는 대답을 듣게 됩니다.

사주는 육십갑자로 표현된 동양의 달력일 뿐입니다. 서양의 달력은 숫자로만 표시되고 있으므로 시간의 흐름을 나타내고 있습니다. 서양식 달력은 올해를 2010년 이라고 하지만 동양은 庚寅年 이라고 합니다. 서양의 2010년은 영원히 오지 않습니다만 동양의 庚寅年은 60년 후에 다시 찾아옵니다. 이것을 순환이라고 합니다. 그리고 동양의 달력은 시간만 표시하는 것이 아니라 공간의 개념을 포함하고 있습니다.

동양의 달력은 하늘을 의미하는 10천간(天干)과 땅을 의미하는 12지지(地支)의 조합으로 만들어진 60갑자를 기준으로 합니다. 60갑자는 약4000년 전 중국의 고대 삼황시대 황제란 분이 만들었다고 합니다.

만약 어떤 시점 즉, 2010년 3월 20일 오전11시50분을 동양의 달력으로 표시해보면 庚寅년 己卯월 己巳일 庚午시입니다. 즉, 년월일시 이것을 사주(四柱)라고 합니다.

그러므로 사주는 신비한 비밀이 숨겨져 있는 그 무엇이 아닙니다.

* 60갑자의 의미는?

60갑자에서 천간은 10간이란 하늘의 기운이 음양과 오행의 구조로 이루어져 있는 특성을 설명하고 있으며, 지지는 12지지라는 땅의 형과 질을 의미하는데 명리에서는 지장간을 통하여 계절적 특성과 변화를 설명하고 있습니다. 60갑자는 10천간과 12지지의 조합으로 연월일시의 순환을 만들어 내는 기준이 되는 원리인 것입니다.

60갑자는 동양의 달력으로 사용되었는데 동양의 달력은 시간과 공간을 함께 표시하고 있으며 농경사회의 특성을 보여 주고 있습니다.

* 사주명리란?

사주는 동양의 달력이고 그 달력은 자연의 여러 가지 기운, 즉 음양오행과 형상 그리고 계절적 기운의 특성을 관찰하여 간지의 의미를 부여하고 있다고 하겠습니다.

거대한 자연의 기운은 역동성이 있어서 항상 끊임없이 움직이고 변화하고 있습니다. 그러므로 지구에 살고 있는 모든 생명체는 식물이든 동물이든 자연의 영향을 받으며 살아갈 수 밖에 없고 또 자연에 순응하고 닮아가며 진화해 왔습니다. 예로부터 동양의 선조들은 자연에서 진리를 깨닫고 지혜를 얻었습니다.

계절의 변화와 자연의 기운을 담고 있는 사주를 활용하여 그 시점의 기운이 그 시점에 태어난 생명체에게 영향을 미칠 것이라는 생각으로 그 시점의 사주를 분석하여 그 시점에 태어난 사람의 운명적 특성을 추적해 보는 학문이 '사주명리' 입니다.

* 사주명리의 적용의 원리

봄에 심은 나무와 가을에 심은 나무 그리고 바위틈에 심은 소나무와 비옥한 토양위에 심은 소나무는 분명히 다르게 살아 갑니다. 그러나 언제 가지가 부러질지 언제 죽을지는 알 수가 없고 오로지 자연의 힘에 의해서 좌우될 뿐입니다.

동물인 사람도 태어난 시점에 받은 기운에 따라 일평생을 살아 가게 됩니다. 그러나 태어나서 죽을 때까지 모든 일정이 프로그램처럼 만들어진다는 것은 이치에 맞지 않습니다.

태어날 때 부여 받은 사주의 기운은 그 사람의 일정한 기질이 형성되고 그 기질은 환경에 따라 반응하고 변화하며 각자 다르게 살아 갑니다.

사람은 스스로 사고하고 움직이기 때문입니다.

* 사주명리의 적용 한계

한 날 한 시에 태어난 사람이라도 각자 다른 인생을 살아갑니다. 왜 그럴까요? 사주가 나타내는 한 시점에서의 기본적인 특성만 정해지기 때문입니다. 나머지는 부모의 유전인자와 부모로부터 물려받은 환경(경제, 교육, 가족관계)이 인생의 방향을 결정하게 됩니다.

그렇기 때문에 사주만 가지고 운명을 추론한다는 것은 무리입니다.

✱ 사주명리학의 유용성

같은 날 같은 시에 태어나 동일사주를 가진 사람들이 수 십명 되는데 그들이 사주로서 얻을 수 있는 운명에 대한 공통적으로 유용한 정보는 그 사람들이 타고난 성격적 기질입니다. 성격이란 어떤 상황이나 환경이 주어 졌을 때 반응하는 기준이 되기 때문에 운명을 결정하는데 아주 중요합니다.

또 하나는 운세란 것입니다. 성격은 서양심리학으로도 어느 정도 정확하게 분석하는 도구들이 있습니다만 운세란 동양의 사주명리를 통하여 얻을 수 있는 거의 유일한 정보입니다.

주변을 둘러보면 정말 열심히 일하는데 하는 일마다 잘 안 풀리는 사람을 볼 수 있는데 "노력은 성공의 어머니!"란 말이 무색해 집니다.

각자 운의 흐름이 타고 난다고 하면 운이란 것이 눈에 안보이니 쉽게 인정할 수도 없고 그렇다고 부정하려니 인생이 반드시 노력에 댓가만큼 거두는 것은 아닌 것 같고... 아무튼 그렇습니다.

사주명리학으로 분석해 보면 분명히 운세의 흐름이 그려지고 있습니다. 물론 한 날 한 시에 출생한 사람의 운세의 크기가 똑 같지 않습니다. 운세 흐름의 유형이 같을 뿐 환경에 따라서 우열이 생기게 됩니다. 우리는 노력으로 이 우열의 차이를 극복할 수도 있습니다.

사주명리학의 운세분석에서 유용성은 우리가 앞으로 나아가거나 물러설 때(時期)를 알 수 있다는 것입니다.

✱ 사주명리학을 공부하는 것

사주는 자연의 사계절을 바탕으로 운용되는 시스템이라고 하겠습니다. 그러므로 자연의 흐름을 관조하고 그 속성을 이해하는 훈련을 하면서 음양오행의 원리를 대입하는 자세가 필요합니다.

사주의 8글자를 고정된 이론을 암기해서 대입하는 공부를 하게 되면 유연성이 떨어지게 되고 급기야 운명마저 고정된 개념으로 풀어가게 됩니다.

유명한 모 인터넷 까페에서 깜짝 놀란 적이 있습니다. 비무대회(?)라며 사주명식을 올려놓고 실력을 비교하는데, 첫 번째 문제가 이 사람의 직업이 뭐냐고 하는 것이며 5지선다형을 제시합니다. 정답은 치과의사라고 했습니다. 그리고 누구와 누가 맞추었다고 칭찬합니다. 그 사주 명식과 같은 사람, 즉 한 날 한 시에 출생한 사람이 전국에 약45~100명 쯤 되는데 모두 치과의사이겠습니까?

이제 사주를 바라보는 시각과 공부하는 방법이 변해야 됩니다. 그래야 사주명리학이 발전하고 대중들의 신뢰를 받을 수 있습니다.

✱ 당부의 말씀

명리공부는 의외로 쉬운데 대부분 초학 분들은 어려운 길만 찾아가시는 것을 보게 됩니다. 명리공부는 TV프로에 나오는 '달인'이 되는 방법과 꼭 같습니다. 원리를 분석하고 반복해서 연습하면 어느 시점에 가면 머리와 몸이 함께 반응을 하는 감각이 발달하는 것입니다.

거의 대부분 명리공부 하시는 분들은 기초보다는 중급 고급 실전 등에 관심을 가지고 자꾸만 앞으로 나아가려고만 합니다. 기초원리에 충실하십시오! 기초의 빈 공간을 메우다 보면 어느 날 "아! 그렇구나!"하는 생각이 머리를 스치게 됩니다.

복잡한 원리, 어려운 책잡고 고민하지 마십시오. 단순하게 원리중심의 공부를 반복하십시오. 그러면 분명 '달인'이 될 것입니다.

■ 명리공부를 잘하는 비결

명리공부 하러 오시는 분들 중에 몇 년씩 공부하고도 제대로 활용을 하지 못해서 고민을 하시는데 저의 견해는 기초가 튼튼하지 못한 것이 원인이라 생각합니다.

제가 생각하는 기초란 음양오행의 이론을 아는 것이 아니라 10간과 12지지를 음양과 오행을 결합하여 외우는 것, 즉 甲은 甲木이라고 읽고 양목(陽木)임을 알아야 하는 것입니다. 그리고 오행의 상생 상극을 외워야 하는데 그냥 외우는 정도로는 부족합니다. 목생화 화생토... 목극토 토극수...이것이 줄줄 입에서 나올 정도가 되어야 합니다.

그리고 지장간을 외워야 하는데 지장간을 외울때도 무조건 자 임계, 축 계신기...이렇게 외우는 것이 처음에는 불편하지만 나중에 활용하는데 더 빠르고 효과적입니다.

특히 오행의 상생상극의 암기 스피드는 제가 가장 강조하는 부분인데 이것은 나중에 배울 십성의 상생상극으로 응용할 때 필요한 것이고, 십성의 변환 속도와 십성의 상생상극의 활용에 큰 도움이 됩니다.

기초과정에서는 이 부분만 충실하면 명리의 80%는 성공한 것입니다. 나머지 이론은 20%밖에 되지 않습니다. 즉, 이론을 받아 들일 수 있는 기초80%가 튼튼하면 20%를 머릿속에 담을 수 있는데 대부분의 명리학도들이 20%의 이론에 몇 년씩 매달립니다. 20%의 이론은 그 규모가 방대하지만 기초적 인프라를 구축해 놓으면 쉽게 해결이 가능합니다.

이것은 저 수풍정이 10년간 120기수를 배출하며 얻은 노하우입니다. 기본에 충실하면 7개월 후 명식을 놓고 읽으며 통변하는 자신을 보며 감개무량 하실 것입니다.

■ 명리공부가 어려운 이유?

명리공부를 몇 년씩 하고도 방황하고 있거나 개업을 하고서도 이곳저곳 기웃거리거나 이것저것 잡동사니를 공부하는 분이 아주 많습니다. 하나같이 명리는 심오한 학문이라서 평생공부 해야 한다며 스스로를 위로하고 합리화 합니다.

그러면서도 명리로는 부족하다며 다른 종목을 공부하며 상담하기 위해서는 몇 가지 접목해야 한다며 열정을 바칩니다. 그러다보면 나중에는 한 가지도 똑바로 하지 못하는 반풍수가 되기 십상입니다.

전문가 혹은 달인이 되는 방법을 생각하면 명리의 7부 능선은 의외로 쉽게 다가설 수 있습니다.

달인이 되는 방법은 기본 원리를 숙지하고 같은 것을 반복하여 숙달하고 전체의 흐름과 구조의 이치를 깨달으면 됩니다.

명리공부를 못하게 되는 이유는 다음과 같습니다.

첫째, 족집게 도사가 되려는 목표가 문제입니다.

명리공부를 해서 사주명식을 척보면 뭔가를 훤히 알아맞추어야 손님이 온다는 망상을 버려야 합니다.

60갑자에 천지 기운의 의미는 담고 있지만 그것이 개인의 신상까지 담고 있는 것은 결코 아니기 때문입니다.

둘째, 이것저것 함께 공부하면 절대로 전문가가 될 수 없습니다. 하나만 제대로 하는데도 10년이 걸립니다. 어떤 일이든 10년을 꾸준히 해야 그 부분의 이치를 깨닫게 되는 법입니다. 명리하면서 풍수, 육효, 관상, 타로 등을 접목하면 하나라도 전문가는 될 수 없습니다. 어설프게 공부하는 사람들이 꼭 접목한다고 합니다. 수많은 사람들이 명리공부에서 성공을 못하는 이유가 조급증 때문에 한 분야에서 꾸준하게 노력해서 달인이 되지 못하기 때문입니다.

배우는 선생을 자주 바꾸는 일도 일관성이 떨어지게 됩니다.

셋째, 명리를 비롯해서 모든 동양학은 사고의 능력을 길러야 하는데 대부분 책을 읽어서 암기하려고 합니다. 저는 '고시공부 하듯이 명리공부 하는 사람들은 절대로 명리의 이치를 깨달을 수 없다.'고 단언하곤 합니다.

초보 때 기본 원리 즉 천간지지 상생상극을 철저하게 반복해서 외워야 나중에 명식을 볼 때 스피드가 생기고 명리의 이론을 이해하는 감각이 발달하게 됩니다. 앞에서 설명했듯이 기본원리 암기 80% 이론공부 20% 의 비중으로 초보시절을 보내야 하는데 대부분의 사람들은 기본원리 암기 20%와 이론공부 80%를 하며 기초시절을 보내고 있습니다.

명리학도 여러분 도사가 되려고 하지 말고 명리의 달인이 되려고 하십시오. 그러면 명리의 이치를 빨리 깨닫는 기쁨을 맛보게 될 것입니다.

심리사주학이란?

 사람의 심리 즉 마음은 그 사람의 모든 것을 지배한다고 합니다. 세상만사가 마음먹기에 달렸고, 어떤 일을 어느 시점에서 인지하고 선택하며 결정하는 것이 모두 마음에서 하는 것이니 모든 일의 결과는 마음에서 비롯된 것이라고 할 수 있는 것입니다.

 그러면 마음은 어디에서 나오는 것일까요?

 자신이 스스로 마음을 만들어 내는 것일까요? 아니면 어디선가 저절로 생겨나는 것일까요?

 사주팔자는 태어난 시점(년월일시)을 천간지지로 조합이 된 8자의 상징적 문자로 구성되어져 있는데, 이들 각각의 문자는 고유한 음양오행의 특성을 가지고 있는 기호체계라고 할 수 있습니다. 이들 8가지의 기호체계에 십성(十性)이라는 심리적 의미를 부여하게 되면 각 개인이 가지고 있는 독특한 심리구조를 알아낼 수 있게 됩니다.

동양의 운명론 즉 <사주명리학>에서는 사람은 누구나 태생적으로 각자 고유한 기본심리구조를 이미 가지고 있다고 봅니다. 그 고유한 기본심리구조는 자신의 의지나 타인으로부터 교육이나 훈련에 의해서 형성되기 보다는, 어떤 강한 힘에 의해서 이미 출생시점부터 형성되어 있는 것이 아닌가 하는 경우를 주변에서 흔히 경험 할 수 있기 때문입니다.

이것은 인간의 근본적인 한계성과 연결 된다고 할 수 있습니다.

그래서 사람이 태어나면서부터 무언가에 의해 형성된 선천적인 심리구조는 근본적으로 바꿀 수 없다는 것이며, 다만 환경과 교육훈련에 의해서 조정될 수 있고 보완할 수 있으므로 우리는 그 타고난 심리구조를 유익한 방향으로 활용하는 것이 최선의 방법이라고 할 수 있습니다.

그렇다면 사주는 사람이 선천적으로 가지고 태어난 심리구조를 읽어 낼 수 있는 하나의 방법이므로 잘 활용한다면 그 가치는 대단히 크다고 하겠습니다.

<심리사주학>은 이러한 사람의 선천적인 부분을 추론하는 <사주>와 사람이 가지고 있는 다양한 심리구조의 유형을 설명하는 <심리학>을 접목하여 출발 하였습니다.

아직은 기초단계에 있지만 앞으로 심도 있게 연구, 발전 한다면 재능, 직업, 적성분석, 정신분석, 경영, 마케팅 등에 유용하게 활용될 수 있는 학문의 한 장르가 될 것 이라고 생각합니다.

<심리사주학>은 기존의 사주이론과는 목표와 방향이 다르게 전개
될 것입니다.

본 교재는 왕 초보를 기준으로 설명하려고 합니다.

차근차근 정독하시면 빠른 시간에 <심리사주학>의 체계를 이해하
여 실전에 활용할 수 있다고 생각합니다.

* 천간지지조견표

음남 · 양녀 ➡️   ⬅️ 양남 · 음녀(대운방향)

−	+	−	+	−	+	−	+	−	+	음양	천간
癸	壬	辛	庚	己	戊	丁	丙	乙	甲	십간	
水	水	金	金	土	土	火	火	木	木	오행	

10	9	8	7	6	5	4	3	2	1	12	11	월	지
+	+	−	+	−	−	+	+	−	+	−	−	음양	
亥	戌	酉	申	未	午	巳	辰	卯	寅	丑	子	지지	
水	土	金	金	土	火	火	土	木	木	土	水	오행	
戊甲壬	辛丁戊	庚辛	戊壬庚	丁乙己	丙己丁	戊庚丙	乙癸戊	甲乙	戊丙甲	癸辛己	壬癸	지장간	지
7,7,16	9,3,18	10,20	7,7,16	9,3,11	10,9,11	7,7,16	9,3,18	10,20	7,7,16	9,3,18	10,20	비율	

＜天干合＞	＜地支 三合＞	＜地支 六沖＞	＜五行의 相生相剋＞
甲己　合	寅午戌	子午　沖	木　生　火
乙庚　合	申子辰	卯酉　沖	火　生　土
丙辛　合	巳酉丑	寅申　沖	土　生　金
丁壬　合	亥卯未	巳亥　沖	金　生　水
戊癸　合		辰戌　沖	水　生　木
		丑未　沖	木　剋　土
			土　剋　水
			水　剋　火
			火　剋　金
			金　剋　木

* 오행의 상생상극 도표

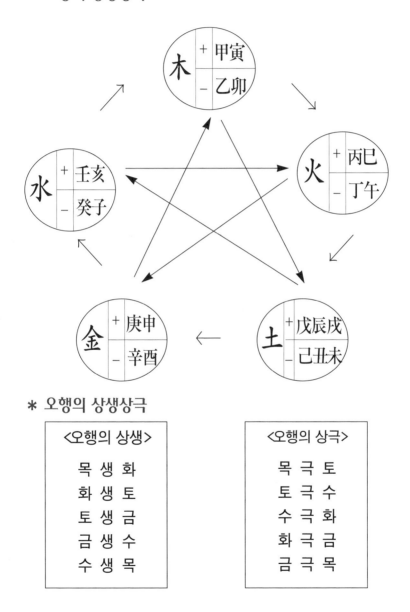

* 오행의 상생상극

〈오행의 상생〉
목 생 화
화 생 토
토 생 금
금 생 수
수 생 목

〈오행의 상극〉
목 극 토
토 극 수
수 극 화
화 극 금
금 극 목

왕초보를 위한 공부 POINT

먼저 앞의 30페이지에 있는 천간지지 조견표와 31페이지의 상생
상극 도표를 암기해야 합니다.

甲(갑) 乙(을) 丙(병) 丁(정) 戊(무) 己(기) 庚(경) 辛(신) 壬(임)
癸(계)를 천간이라고 하며, 子(자) 丑(축) 寅(인) 卯(묘) 辰(진) 巳
(사) 午(오) 未(미) 申(신) 酉(유) 戌(술) 亥(해)를 지지라고 합니
다.

이 천간지지를 이해할 때 예를 들어 甲은 甲木이라고 읽으며 양목
(陽木)이며 乙은 乙木이라고 읽으며 음목(陰木)이라고 이해를 해
야 합니다.

지지의 子도 子水라고 읽으며 음수(陰水)라고 이해를 해야 합니
다. 즉 천간지지의 각 문자를 조견표에 있는 것처럼 음양과 오행의
의미를 부여하여 이해를 해야 한다는 것 입니다.

그리고 특히 지지는 지장간(지지 속에 저장된 천간)을 함께 암기
해야 하는데 예를 들면, 子 <壬 癸>, 丑 <癸 辛 己>라고 암기를 합니
다.

초보자에게는 <공포의 지장간>이라고 합니다. 그래서 흔히 문장
으로 글짓기를 해서 외우는 분들이 있는데, 나중을 위해서 그냥 자,
임계 축, 계신기 인, 무병갑 이렇게 암기 하시기를 권합니다.

음양오행의 이해

사주명리학에서 음양오행은 가장 기본적인
원리인 동시에 가장 어려운 부분이기도 합니다.
음양오행의 원리와 생극제화의 활용이 중요하니
세심하게 살펴야 하겠습니다.
명리는 이론을 암기 하는 것 보다 오행의 흐름을
이해하고 오행의 기운을 감각으로 느끼기 위해
사고력을 키우는 것이 중요합니다.
그리고 음양오행 공부는 항상 주변의 사물을
관찰 하면서 분류하는 습관을 가지면
더욱 효율성을 높이게 됩니다.

음양이란 무엇인가?

동양학에서는 인간은 우주의 소산이며 우주에서 태어난 인간은 소우주라고 합니다.

우주는 시간과 공간의 결합이라고 동양학에서는 정의를 하고 있지요. 그리고 시간과 공간은 함께 한다고 합니다. 즉 色卽是空 空卽是色 이라고 하지요.

그리고 우주를 태극이라 하는데 이는 우주에는 음양이 존재 하고 또 음양에서 출발점을 두고자 합니다.

동양의 음양(陰陽)론은 '낮에는 해가 뜨고 밤에는 해가 진다"는 가장 단순하고 명확한 자연의 진리에서부터 출발합니다.

음양이 언제 어떻게 생겼는지는 아무도 모르지만........

이렇듯 세상의 만물은 언제부터인지 모르지만 서로 상대적인 두 기운이 항상 짝을 이루고 있다는 사실을 사람들이 알게 되었고 동양에서는 이를 음과 양이라고 부르고 있습니다.

음과 양은 서로 상반된 성질의 기운을 가지고 있지만 어느 한 쪽만으로는 존재할 수 없는 항상 공존과 균형을 이루고 있는 것이기도 합니다.

강의시간에 "음양에 대한 정의를 해 보십시오?" 하고 질문을 하면 대부분 아래와 같은 답변을 합니다.

하늘은 양이요 땅은 음입니다.

해는 양이요 달은 음 입니다.

낮은 양이요 밤은 음입니다.

남자는 양이요 여자는 음입니다.

큰 것은 양이요 작은 것은 음입니다.

정신은 양이요 물질은 음입니다.

그러면 "왜 하늘은 양이고 땅이 음인지 이유를 설명해 보십시오?" 하고 다시 물어 보면 답변을 잘 못하는 경우가 많습니다.

사주명리학을 공부하기 위하여서는 우선 음양의 이치와 음양의 특성을 이해하고 사색하는 자세가 중요하다고 하겠습니다.

음양은 만물이 존재하게 하는 기운이라서 존재하는 것에는 항상 음양이 있습니다. 음양의 기운은 서로 반대의 기운이 서로 결합하고 있는 것인데 음양은 서로 충돌하기도 하고 서로 보완해 주기도 하는 개념으로 이해를 해야 합니다.

사주명리학을 공부 하면서 음양의 특성을 살필 때 가장 중요 하다고 생각되는 특성은 <양은 기운을 외부로 발산하려는 성질을 가지는 반면, 음은 양의 과도한 발산을 억제하고 유지 수용하면서 지키려는 성질을 갖게 된다.>는 것입니다.

즉, 양은 기운을 밖으로 드러내는 기운이 강하고 음은 기운을 안으로 끌어당기는 기운이 강합니다. 그러므로 양은 하늘(천간)의 특성과 비슷하고 음은 땅(지지)의 특성과 비슷합니다. 명식에 양의 기운이 강한 사람은 행동이 적극적이며 음의 기운이 강한 사람은 행동이 소극적인 면으로 나타납니다. 양은 하늘의 특성이라서 기(氣)의 형태에 가깝고 음은 땅의 특성이라서 형(形)의 형태에 가깝습니다.

양의 기운이 강하면 성장 동력이 강하고 음은 내실을 다지려는 성향이 강합니다. 양의 기운이 강하면 이상주의적이며 음의 기운이 강하면 현실적입니다. 양의 기운이 강하면 감정적이며 즉흥적 성향이며, 음의 기운이 강하면 이성적이고 계획적 성향입니다. 양의 기운이 강하면 정신적인 면에 관심이 많고 음의 기운이 강하면 물질적인 면이 강합니다.

이런 음양의 특성은 명식 전체에서 음양의 강약으로도 나타날 수 있으며 각각 개별적인 음양의 특성에도 적용할 수 있으며 천간지지를 음양으로 생각하여 적용할 수 있습니다. 또한 앞으로 사주원국을 분석할 때나 운세대입에 있어서도 위의 방식으로 음양을 적용하면 운세의 크기와 운이 발복하게 되는 방식을 판단하는데도 도움이 됩니다.

음양의 이치와 속성을 충분히 사고하면서 오행을 바라보면 오행의 흐름을 제대로 바라 볼 수 있습니다.

왕초보를 위한 공부 POINT

사주명리공부를 처음 시작하시는 분들을 위하여…

사주명리를 독학으로 공부하거나 교육원에서 배우고 있더라도 쉽게 이해하기 어렵고 하여 서점에 가서 사주명리서적을 뒤적이게 됩니다. 그리고 무엇인가 오묘하고 비상한 비법이 있을 것 같기도 하고 그러다가 무슨 <비법>을 가르쳐 주거나 아주 정확한 감정을 하는 대가(大家)선생이 있다고 하면 비싼 수업료를 감수하고 찾아 가기도 합니다. 저 역시 그런 코스를 밟았던 기억이 있습니다. 국내에서 유명한 어떤 분은 사주의 가치는 적중률에 있다고 강변하고 있는데 어리석은 초학자들은 귀가 솔깃하여 찾아 갑니다.

사주팔자라는 8문자 기호(지장간까지 20개)를 통하여 그 사람의 모든 인생정보를 알아낼 수 있다고 한다면 첫 단추를 잘못 꿰는 격입니다. 동양의 달력인 60갑자와 음양오행 원리를 토대로 만들어진 사주명리학은 우주와 자연의 원리를 인간의 지혜로서 오랜 세월동안 연구되고 보완되어 발전해온 지식체계로서 기호화 형상화되어 있는 모습을 가지고 있으며, 이런 체계는 우주의 원리를 찾아 가는 한 조각 징검다리 일 뿐입니다.

예를 들어 병술년 3월15일 未시생의 남자가 있다고 한다면 180년 전 병술년 3월15일 未시생의 남자와 같은 해, 같은 날, 같은 시에 태어난 남자들의 사주는 모두 글자 한 자 틀리지 않게 됩니다. 이들이 모두 일생동안 같은 일을 겪으며 살았을 것이라고 할 수 있겠습니까?

그리고 너무 성급한 마음이 문제입니다. 열심히 공부해서 빠른 시간에 성과를 올리려고 하는 것도 문제입니다.

명리공부는 학교공부와 달라서 집중적으로 외워서 사용하는 것이 아니라 원리를 이해하고 그것을 실제 사주와 연결하여 어떻게 활용해 나가는 감각을 터득하는 것입니다.

마치 좋은 와인을 만들기 위해서는 좋은 재료를 사용하여 일정한 온도를 유지하며 세월이 흘러 가면서 '숙성'이 필요합니다.

명리공부도 마찬가지로 기본원리를 제대로 익히며 일관성 있는 공부자세를 가지며 꾸준히 해 나가면 조금씩 실력이 성숙되는 희열을 맛 보게 될 것입니다.

오행론

　동양학에서는 우주의 생성되어 존재하도록 하는 힘의 출발을 음양(陰陽)이라고 정의를 하고 있습니다.

　그리고 음양에 의해서 생성된 천지만물의 구성과 변화를 주도하는 기본 성분의 기운을 분류하여 그것을 오행(五行)이라고 합니다. 그러므로 음양을 기반으로 생성된 모든 오행에는 음과 양이 존재한다고 하는 것입니다. 오행은 목(木), 화(火), 토(土), 금(金), 수(水)라고 하지요.

　이들 오행은 형(形)으로서 세상만물의 형체를 만들고, 기(氣)로서 항상 우주에서 흐름을 만들고 있으며, 변화를 주도하고 있다고 가정을 하고 있습니다.

　그리고 사람도 만물의 하나인지라 이러한 오행의 형(形)과 기(氣)의 영향을 받을 수 밖에 없다는 것입니다.

그래서 어린아이가 태어나 첫 호흡을 하는 그 순간, 그 때 우주에 흐르고 있는 음양오행의 기운이 호흡을 통해 몸 속에 들어 오게 되며, 그 기운의 영향을 받아 독특한 개인의 기질(성격)이 형성된다고 보고 있습니다.

그러나 실제로는 부모님의 유전인자와 10개월 동안 산모의 태교에 의해 기질이 만들어진 아이가 그 특성을 설명하는 날짜와 시간에 태어 난다고 보는 것이 저 수풍정의 견해입니다.

아무튼 그 날의 60갑자 기운의 흐름으로 살게 된다는 것이며, 그러한 기운의 실체를 동양의 60甲子법을 통하여 추론해 보는 것이 사주명리학의 기본원리인 것입니다.

이때 중요한 것은 출생시점의 기운이 형성되면 그 사람이 평생을 살아가는 모든 프로그램이 결정되는 것이 아니라 어떤 일을 할 때 선택하고 반응하는 기질이 형성된다고 보는 것이 합당합니다.

한 날 한 시에 태어난 사람이라도 결코 같은 인생을 살아 가지 않게 되는데 그것은 부모님의 유전인자와 살아 가면서 교육이나 주변 환경에 따라 다른 작용을 하기 때문입니다.

오행을 설명할 때 木은 나무, 火는 불, 土는 흙, 金은 쇠, 水는 물을 말하며 세상만물의 변화를 주도하는 기초적인 기운으로 규정합니다.

그런데 흔히 사주감정을 업(業)으로 하는 분들 중에서도 통변 할 때 <나무(木)를 도끼(金)으로 내려치니 나무가 부러지고_> 하는 애기를 하는 경우를 종종 보는데 이는 오행을 질(形)로만 보기 때문입니다. 심하게 얘기하면 사고력의 빈곤이라고 봅니다.

명리의 이론 중에는 고대의 학자들이 깊은 사고력과 통찰력을 바탕으로 많은 연구를 해왔습니다만 그 시대의 우주관이나 자연현상에 대한 지식의 수준이 현대 과학시대에 비하여 부족했던 점이 있으므로 무조건 선인의 논리를 답습만 할 것이 아니라 선인의 통찰력에 현대 과학적인 이론을 접목하여 연구 발전 시켜야 할 것입니다.

그래서 목 화 토 금 수를 단순히 한자의 뜻으로만 이해하지 말고 포괄적인 의미를 가진 하나의 기호 체계로서의 관점에서 관찰해야 한다고 하겠습니다.

예를 들면 목(木)은 나무로서 생명체로서 활동성을 의미하는 목형(木形)과 항상 위로 향하고 계속 성장하고 뻗어 가려는 속성을 통틀어서 목기(木氣)라는 것으로 함께 이해해야 합니다. 또한 화(火)는 불로서 뜨겁고 사물을 태우며 폭발하는 화형(火形)과 직선적이며 열정적이며 팽창하는 화기(火氣)의 모습을 함께 이해해야 하며, 토(土)는 흙으로서 만물을 생장하게 받쳐 주고 희생하고 양보 하는 토형(土形)과 모나지 않은 둥글둥글한 모습과 중립을 견지하며 포용하는 토기(土氣)의 모습을 함께 이해해야 하며, 금(金)은 바위와 쇠의 단단하고 강한 모습의 금형(金形)과 차갑고 냉정한 금기(金氣)를 함께 이해해야 하며, 수(水)는 물로서 유연하고 목의 갈증을 해소하고 성장을 시켜주는 수형(水形)과 이성적이며 기운을 압축시켜 새로운 생명체를 탄생시키는 수기(水氣)의 특성을 함께 이해해야 합니다.

즉, 오행은 질(形)과 기(氣)를 동시에 관찰하는 안목을 길러야 사주명리학을 공부하는데 발전이 있다고 생각합니다.

하나의 예를 들어 사람을 포함한 모든 동물들도 목(木)의 범주로 봐야하는데 나무만 목으로 봐서는 안 된다는 것입니다. 그리고 분수를 보면 그 형은 수(水)이지만 기 기운은 목으로 봐야합니다. 水라는 특성은 스스로의 모습으로는 결코 위로 올라가지 않는 특성을 가지고 있기 때문이지요. 이렇듯이 오행은 그 형(形)과 기(氣)로 분류하거나 함께 살펴야 합니다.

동양학의 특성과 장점이 氣에 대한 체계적 사유(思惟)와 이론정립이라고 할 때, 우리는 오행을 보는 기준도 오행의 氣의 순환과 분산과 결합에 의한 변화과정을 생각하며 공부해야 합니다.

오행의 심리적 특성

　이제부터 심리라는 얘기가 시작됩니다. 10간과 12지지는 각각 오행과 음양의 의미를 포함하고 있으며, 그러한 천간과 지지는 오행의 특성에 따라서 여러 가지 다른 의미를 가지며 사주를 구성하고 있습니다.

　심리사주의 기본이 되는 부분이 일간(나의 기본 모습)이 됩니다. 일간을 설명할 때 오행적인 특성을 먼저 살피고, 그 다음 음양으로서의 특성을 보면 일간의 성향을 알게 되어 그 사람의 기본적인 기질과 성향을 파악 할 수 있습니다.

　그래서 오행의 심리적 특성을 공부하면서 각 오행의 기운과 속성을 심리구조와 연결해서 유추해 가면 좋은 결과를 거둘 것입니다.

　木을 살펴보면 木의 기운은 오행 중 유일한 생명체로서 새로운 시작과 출발의 의미를 가지고 있으며 끊임없이 성장을 하는 역동적인 모습을 담고 있다고 하겠습니다. 오행 중 木은 생명체 이므로 가장 환경의 영향력에 민감하게 반응을 합니다. 이러한 특성을 사람의 성격에 유추해석을 한다면, 木의 기운을 받고 태어난 사람은 진취적이고 미래지향적이며 항상 새로운 일에 호기심이 많고 도전적이라서 출발은 잘하나 뒷마무리가 약한 특성을 예상해 볼 수가 있습니다. 또한 인생으로 비유할 때 유년기에 해당되므로 순박하고 창의성이 있으며 어진 성품을 가지고 있지만 싫증을 잘 내는 면도 가지고 있습니다. 주변 환경에 따른 심리적 변화의 폭이 크기도 합니다.

그리고 木은 동쪽(동쪽은 양의 출발 방향으로 봅니다.)을 의미하기도 하고, 계절적으로는 봄, 색상으로서는 청색에 해당되기도 합니다. 한자적 의미는 인(仁), 그래서 동대문을 흥인문(興仁門) 이라고 합니다.

극복해야할 심리적 특성은 강박관념입니다.

심리분석을 위한 기본적 개념과 어휘는 활동성 호기심 진취성과 창의성입니다.

火는 그 기운이 빛과 열기의 의미를 가지고 있어서 대단히 정열적이고 정(情)을 느끼게 하는 오행으로서 기운의 발산을 주도하는 특성이므로 강한 양의 성향으로 분류됩니다.

火의 기운을 받고 태어난 사람은 자신의 기운을 외부로 발산하는 기운이 강하여 그 성정이 급하고 열정적이며, 빛의 특성으로 인해서 직선적이며 사리 분별력이 분명하고 뒤끝이 깔끔한 성격을 나타냅니다.

또한 화의 성정은 남을 먼저 배려하는 이타적인 면이 있지만 자극하면 폭발하는 성향도 있습니다.

그리고 화의 기운은 주변의 여건이나 환경을 변화시키는 힘을 가지고 있기도 합니다.

또한 인생의 청년기에 해당되어 강한 열정과 정의감을 가지고 있지만 인내심이 부족하여 끈기가 없어 보이기도 합니다.

火는 남쪽을 의미하기도 하며, 계절적으로는 여름, 색상으로는 붉은색을 나타내기도 합니다. 한자적 의미는 예(禮), 그래서 남대문을 숭례문(崇禮門) 이라고 합니다.

극복해야할 심리적 특성은 조급함입니다.

심리분석을 위한 기본적 개념과 어휘는 열정 역동성과 정의감입니다.

土는 그 특성이 변화에 민감하게 반응하지 않는 것이 우선으로 보이며, 믿음과 희생 그리고 신뢰(흔히 땅은 거짓말을 하지 않는다고 하지요)를 의미합니다. 수천 년 동안 쉽게 변하지 않고 항상 그 모습 그대로가 土의 형상이요 기운입니다.

土는 생명체가 살아갈 수 있도록 그 기반을 제공하고 있으며 대가를 바라지도 않고 스스로를 희생하며 묵묵히 지켜보고 있습니다. 土의 기운을 받고 태어난 사람은 포용력이 있고 중용의 미덕을 품고 있는데 때로는 개성이 없어 보이기도 하고 그 속을 알 수 없는 모습이기도 합니다.

土의 방향은 중앙을 의미하기도 하고, 계절적으로는 환절기, 색상으로서는 황색, 인생으로서도 변화의 사이(사춘기, 갱년기 등)에 있다고 보여 집니다. 한자적 의미는 신(信), 그래서 서울의 중심에 보신각(普信閣)이 있습니다.

극복해야 할 심리적 특성은 정체성입니다.

심리분석을 위한 기본적 개념과 어휘는 희생, 양보성과 균형성입니다.

金의 기운은 결집력과 강건함을 의미합니다. 가을에 곡식과 과일이 단단하게 결실을 맺게 되는 것이 金의 기운을 받고 있기 때문입니다. 金의 기운을 받고 있는 사람이라면 결단력, 의리, 강한 집중력, 냉정하고 이성적인 특성을 보이게 됩니다. 흔히 성격이 우유부단한 사람을 보며 金氣가 부족하다고 합니다. 그러나 金氣가 강하면 유연성이 부족하기 도합니다. 金은 인생의 중 장년기에 해당되므로 중후하고 무게감은 있으나 고집스러움을 가지고 있습니다.

또한 가슴속에 한 번 기억한 것을 쉽게 지워지지 않는 것도 金의 영향력이 있기 때문입니다.

金은 서쪽을 의미하기도 하며, 계절적으로는 가을, 색상으로서는 흰색을 의미 합니다. 한자적 의미는 의(義), 그래서 서대문을 돈의문(敦義門) 이라고 합니다.

극복해야할 심리적 특성은 집착성입니다.

심리분석을 위한 기본적 개념과 어휘는 강건함과 단호함 그리고 혁신성입니다.

水의 기운은 응고 응축의 의미를 가지고 있습니다. 모든 생명체는 물에서 생성되고 그 생명의 씨앗을 물속에 저장하고 있습니다. 水는 강한 음의 기운으로서 압축성이 뛰어난데 이 압축성은 양의 기운 (木)을 탄생하게 하는 원동력이 됩니다.

水의 기운을 받은 사람은 지혜롭고 생각이 깊으며, 사고의 유연성을 가지는 특성을 가지게 됩니다. 또한 포용력과 스스로의 감정을 절제하는 균형 감각과 이성적인 면이 강합니다. 반면에 차갑고 냉정한 심리구조를 가지기도 합니다. 인생의 노년기에 해당되므로 지혜롭고 이성적인 모습을 보이지만 옹고집을 의미하는 일방통행적인 사고와 행동을 보이기도 합니다.

水는 북쪽을 의미하기도 하며, 계절적으로는 겨울, 색상으로서는 검은색을 의미합니다. 한자적 의미는 지(智), 그래서 북대문을 홍지문(弘智門) 이라고 합니다.

극복해야할 심리적 특성은 일방성과 폐쇄성입니다.

심리분석을 위한 기본적 개념과 어휘는 유연성과 수용성입니다.

오행 金에 대하여

오행 중 金은 유일하게 자연 상태의 성분이 아닙니다. 쇠는 인간이 암석에서 추출하여 만들어낸 문명의 산물인데 왜 石으로 하지 않고 金으로 했을까? 金은 단단하고 차가우며 살기를 의미하며 또한 변혁을 의미한다고 합니다. 石으로는 이것들을 잘 설명하기 어렵고 또 이해하기도 어려우므로 쇠 金을 쓴다면 쉽게 이해할 수 있으니 선조들이 고안한 지혜이며 후학을 위한 배려가 아닐까? 이건 수풍정의 2급 선전 끼가 발동한 것으로 보고 이해했으면 합니다.

오행의 상생상극

　오행의 형(形) 즉, 木(나무), 火(불), 土(흙), 金(쇠), 水(물) 는 항상 木 ⇒ 火 ⇒ 土 ⇒ 金 ⇒ 水 ⇒ 木 의 방향성을 가지고 있습니다.

　木은 火를 生하고, 火는 土를 生하고, 土는 金을 生하고, 金은 水를 生하고, 水는 木을 生하고 있기 때문에 상생(相生) 이라고 합니다.

　그렇지만 상생(相生)이란 글자의 의미와는 다르게 火는 木을 生하지 않으며 土는 火를 生하지 않으며 다른 오행도 역으로는 생하지 않고 위의 화살표 방향으로의 일방적인 생 관계일 뿐입니다.(나중에 십성의 구조론을 공부하면 왜 상생으로 해석을 하는지 설명이 있습니다.)

　또한 木은 土를 剋하고, 土는 水를 剋하고, 水는 火를 剋하고, 火는 金을 剋하며 金은 木을 剋하는 것을 상극(相剋)이라고 합니다. 극도

생과 마찬가지로 일방적인 극이라는 것을 기억하여야 합니다.

상생상극의 이치를 오행을 물체에 대입하여 이해하면 쉽게 이해할 수가 있습니다.

즉, 나무를 태우면 불이 더욱 강해지고, 열(火)기운이 있어야 흙이 생명력을 가지고, 흙이 굳어져서 바위를 생성하고, 바위나 자갈을 통과한 물이 더욱 깨끗해져서 생기가 넘치고, 물이 나무를 생장하게 만드는 것 이라고 이해하면 좋을 것 같습니다.

여기서 생이라는 것이 항상 도움을 주는 것으로만 생각하지 말고 생의 형태가 다를 수 있다는 점을 생각해야 합니다. 예를 들면 금생수는 수가 금을 이용하여 스스로 생을 받아 오게 되는 것이지요.

그리고 토양은 나무에 의해 기운이 빼앗기고, 강물은 토양에 의해서 방향이 굴절되며, 불은 물에 의해 기(氣)와 형(形)이 모두 억제되며, 바위의 차갑고 서늘한 기운이 강한 햇볕에 변질이 되며, 나무는 가을의 차가운 기운에 의해 성장이 멈추게 되는 이치를 상극이라고 하겠습니다.

이 부분을 좀 더 상세하게 설명하자면 이렇습니다.

먼저 상생을 설명하겠습니다.

木生火는 기본적으로 木이 火를 생하여 더 활성화를 하거나 목이 자신의 의지를 화를 통하여 밖으로 드러내는 구조이지만 木이 상향지기라서 다른 기운을 더욱 밖으로 드러나 눈에 띄도록 하므로 木

속에는 새로운 환경을 만들어 주는 기운이 있다는 점을 생각해야 합니다. 이러한 木기운이 火의 발산하고 역동적인 기운에, 木의 기운이 영향을 미쳐 그냥 火기운이 강할 때와 木의 생조를 받아 강화될 때 그 기운과 역할이 조금씩 다르다고 봐야 합니다. 또한 木이 화를 적절하게 생하는 경우와 너무 많은 생을 하는 경우 그리고 火가 木의 기운을 설기하여 이용하는 경우 등을 생각해야 합니다.

또한 火는 木의 생명체가 움직일 수 있는 힘을 끄집어 내는 역할을 한다는 점도 기억해야 합니다.

火生土는 土가 火의 생을 받으므로 해서 세상의 생명체들을 길러 낼 수 있게 됩니다. 火의 생조를 받지 못하는 土는 생명체를 품거나 희생하기가 어렵습니다. 그리고 火生土의 관계는 복잡한 사고력이 필요합니다. 火가 토를 생조하지만 때로는 土가 火를 보호하기도 하며 土가 火의 힘을 빼앗아가기도 하지만 너무 강한 화기의 생을 받은 토는 조열하여 그 역할을 하기 어려운데 이는 土는 한난조습(寒暖燥濕)을 모두 포함하고 있기 때문입니다.

土生金은 금이 土의 생조가 없이는 그 강함이 외부에 노출되어 오래 버티기가 어렵습니다. 土는 金을 보호하기도 하며 金氣를 더욱 단단하게 만들어 주기도 합니다. 가끔은 土에 의해 무기력하게 되어 힘을 쓰지 못할 때도 있는데, 이때 金이 자존심 때문에 허세를 부리기도 합니다. 이들 모두 土들이 조화를 부린 탓입니다.

金生水는 水가 金을 이용하여 자신의 실속을 차리는 구조 입니다. 가만히 있는 金 주변을 水가 움직여 스스로 금생수를 받아 온다는 의미 입니다. 金은 강하지만 스스로 水에게 영향을 미칠 수가 없고 수동적으로 水에게 도움을 줄 수 밖에 없고 경우에 따라서는 水에 의해 피해를 입을 수 있습니다.

水生木은 木이 水의 압축이 없으면 강하게 상승하는 힘을 기대하기 어렵고 수는 木이 없으면 잠재된 자신의 지혜나 능력을 세상에 드러내기 어렵습니다. 水가 너무 강하여 木을 많이 압축하면 木은 水의 기세에 눌려 위축되어 상향지기가 발휘되기 어렵습니다. 이때 火가 있으면 木을 水로부터 구출해 낼 수 있습니다.

이번에는 상극(相剋)을 설명하겠습니다.

木剋土는 木이 土를 지배하며 자신의 기반으로 삼지만 木으로부터 고통을 받는 土는 묵묵히 木을 든든하게 받쳐 주어 마치 木의 후원자로서 木을 돕고 있는 모습으로 보이기도 합니다. 한 편으로 土는 木이 있으므로 해서 자신의 역할을 할 수 있는데 木이 없다면 황폐해지기 때문입니다.

土剋水는 土가 水의 방향성을 바꾸어 水로서는 土에 대항하지 못하고 피해갈 수밖에 없는 상황이지만 다른 한 편으로 보면 水는 土에 의해서 자신의 모습과 정체성을 가지게 될 수도 있음을 살펴 볼 수 있습니다.

水剋火의 설명은 火로서는 水를 어떻게 해 볼 수 없이 당하고만 있는 신세입니다. 다만 강력한 火氣는 水氣를 이용해 더욱 강하게 폭발할 수 있는 점을 기억해야 합니다. 또한 水는 火가 있어야 변화와 생명체를 탄생시킬 수 있습니다.

火剋金은 火의 열기가 金의 차갑고 냉정함을 완화시킬 수 있습니다. 강한 火氣는 金이 변하지 않으려는 강직함을 무너뜨리고 급격한 변화를 가져오게 합니다. 또한 火는 金으로 인해 자신의 뜻을 펼치고 스스로를 수양할 수도 있습니다.

金剋木은 가을에 木이 성장을 멈추고 굳어 버리는 모습을 연상해 볼 수 있습니다. 金의 극을 받는 木은 억압과 불안심리가 생겨서 성급한 결과를 만들어 내거나 자신의 실제모습을 숨기려는 특성을 나타내기도 합니다. 金의 입장에서는 木이 있어야 그 뜻을 펼칠 수 있습니다.

오행의 생극은 기본적으로 두 오행 간에 일어나는 작용이지만 결국은 木火土金水가 서로 얽히며 생극작용을 하므로 두 오행간이 작용할 때 옆에 어떤 오행이 있느냐에 따라 변화되는 모습을 살펴야 합니다.

〈상생상극의 응용〉
오행의 상생(相生)에 있어서 생하는 쪽이나 生 받는 쪽이 너무 강하면 오히려 극과 같은 작용이 일어납니다. 예를 들어 木生火이지만 목이 너무 강해도 木剋火처럼 되고, 화가 너무 강해도 火剋木과 같은 기운이 된다는 것입니다.

다른 상생오행간의 관계에도 마찬가지로 작용이 일어납니다.

상극에 있어서도 극을 받는 쪽이 아주 강하면 오히려 극하는 쪽이 상처를 입게 됩니다. 예를 들어 木剋土 이지만 토가 아주 강하면 土剋木의 기운이 된다는 것입니다.

다른 상극오행간의 관계에도 마찬가지의 작용이 일어납니다.

이러한 오행의 상생 상극 또한 그 강약의 차이는 상황에 따라 미세한 차이를 가지고 있으므로 폭넓은 사고를 하여 그 차이를 느껴야 하는 어려움이 있기도 합니다.

오행간의 상생 관계에서 음과 음, 양과 양의 생 관계 보다 양과 음, 음과 양의 생 관계가 더 적극적인 생의 작용을 하며, 상극 관계에서는 양과 음, 음과 양의 극 관계 보다 양과 양, 음과 음의 극 관계가 더 강한 극 작용을 한다는 점을 반드시 기억하기 바랍니다.

이러한 이론에서 알 수 있듯이 동양학의 원리는 항상 고정되어 있는 것이 아니라, 상황에 따른 가변성과 유동성이 있다는 것입니다.

사주명리학의 매력은 음양오행의 생극제화(生剋制化)의 변화를 세심하게 살펴야 사람의 성격과 운세를 정확하게 감정할 수 있다는 것입니다.

▶ 오행의 원리와 변화의 이해

동양사상에서 오행의 의미가 들어 가지 않은 것이 없습니다. 오행은 우주 만물을 변화시키고 있는 기운의 구성성분 즉, 氣와 形을 의미하고 있기 때문입니다. 우주만물의 구성 성분을 단지 오행의 다섯 가지로 분류하고 있다고만 생각하면 동양의 사고 체계를 이해 할 수 없습니다.

서양의 사상은 논리학으로서 체계적이고 인과관계가 분명한 것이 특징입니다. 즉 삼단논법으로 원인, 과정, 결과를 명확하게 분류하는 것이 중요합니다.

그러나 동양에서는 통합적이고 포괄적인 사고와 개념정리를 기본으로 하고 있습니다.

우리는 유치원 시절부터 서양식 논리적 사고의 교육을 받아 왔습니다. 그러다보니 서양식 사고에 길들여져 있어 동양학을 이해하는 데 어려움이 많습니다.

예를 들면 오행을 木(나무), 火(불), 土(흙), 金(쇠), 水(물) 라고 정의 해 버리는데 주저함이 없습니다. 자연을 구성하고 대표하는 성분이 다섯 가지 밖에 없을까요?

우주는 다섯 가지의 기운이나 성분으로 이루어 진 것이 아니라 다섯 가지의 기운이 서로 어우러져 만물을 구성하고 변화를 주도하게 된다는 것이 동양의 오행관입니다. 예를 들면, 사람은 생물체로서 木, 열정과 심장의 온도로서 火, 둥근 형체의 土, 형체를 유지하는 단단한 뼈로서 金, 혈액과 몸을 구성하는 수액으로서 水의 복합체로 볼 수가 있습니다. 그리고 나무결 무늬의 플라스틱 책상을 보고 木

(나무)의 기(氣)와 金(플라스틱)의 질(形)을 보는 안목이 필요합니다. 사주 공부는 오행의 특성을 사주(생년월일시)에 접목을 시켜 상생상극의 특성으로서 그 변화를 읽고 그 사주 주인의 특성을 판단하는 동양학입니다.

사주 명식을 공부하는 방법으로서 오행의 특성을 물통에 다섯 가지 색깔의 잉크를 떨어뜨려 그 색상들이 서로 반응하며 움직이는 모습을 연상하며 공부하면 오행의 흐름에 대한 감각을 발달시킬 수 있습니다. 즉 오행은 독자적인 특성으로 보다 주변과 작용에 의해서 자극되고 성장되는 특성으로서 항상 유동적이고 변화무쌍한 모습을 보이기 때문에 단순하게 문자적 의미와 논리적 방법으로는 오행의 오묘한 원리를 설명할 수 없다는 점을 생각하고 공부하시기를 거듭 당부 드립니다. 음양과 오행론은 동양의 위대한 유산이란 것에 감탄과 경이로움을 느끼면서 실력이 늘어갈 것입니다.

◆ 사주원국에서 오행의 심리구조로서 활용법
오행의 의미와 활용법을 연구하면 원국의 구조와 심리분석 그리고 운세의 길흉과 의미를 이해하는데 큰 도움이 됩니다. 명리실력의 성장은 기초이론을 충실하게 이해하고 활용하는데 있다고 봅니다.

木은 생명과 성장에 기본적인 의미를 가지고 있습니다. 그 자체로도 봐야 하지만 명식에 木이 있다는 것만으로도 다른 십성이 木의 영향으로 더욱 활발하게 움직이는 동력이 되고 창의성이 첨가 되는 것으로 활용할 수가 있습니다.

火는 팽창성과 열정에 기본적인 의미를 가지고 있습니다. 그리고 명식에 火가 있다는 것은 다른 십성이 그 기운을 밖으로 드러내거나 작용력이 더욱 빨리 진행할 수 있도록 도와 주고 있는 것으로 활용할 수 있습니다.

土는 기운을 중화시키고 안정감을 주며 자기희생과 손해를 받아들이는 기본적 의미를 가지고 있습니다. 그리고 명식에 土가 있다는 것은 다른 십성이 안정감을 가지고 자신의 개성을 표현할 수 있습니다. 예를 들어 庚金의 金氣가 주변에 土가 있을 때와 없을 때 그 기운의 활용도가 조금 달라질 수가 있다는 것인데 다른 십성의 경우도 같습니다.

金은 차갑고 단절의 의미와 강하고 단호함의 기본적 의미를 가지고 있습니다. 명식에 金이 있다는 것은 다른 십성이 金氣의 영향을 받아 끈기 있고 초지일관 할 수 있는 성향으로 보완이 될 수 있습니다. 물론 이런 대입을 가정할 때도 다른 십성이 金과의 생극관계 정도에 따라서 조금씩 차이가 나겠지요.

水는 균형감과 유연성을 가지며 기운이 위에서 아래로 내려주는 기본적 의미를 가지고 있습니다. 명식에 水가 있다는 것은 이와 같은 특성이 있으며 다른 십성으로 하여금 균형감을 가지게 하고 기운이 지나치게 발산하는 것을 조절하거나 아니면 기운이 적극적으로 펼쳐지는 것을 방해하는 역할도 할 수 있다고 판단해 보면 됩니다.

왕초보를 위한 공부 POINT

⇒오행의 상생상극 외우기
　오행의 상생상극은 입에서 줄줄 나오는 정도로 외워야 합니다.

목생화　화생토　토생금　금생수　수생목
목극토　토극수　수극화　화극금　금극목
의미를 생각하면서 외우시기 바랍니다.

　상생상극의 응용은 간단하게 설명을 했지만 상당히 중요합니다.
항상 그 의미를 깊이 사색하면서 공부해 두면 나중에 큰 도움이 됩
니다.
　그리고 상생상극을 완전하게 외워야 나중에 십성의 변환이 빨라
지고 실전에서 원국을 파악하는 속도가 빨라지기 때문입니다.

◆ 왕초보라면 천간과 지지를 음양과 오행을 바탕으로 암기하고
　상생상극을 줄줄 외우면 명리공부 50%는 된 거라고 수풍정은
　확신 합니다.

이름을 바꾸면 운명도 바뀔까?

인류는 동서양을 막론하고 아주 옛날부터 이름은 그 사람의 얼굴을 대신하는 이미지로 사용되어 왔다고 생각한다. 문명이 발달하지 못했던 시절에는 주로 출생할 때 주변 상황을 이름으로 쓰는 경우가 많았다. 오래전 서부영화 '늑대와 춤을'의 제목은 인디언이 주인공에게 붙여준 인디언식 이름이었다.

우리나라에서 성(姓)과 이름을 함께 사용한 것이 삼국시대로 추정되고 있는데 그 당시의 대다수 이름은 주로 한자의 뜻에 의미를 두고 있었고 현재는 한자의 의미와 한글의 이미지가 함께 사용되는 것 같다. 고구려 시대 유명한 장군이자 권력자인 연개소문(淵蓋蘇文)은 성이 연(淵)씨 이고 이름이 개소문(蓋蘇文)인데 요즘에 이런 이름을 누가 사용하려고 하겠는가?

조선시대에 와서는 이름에 항렬(行列)을 넣어 씨족간의 유대와 서열을 유지하는 방법이 정착되기도 하였다.

일제시대와 해방 후에 여성들의 이름에 '子'라는 글자가 유난히 많은 것은 그 시대의 사회적 환경 탓이라고 보는데 현대에도 약 10년 단위 별로 유행하는 비슷한 이름이 많은 것을 보면 타당성이 있는 것 같다.

특히 여성들은 결혼하면 이름을 별로 사용하지 않고 '성산댁' 이라고 부르고 묘비명에도 '달성서씨' 라고 하므로 이름을 대충 지어서 불렀다. 그런데 시대가 바뀌어 여성들이 사회활동을 많이 하면서 이름을 널리 사용하게 되는데 이름의 이미지 때문에 고민을 하다가 '개명'을 생각하게 되고 때마침 개명절차가 간소화 되면서 유행처럼 번지고 있는 것이다.

이름이 부르기 민망할 정도이면 개명(改名)을 고려할 충분한 이유가 되지만 별로 문제가 없는데 마음에 들지 않는다고 개명(改名)을 하겠다는 것은 현명한 처신이 아니다. 사회생활과 대인관계에 있어서 이름을 바꾸기 전과 후에 본인의 정체성 혼란으로 발생되는 손실이 더 크기 때문이다. 특히 요즘은 '이름이 운명을 바꾼다'고 개명을 부추기는 집단과 그것을 믿는 심약한 사람들 때문에 애꿎은 이름들만 애를 먹고 있는 것 같다.

운명학(사주명리)을 공부한 사람의 입장에서 얘기하자면 이름이 결코 '운명'을 바꿀 수 없다고 단언을 할 수 있는데 인위적으로 바꿀 수 있다면 그것은 더 이상 '운명'이 아니기 때문이다.

이름이 그 사람의 이미지를 긍정적으로 표현하는 중요한 가치가 있지만 이름 자체가 운명을 좌우한다는 것은 어리석은 생각이 아닐까? 다수의 동명이인(同名異人)이 비슷한 인생의 길흉을 겪지 않기 때문이다. 수 십 년 사용한 내 이름은 이미 나와 한 몸이고 나를 사랑할 줄 아는 사람이 분명 행복한 삶을 살 수 있다. 삼국지에 나오는 제갈 공명의 글귀 중에 '謀事在人 成事在天'을 떠올려 보자!

사주명식의 구성

명식 세우기를 알고 나면 천간지지를
공부하게 되는데 천간의 기운의 특징과
지지의 특징으로 분류하지만
이때도 음양오행의 특성을 바탕으로 살피면
천간지지의 속성을 제대로 파악하게 됩니다.
여기서는 심리구조를 기본적인 성향과
천간지지의 특성을 대입하는
자세가 필요합니다.

사주명식 세우기

　사람이 태어나는 시점에서 우주의 기운을 받게 되는데 그 시점을 60갑자로 표현되는 달력의 구성 즉, 사주의 구성 요소를 명식(命式)이라고 합니다.

　즉 생년 월 일 시를 천간지지로 구성된 명식으로 전환하는 작업을 명식세우기 라고 부릅니다.

　예를 들어서 남자 1980년 2월 11일 오전10시(양력 1980년 3월 27일)생의 명식을 세워보면,

시　일　월　년
己　己　己　庚 천간
巳　亥　卯　申 지지

으로 표시를 하게 됩니다.

이러한 명식 세우기는 옛날에는 공식을 외워서 손가락으로 짚어서 사용했었고, 현대에 와서는 <만세력>이라는 책을 이용해 오고 있습니다.

최근에는 컴퓨터에 프로그램화 하여 생년월일을 입력하면 명식이 출력되므로 명식세우기를 배울 필요가 없어 질지도 모르겠습니다.

(스마트폰에 만세력 앱을 다운 받아서 사용하기도 합니다.)

그러나 나중에 사용하지 않더라도 공부과정에서 꼭 필요합니다.

위의 명식을 보면 년 월 일 시에서 년(庚申)을 연주(年柱), 월(己卯)을 월주(月柱), 일(己亥)을 일주(日柱), 시(己巳)를 시주(時柱)라고 하며, 이 4가지를 곧 사주(四柱)라 하고 글자가 8자라서 八字 즉, 사주팔자(四柱八字)고 합니다. 그리고 연주를 연간, 연지 월주를 월간, 월지(월령) 일주를 일간, 일지 시주를 시간, 시지로 구분해서 부르고 있습니다.

그리고 흔히 사주는 음력으로 대입하는 것으로 알고 있지만 사주는 음력도 서양양력도 아닌 동양의 태양력인 <절기력>을 기준으로 합니다. 그래서 만세력을 이용하여 음력 혹은 양력의 출생 시점을 절기력으로 변환하여 명식을 세우게 됩니다.

먼저 만세력을 펴놓고 공부하는 것이 이해를 하는데 도움이 됩니다.(본 교재에 사례로 사용하는 만세력은 동학사에서 출판된 [우리 시간 우리절기 만세력]입니다.)

단기 4313년　　　1980년　　　庚申年　　　동경135도표준시

소한 6일 13시29분　　　　　　　　1·丁丑月 (양 1.6~2.4)

양력	1	2	3	4	5	6	7	8	9	10	11	12	13	14	15	16	17	18	19	20	21	22	23	24	25	26	27	28	29	30	31
음력	14	15	16	17	18	19	20	21	22	23	24	25	26	27	28	29	30	1.1	2	3	4	5	6	7	8	9	10	11	12	13	14
일진	癸酉	甲戌	乙亥	丙子	丁丑	戊寅	己卯	庚辰	辛巳	壬午	癸未	甲申	乙酉	丙戌	丁亥	戊子	己丑	庚寅	辛卯	壬辰	癸巳	甲午	乙未	丙申	丁酉	戊戌	己亥	庚子	辛丑	壬寅	癸卯
대 남	8	8	9	9	9	소한	1	1	1	1	2	2	2	3	3	3	4	4	4	5	5	5	6	6	6	7	7	7	8	8	8
대 여	2	1	1	1	1		10	9	9	9	8	8	8	7	7	7	6	6	6	5	5	5	4	4	4	3	3	3	2	2	2

입춘 5일 01시09분　　　　　　　　2·戊寅月 (양 2.5~3.4)

양력	1	2	3	4	5	6	7	8	9	10	11	12	13	14	15	16	17	18	19	20	21	22	23	24	25	26	27	28	29
음력	15	16	17	18	19	20	21	22	23	24	25	26	27	28	29	1.1	2	3	4	5	6	7	8	9	10	11	12	13	14
일진	甲辰	乙巳	丙午	丁未	戊申	己酉	庚戌	辛亥	壬子	癸丑	甲寅	乙卯	丙辰	丁巳	戊午	己未	庚申	辛酉	壬戌	癸亥	甲子	乙丑	丙寅	丁卯	戊辰	己巳	庚午	辛未	壬申
대 남	9	9	9	10	입춘	9	9	9	8	8	8	7	7	7	6	6	6	5	5	5	4	4	4	3	3	3	2	2	2
대 여	1	1	1	1		1	1	1	2	2	2	3	3	3	4	4	4	5	5	5	6	6	6	7	7	7	8	8	

경칩 5일 19시17분　　　　　　　　3·己卯月 (양 3.4~4.4)

양력	1	2	3	4	5	6	7	8	9	10	11	12	13	14	15	16	17	18	19	20	21	22	23	24	25	26	27	28	29	30	31
음력	15	16	17	18	19	20	21	22	23	24	25	26	27	28	29	30	2.1	2	3	4	5	6	7	8	9	10	11	12	13	14	15
일진	癸酉	甲戌	乙亥	丙子	丁丑	戊寅	己卯	庚辰	辛巳	壬午	癸未	甲申	乙酉	丙戌	丁亥	戊子	己丑	庚寅	辛卯	壬辰	癸巳	甲午	乙未	丙申	丁酉	戊戌	己亥	庚子	辛丑	壬寅	癸卯
대 남	1	1	1	1	경칩	10	10	9	9	9	8	8	8	7	7	7	6	6	6	5	5	5	4	4	4	3	3	3	2	2	2
대 여	8	9	9	9		1	1	1	1	2	2	2	3	3	3	4	4	4	5	5	5	6	6	6	7	7	7	8	8	8	9

청명 5일 00시15분　　　　　　　　4·庚辰月 (양 4.5~5.4)

양력	1	2	3	4	5	6	7	8	9	10	11	12	13	14	15	16	17	18	19	20	21	22	23	24	25	26	27	28	29	30
음력	16	17	18	19	20	21	22	23	24	25	26	27	28	29	3.1	2	3	4	5	6	7	8	9	10	11	12	13	14	15	16
일진	甲辰	乙巳	丙午	丁未	戊申	己酉	庚戌	辛亥	壬子	癸丑	甲寅	乙卯	丙辰	丁巳	戊午	己未	庚申	辛酉	壬戌	癸亥	甲子	乙丑	丙寅	丁卯	戊辰	己巳	庚午	辛未	壬申	癸酉
대 남	1	1	1	1	청명	10	9	9	9	8	8	8	7	7	7	6	6	6	5	5	5	4	4	4	3	3	3	2	2	2
대 여	9	9	10	10		1	1	1	1	2	2	2	3	3	3	4	4	4	5	5	5	6	6	6	7	7	7	8	8	

1. 년주 세우기

사주명리학에서 한 해의 시작은 입춘(立春)을 기준으로 합니다. 더 정확하게 입춘일 중에서도 입춘 절입시간(節入時間)(만세력에 기재 되어 있음)이 지나는 순간부터 한 해가 시작됩니다.

예를 들어 (음력)1979년 12월 23일생은 음력설인 1월 1일이 안되 었지만 입춘인 음력 12월 19일(양력 2월 5일)을 지났기 때문에 1979년 己未년이 아닌 1980년 庚申년이 되는 것입니다.

또한 (음력)1982년 1월 6일생은 음력설인 1월 1일이 지났지만 입 춘인 음력 1월 11일(양력 2월 4일)을 지나지 않았기 때문에 1982 년 壬戌년이 아닌 1981년 辛酉년이 되는 것입니다.

2. 월주 세우기

월주는 12절기를 기준으로 합니다. 만세력을 펴보면 각 월의 왼쪽 상단 부분에 12절기와 절입 시간 표시가 되어 있습니다.(예 12절기 입춘, 경칩, 청명, 입하.......)

그리고 절기일은 만세력에 푸른색 바탕으로 표시되어 있습니 다.(책마다 표현방법이 조금 다릅니다.)

즉, 寅月은 입춘일 부터 경칩 전일까지, 卯月은 경칩일 부터 청명 전일 까지를 표시합니다. 음력으로 혹은 양력으로 찾은 생일이 어느 절기의 월에 해당되는지를 찾으면 됩니다.

3. 일주 세우기

일주는 태어난 날을 찾으면 되는데, 양력은 도표 가장 상단에 양력

월이 표시되어 있고, 음력은 양력아래 줄에 있으며 만세력 도표 날짜표시판 중간쯤 보면 검은색으로 월을 표시하고 있습니다.

일주는 밤00:00시를 기준으로 하지만 현재 우리가 사용하는 시간은 일본의 동경시 즉 동경135°를 기준으로 사용하고 있는데 우리나라의 표준시 기준인 대전시 즉 127°30”을 고려하면 약 30분을 덧붙여 00:30을 기준으로 해야 합니다.
물론 포항이나 목포의 기준은 달라져야 합니다.
(만세력 마다 조금씩 표기방식이 다르지만 음력이든 양력이든 그날의 일진이 일주가 됩니다. 동학사 만세력 참조)

4. 시주 세우기
시주 세우기는 만세력 앞부분에 있는 시간지조견표(時干支早見表)를 활용해야 합니다. 야자시 조자시를 표시한 시간조견표를 활용하는 것이 편리합니다. 찾는 방법은 일주의 일간(예를들어 己亥일의 己)을 시간지조견표의 좌측에서 찾아서 위쪽의 시간을 대입해서 마주치는 지점이 시주가 됩니다.
지금까지 사주를 가지고 명식 세우기를 알아 보았습니다.

▶ 대운작성법
사주명식을 세웠으면 이번에는 대운작성을 해야 합니다. 각 사주마다 그 운세의 변화가 10년을 주기로 변화를 한다고 합니다. 그 10년 단위 변화를 표시하는 것을 대운이라고 합니다.

먼저 대운숫자가 있는데 그 계산법은 생략하겠습니다. 사주공부를
좀 더 깊이 알면 자연스럽게 알게 된다고 생각 되어서입니다.

만세력의 도표에서 각 월의 하단에 보면 남녀를 구분하여 숫자가
표시되어 있는데 그 숫자를 그 사람의 대운수라고 합니다.
예를 들어서 남자 1980년 2월 11일 오전10시(양력 1980년 3월
27일) 생의 명식에서 대운을 작성해 보겠습니다.

시	일	월	년	
己	己	己	庚	男命(乾命)
巳	亥	卯	申	

63	53	43	33	23	13	3
丙	乙	甲	癸	壬	辛	庚
戌	酉	申	未	午	巳	辰

이 사람은 남자이므로 대운숫자가 3입니다만 같은 날 태어난 여자
라면 대운숫자는 7이 됩니다.

그리고 명식에서 년간(위 명식에서 庚은 陽干)이 양간(陽干)인지
음간(陰干)인지 구분해서(천간지지 조견표 참조) 남자 양간과 여
자 음간은 순행, 남자 음간과 여자 양간은 역행하게 작성을 하면 됩
니다. 순행과 역행의 기준은 월주가 됩니다.
위의 명식을 보면서 설명을 해보면 남자이므로 대운 수는 <3>이

되고, 년간의 庚이 양간이므로 남자양간은 순행하게 됩니다. 그래서 그 기준인 월주 己卯를 기준으로 순행하게 되는데, 천간은 己 다음 간지부터 庚辛壬癸甲乙丙丁...순으로 가고, 지지는 卯 다음 지지부터 辰巳午未申酉戌亥...순으로 흘러갑니다.

만일 위의 명식이 여자라고 하면 대운 수는 <7>이 되며, 년간의 庚은 양간 이므로 여자양간은 역행을 하게 됩니다.

시	일	월	년	
己	己	己	庚	女命(坤命)
巳	亥	卯	申	

67	57	47	37	27	17	7
壬	癸	甲	乙	丙	丁	戊
申	酉	戌	亥	子	丑	寅

먼저 명식의 결과를 보면서 설명을 하면, 월주 己卯를 중심으로 역행을 하니 천간은 己 전 간지부터 戊丁丙乙甲癸壬辛...순으로 가며, 지지는 卯 전 지지부터 寅丑子亥戌酉申未 .. 순으로 흘러갑니다.

꼭 암기해야 합니다.<양남음녀는 순행, 음남양녀는 역행>

여기까지 이해를 하시면 일단 사주명식은 세울 줄 알게 됩니다.

천간지지론(天干地支論)

우리는 한 해를 말할 때 병술년 정해년 이렇게 표현하기도 합니다. 서양식의 년도 즉 2007년은 다시는 오지 않습니다만 동양식의 정해년은 60년마다 순환하여 다시 돌아옵니다. 올해 봄은 지났지만 내년에 꼭 같은 봄은 아니지만 다시 봄은 순환되어 돌아오는 것과 같은 이치입니다. 이러한 60甲子는 하늘과 땅 혹은 기(氣)와 형(形)의 형태로 표현되고 있습니다. 丁亥는 천간(天干)인 丁, 지지(地支)인 亥로 나타냅니다. 그리고 그 속에 어떤 의미를 부여하고 있습니다.

명리공부는 60갑자(년, 월, 일, 시 4가지)의 의미를 자연의 흐름과 변화를 관찰하며 살펴나가는 것이라고 하겠습니다.

먼저 천간은 甲, 乙, 丙, 丁, 戊, 己, 庚, 辛, 壬, 癸 의 10가지로 분류하고 있으며 각각에는 오행과 음양의 의미가 부여되어 있습니다.

<천간지지조견표. 참조>

천간은 하늘에 흐르고 있는 기운(氣運)을 말하며 양(陽)의 기운을 의미합니다. 천간은 구조가 간단하고 단순하게 이루어져 있습니다. 천간의 기운은 유동적이고 그 흐름과 변화가 빠르며, 외부에 그 기운의 특성이 쉽게 노출되어지며, 순간적인 에너지는 강하게 나타나지만 오랫동안 유지하는 힘이 미약합니다. 또한 양(陽)으로서 천간은 심리적으로 본능과 형이상학(形而上學)적 기운을 바탕으로 하고 있습니다.

흔히 남자를 하늘에 비유합니다. 천간의 특성을 살펴보면 남자의 특성을 알 수가 있습니다.

지지는 子, 丑, 寅, 卯, 辰, 巳, 午, 未, 申, 酉, 戌, 亥 의 12가지로 분류하고 있습니다. 흔히 띠라고 얘기를 하며 12동물과 12지지의 특성을 연관해서 의미를 부여하고 있습니다.

그러나 띠라는 것은 고대 사회에서 연도를 쉽게 기억하고 이해하기 위함과 민간신앙이 결합되어 연결 시켜 놓은 것이 아닌가 합니다.

왜냐하면 사주에서 그 사람의 운명을 좌우하는 강한 특성은 일간이기 때문입니다. 일간이 기준이 되는 이유는 사주가 절기력을 기준으로 하기 때문인데 절기력을 기준으로 했을 때 양력 혹은 음력의 연주 월주가 바뀔 수 있지만 일주는 바뀌지 않고 고정되어 있기 때문입니다.

그러므로 사주에서 음양오행의 생극제화를 論할 때, 띠의 의미를 부여해 보면 그 타당성 면에서 오류가 흔히 발견되기 때문이며, 중국 명리학의 명전이라는 <적천수>를 보면 띠에 관한 의미를 아예 무시하고 있기 때문입니다.

토속신앙이 유난히 강한 우리나라와 일본의 명리이론에 띠에 관한 얘기가 많이 사용되는 것을 보면 사주이론과 무속신앙의 결합이라고 볼 수밖에 없습니다. 사주명리학이 발전되고 현대화되기 위해서는 미신적 요소를 과감하게 청산하는 결단이 필요하다고 생각을 합니다.

지지(地支)의 특성을 보면 천간의 기운이 땅에서 지장간(地藏干)이란 형태의 결합으로 생성되어 지지의 기(氣)와 형(形)을 구성하고 있다고 하겠습니다. 지지는 음(陰)의 기운으로 形의 의미가 강하게 작용하고 있습니다.

이러한 지지의 특성은 환경의 변화에 대응이 늦지만 오래 유지하는 힘은 강하며, 자신의 기운을 축적하고 유지하려는 속성을 가지며, 자신의 특성을 외부에 드러내는데 소극적인 속성을 가지고 있습니다. 또한 음(陰)으로서 지지는 심리적으로 이성(理性)과 형이하학(形而下學)적 기운을 바탕으로 하고 있습니다.

흔히 여자를 땅에 비유합니다. 지지의 특성을 살펴보면 여자의 특성을 알 수가 있습니다.

천간은 지지에 그 기반(根)을 두지 못하면 부실하여 강한 추진력이나 소신을 지키기 어렵고, 지지는 천간의 보호가 없으면 안정을 얻기 어렵습니다. 사람의 일에서도 마찬가지입니다. 음양의 상호조화 즉 천간과 지지가 서로 돕지 않으면 아무것도 이루어낼 수가 없다고 하겠습니다.

　같은 음양오행의 특성을 가졌지만 천간과 지지에서의 성격과 특성은 상당히 다르게 작용하고 있습니다.

　특히 지지는 그 구조가 복잡하고 숨기려는 습성 때문에 그 구조뿐만 아니라 다른 오행과의 생극제화 관계를 밝혀 내기도 까다롭습니다.

　사주명리학의 실력 향상을 원하면 천간지지의 흐름과 변화를 아주 세심하게 연구하고 그 기본 이치를 사색하고 명상하는 시간이 중요합니다.

　그리고 동양학을 연구 할 때는 우주의 순환원리를 중립적이고 근원적인 입장에서 사색하는 자세가 필요합니다. 자연의 원리를 먼저 정립하고 그 바탕 위에서 인간사를 대입해야 올바른 순서입니다.

　그리고 사물을 바라보는 시각을 관찰자 입장 혹은 주관적인 입장에서 보는 것도 위험합니다. 항상 사물의 속성을 파악해야 되는데 그러기 위해서는 사물과 나를 일치시킬 수 있을 때 그 사물의 심정과 속성을 제대로 이해하게 됩니다.

　흔히 혼자 몇 년씩 공부해서 도(?)를 터득 했다는 분 중에는 자신의 신념이나 생각을 자연원리에 맞추는 예를 종종 보이고 있습니다. "내가 임상 해보니까 이렇더라!"하는 논리는 아주 위험하다고 봅니다.

　또 한 편으로는 인간사와 대비 하는 것과 외형적인 모습만 보고 대입하는 것도 문제입니다.(예를 들어 陰火를 등불이나 전기불에 비유, 가을(申,酉,戌月)의 木을 과일나무로 비유해서 풍요로 해석하는 경우도 있음) 인간이 만든 문화적 유산과 규율과 도덕은 시대의 이해관계에 따라서 의미가 변할 수 있습니다.

그리고 천간지지를 설명 할 때 계절에 따른 오행의 상태를 너무 강조해도 문제가 있습니다.

그렇게 되면 조후이론이 지배를 하게 되는데 조후이론은 세상원리를 너무 겉모습만 생각하여 한 쪽으로 치우칠 수 있는 단점을 가지고 있습니다.

사물을 관찰할 때는 음양오행 그리고 기(氣)와 형(形)을 동시에 살펴야 합니다.

순수한 자연의 순환법칙 그 자체의 흐름과 변화를 내 주관을 배제하고 오히려 사물의 입장에서 느끼고 이해하는 안목을 가지는 훈련을 거듭 강조합니다.

천간론(天干論)

천간론은 명식에서 천간에 있는 오행의 특성을 설명하고 있는 것으로서 특히 일간의 특성을 이해하는데 주로 설명을 하고 있습니다.

그러나 나중에 뒷면에서 명식의 각 십성(十性)을 설명할 때 혹은 그 십성의 특성을 표현할 때도 아주 중요하게 사용되고 있습니다.

예를 들면 甲木일간일때 십성으로 丁火상관과, 庚金일간일때 십성으로 子水상관은 십성으로서 상관이라는 점에서는 같이 보이지만 그 강도나 특성은 상당히 다르게 나타나게 됩니다.

그것은 바로 천간의 특성이 다르기 때문입니다. 그러므로 천간의 특성과 속성을 제대로 이해를 해야 뒷면에서 십성에 의한 심리를 공부하고 분석하는데 유용하게 사용할 수가 있을 것입니다.

1. 갑목(甲木)

甲木을 흔히 소나무에 비유하지만 소나무 자체가 아니라 소나무를 보면서 느낄 수 있는 陽의 성분 즉, 木의 특성 중에서 끊임없이 위로 뻗어 오르려는 양의 기운을 항상 생각하고 살펴야 합니다. 예를 들면 대나무의 죽순이 쑥쑥 자라는 모습이나 나무의 새순을 보며 甲木을 이해하는 것이 좋을 듯합니다. 사람에 비유하자면 유년기의 남자에 해당됩니다.

물론 甲木은 성장하는 나무와 같아서 성장하고자 하는 기운은 대단히 강하고, 이상(理想)과 위로 뻗어 오르려는 기질이 높고 크기 때문에 어지간해서는 절대로 꺾이거나 굽히질 않고, 남들로부터 간섭이나 구속받는 것을 대단히 싫어합니다. 또한 새로운 세계 혹은 미래에 대한 호기심이 발동하며 자신의 존재를 부각시켜 보고 싶은 심리가 강합니다.

그러나 甲木의 강직해 보이거나 고집스런 모습은 어린아이가 투정부리는 고집을 생각하지 않을 수 없습니다.

<음의 기운이 부족한 甲은 그 기상은 강하나 내면적인 부분이 유약할 수 있으니 강하게 해석하면 안 됩니다>

상대적으로 매사에 주변으로부터 주목받고 싶어 하며 추진력은 물론 자기의 책임을 다하는 장점이 있으나 너무 지나치게 자기 자신을 내세우거나 노출시키는 경우가 많고 나서기를 좋아해, 다른 사람들로부터 공격의 대상이 되거나 항상 경쟁자가 생긴다는 사실을 명심하여 겸허하게 자신을 낮추는 자세가 필요합니다.

甲木은 고난과 시련 혹은 자신에게 불리한 여건을 알면서도 재빠르게 피하는 처신을 하지 못하고 그 자리에서 부딪히며 버티며 갑니다. 마음의 상처를 입고 힘들어 하면서도 그 자리를 지키기 위하여 안간힘을 쓰는 것이 甲木의 기운입니다.

甲木이 그 상향하는 기운이 꺾여 버리면 삶의 의욕까지 잃고 방황하게 됩니다. 한 번 꺾이면 영원히 일어날 수 없을 만큼 큰 상처를 남기게 됩니다. 甲木은 꺾이지 않기 위해 스스로 부단한 노력을 합니다.

이런 甲木의 장점은 계절적인 환경과 지지의 뿌리(根)가 유력할 때 나타나는 것이지 환경이 부실하고 금기(金氣)로부터 억압을 당하고 있는 구조라면 곧게 뻗어나가지 못하고 자신의 의지를 꺾고 주변 환경에 굴복하여 조급하고 답답하게 살아갑니다.

그리고 甲木의 기운으로 태어난 사람은 새로운 환경에 빨리 적응하지 못하는 경우가 있으니 갑작스러운 환경의 변화나 자주 환경이 바뀌는 것에 익숙하지 않습니다.

甲木의 특성을 다시 한 번 정리해보면, 흔히 甲木은 큰 나무에 비유를 하는데 목중에서 양의 특성 즉 끝없이 위(하늘)를 향하여 뻗어가려는 성질을 가지고 있기 때문입니다. 그러나 실제로는 새로운 하늘을 향하여 뻗어가려는 부분은 새순입니다. 그래서 甲木은 순수하고 부드러우며 왕성한 활동력을 가지고 있습니다. 빠른 성장을 하고 싶습니다. 마치 사람의 유년기 시절과 같습니다. 새순인 甲木은 계절에 따라 민감하게 반응을 하며 같은 새순이라도 자신이 가진 여건이나 역량에 따라 계절을 맞이하는 방법도 달라질 것입니다. 甲木의 취약점은 한창 성장기의 특성이라서 환경이 갑자기 바뀌면 적응이 어렵습니다. 자신의 근본이 흔들리지 않은 상태에서 다양한 활동과 변화를 취하고 싶은 것이 甲木의 마음입니다. 결국 甲木의 활동성이란 것의 한계성을 생각하게 합니다. 甲木이 더욱 활동성을 강화하려면 화라는 동력을 달아줄 때 비로소 甲木의 왕성한 활동과 성장을 기대할 수 있습니다. 또한 이런 여건에서도 甲木의 뿌리가 튼튼할 때와 그렇지 못할 때는 또 다른 차이를 생각해야 됩니다.

2. 을목(乙木)

乙木의 특성을 잔디 혹은 야생초에 비유를 하기도 하며 사람에게는 유년기의 여자에 해당 됩니다.

잔디는 성장 보다는 뿌리를 강화시켜 내실을 다지는 모습이 乙木에 비유하는 이유가 됩니다. 木의 성장하는 기운이 甲木이라면 木이 그 형(形)을 유지하기 위해 단단하게 굳어지며 내실을 다져서 甲木의 성장이 계속되기 위해 받침이 되어 주는 기운을 乙木의 기본적인 특성이라 할 수 있습니다. 그래서 자라는 나무를 지탱하는 뿌리의 상징과 기운을 의미하거나, 자라난 죽순이 대나무로 굳어지는 과정을 乙木의 기운으로 이해를 하면 좋을 것 같습니다. 그래서 乙木을 살펴보면 겉보기에는 음의 기운이라 자신을 적극적으로 드러내지 않아서 부드럽고 유약하게 보이나 끝까지 버티고 나가는 데는 따를 자가 없으며, 또한 외적인 것보다는 내적인 면이 강해 남에게 간섭받는 것을 싫어하고, 어떠한 일이든 무리하지 않는 편으로 항상 인화(人和)와 더불어 어울리기를 좋아하는 타입입니다.

가장 특징적인 것은 乙木은 외부의 작용에 민감한 반응을 나타내지만 환경에 적응하기 위해 부단히 노력하고 예상외로 끈질긴 생명력과 뚫고 나가는 힘이 있다는 점인데, 특히 겨울生 乙木이 이런 속성을 더욱 많이 지니고 있어 생활력이 강하고 어떤 난관에도 굴하지 않고 오뚝이처럼 일어나는 스타일로 생존경쟁이 치열한 이 시대에 잘 맞는다고 하겠습니다.

乙木의 적응력은 강한 생명력 혹은 생존력을 생각할 수 있습니다. 다만 이해타산에 민감한 부분이 있음을 간과해서는 안 됩니다.

乙木의 특성을 다시 한 번 정리해 보면, 乙木을 등라계갑 이라고 표현되는 고문서의 뜻을 설명하여 乙木은 甲木을 의지해 살아 가는 넝쿨식물로 이해하는 경우가 많습니다. 글자 자체적 해석보다는 의미와 본질을 사고해 보아야 합니다.

을목을 잔디로 표현하거나 등라계갑으로 표현하거나 본질은 실속형의 의미이고, 목의 음양을 분리한 상징이 갑목이고 을목이란 점을 살펴야 합니다.

음양은 다르지만 공존하고 서로의 균형을 갖춘 힘이 전제되어야 한다는 점에서 대나무의 성장을 甲木, 단단하게 굳어지는 점을 乙木, 그리고 나무를 甲木, 뿌리를 乙木, 그리고 크게 자라기 위한 나무의 기상을 甲木, 잔디처럼 뿌리가 튼튼한 기운이 乙木으로 설명됩니다.

甲木이 乙木이 없으면 내실이 부족하고 乙木이 甲木이 없으면 성장 동력이 부족하다고 볼 수가 있습니다. 명식에 甲木이 없으면 다른 십성들이 그 뜻을 성장시키는 점이 부족하듯이 명식에 乙木이 없으면 다른 십성이 그 뜻을 펼치는데 내실이 부족할 수가 있다고 볼 수가 있습니다. 乙木이 천간에 있을 때와 지지에 있을 때가 다르

겠지요. 그리고 묘월의 乙木 오월의 乙木 신월의 乙木 자월의 乙木
이 그 작용력이 다르다는 점도 잊어서는 안 됩니다.

3. 병화(丙火)

丙火는 불의 성분 중에 양을 의미하는 빛이나 불꽃으로 상징되는
특성을 나타낸다고 하겠으며 사람에게는 청년기의 남자에 비유할
수 있습니다.

丙火는 직선적이고 급하며 열정이 강합니다. 또한 사리분별력이
있어 옳고 그름이 분명한 특성으로 나타납니다. 성격이 급하고 저돌
적이지만 뒤끝이 없는 담백함을 가지고 있기도 합니다.

丙火의 빛은 온 세상의 산천초목들을 만들고 강하게 생장시키고
그들의 역량을 밖으로 드러낼 수 있도록 도와주는 역할을 합니다.
빛이 없이 물에 의해 성장한 나무를 생각해 보면 빛의 역할을 유추
해 낼 수 있습니다.

丙火의 순수는 밝고 맑게 타오르는 것입니다. 이 속에는 분명하고
솔직함을 간직하고 있는 것이라 하겠습니다.

丙火는 자신을 불태워 자신을 희생하려는 성질이 있습니다. 丙火
는 밝은 이미지라서 자신을 숨기지를 못 하고 오직 드러내는데에만
능력이 탁월합니다. 너무 잘 드러나 때로는 주위의 공격의 대상이
되기도 합니다.

丙火의 성질은 밝고 명랑하며 정열적으로 매사에 용기가 있으나,
너무 저돌적이거나 맹렬한 것이 때로는 실수가 되고, 또 항상 자기
자신을 높이 생각하여 자칫하면 다른 사람을 무시하는 것이 단점이

되기도 합니다. 옳고 그름을 잘 따지는 특성이다 보니 항상 구설(口舌)이 따르니 조심을 해야겠고, 지혜(知慧)를 겸비한다면 다른 사람들로부터 환영받는 타입입니다. 다만 열정에 비해 뒷심이 부족하여 중도에 포기해 버리는 특성을 간과해서는 안 됩니다.

丙火의 특성을 다시 한 번 정리해보면, 丙火는 불꽃과 빛을 의미하여 청년의 열정을 담고 있습니다. 丙火의 특성은 기운의 팽창에 있다고 하겠습니다. 그리고 丙火의 기운은 다른 십성의 특성들이 더욱 적극적으로 그 기운을 밖으로 드러낼 수 있도록 조력을 한다고 보면 좋습니다. 명식에 丙火가 없으면 매사에 분명하게 일을 처리하는 면이 부족해집니다. 겨울의 기운에서 온도가 필요할 때도 천간의 丙火가 도움이 됩니다. 丙火는 쉽게 포기하는 특성이 있으니 丙火의 힘을 제대로 펼치려면 甲木이나 乙木이 있어야 합니다. 丙火는 토에게도 생동감을 주고 금에게도 강건함을 드러내도록 도와주게 됩니다. 수에게도 수의 음기를 중화시켜 주기도 합니다.

4. 정화(丁火)

丁火는 불의 성분 중에서 열기(熱氣)의 특성을 나타내며 사람으로는 청년기의 여성의 특성을 나타낸다고 하겠습니다. 흔히 丙火를 陽火라 하여 태양을 비유하고 丁火를 陰火라고 하여 밤에 등불 촛불 혹은 전깃불 심지어는 달빛 이라고 하는 분들이 있습니다만, 이것은 火에 있어서 음양의 개념을 밤과 낮의 특성이나 크고 작음의 특성으로 밖에 이해를 못하고 있는 것이라 하겠습니다. 명리는 기본적으로 자연의 특성과 변화를 이해하는 학문입니다. 등불이나 전기불은 문화의 부산물일 뿐이고 밤에 켜는 불이 꼭 음화가 아니라 火의 기운 중에서 발산하는 빛이나 불꽃이 양이라면 양의 특성을 유지하고 수렴하는 열기를 음으로 봐야 타당하다고 하겠습니다.

열기를 닮은 丁火의 성질은 비록 겉으로는 조용하고 약하게 보이나 내면적으로는 의외로 자존심과 집념이 강하고, 때로는 폭발적인 감정을 소유하고 있습니다.

또한 따뜻한 난로처럼 인정이 많아 사람들이 많이 따르고 좋아하나 양화에 열기를 제공하다 보니 정작 본인은 항상 외로움을 느끼는 경우가 많습니다.

丁火는 음의 특성 때문에 표면으로 강하게 나타내지 않고 응집되어 있지만 그 기운은 강하게 뭉쳐 있습니다.

그럼으로 대체적으로 丁火는 약한듯하면서 강하고, 강한듯하면서 부드러우며, 부드러운듯하면서 폭발적인 면을 지니고 있는 것이 특징입니다.

丁火는 연약한듯 하면서도 강인함을 가지고 있고, 드러나지 않지만 뒤에서 항상 넉넉하게 지켜주고 남을 배려하는 따뜻한 마음씨를 가지고 있습니다. 그러나 주위의 어두움에 쉽게 타협을 하지 않고 나름대로의 밝음, 고집을 포기하지 않습니다. 그것이 고집인 듯 보이지만 이것은 자신을 지키기 위한 자존심이라고 보는 것이 타당하며, 스스로의 밝은 기운은 주위를 환하게 만들어 내는 아름다움을 간직하고 있습니다. 다만 주변의 자극에 흥분하거나 폭발하여 좋은 이미지를 반감시킬 수 있는 점을 간과해서는 안 됩니다.

정화의 특성을 다시 한 번 정리해보면, 丁火는 열기로서 스스로 따뜻하고 남을 배려하는 성분으로 명식에 丁火가 없으면 타인의 어려움에 대한 배려하는 면이 부족합니다. 丁火는 명식에서 다른 십성의 작용이 적극적이거나 때에 따라서는 폭발력을 갖는 도우미 역할을 합니다. 그리고 금기가 너무 차가워 살기를 느낄 때 그것을 조절해 주는 것은 丙火보다 丁火가 더 낫습니다. 은근히 오래 버티는 열정으로 丁火가 필요합니다. 丁火가 너무 강하고 조절해 주는 수와 토가 약하면 사주가 너무 조열해서 건강을 염려해야 합니다. 또한 화기는 위로 올라가는 기운이므로 천간에 강한 화가 있으면 지지의 수기로 조절하기 어렵습니다. 또한 천간의 목으로도 지지의 화를 강력하게 생하기 어렵고 오히려 서로 동반 작용 한다고 봐야 하는데 목 기운은 위로 향하기 때문입니다.

5.무토(戊土)

戊土는 금방 변하지 않고 묵묵하게 그 자리를 지키고 있는 큰 산의 모습이며 사람으로는 사춘기의 남자의 특성을 생각해 볼 수 있습니다.

주위의 변화에도 금방 표시하지 않고, 그 자리를 변함없이 지키고 있는 큰 산을 보면 戊土 생각이 떠오릅니다.

전체가 한 덩어리의 토이지만 개별 개별의 능선을 들어서면, 봄 여름 가을 겨울의 모습을 변함없이 색채를 드러내곤 하면서 항상 그 자리를 지키고 있어 든든하기도 하고 웅장하기도 합니다.

戊土의 성질은 태산처럼 믿음직스럽고 묵묵하며 신용이 있고 아랑이 넓습니다. 또한 내면적으로 생각이 깊고 자기의 주관을 지키는 주체의식이 강합니다.

뒤집어 말하면 너무 말이 없거나 무표정해 무뚝뚝하거나 교만하다는 오해를 불러일으키기가 쉬우며, 다른 사람의 말을 무시하거나 고집이 세다는 말을 듣기도 합니다.

그러나 戊土는 중화와 중심을 상징하며 만물을 포용하는 뜻이 있어 항상 주위에 사람들이 많이 모여들거나, 분쟁이 일어났을 때는 중간 역할을 담당해 화해를 잘 시키고 중간 소개 역할을 잘 하는 것이 특징이기도 합니다.

한 편으론 이상과 현실이 잘 맞지 않아 갈등을 느끼는 경우도 있으며 고독과 염세적인 성향이 있습니다. 다만 융통성이 부족하여 현실에 민감하게 대처하는 점이 부족함을 간과해서는 안 됩니다.

무토의 특성을 다시 한 번 정리하면, 戊土는 말없이 묵묵하게 세월을 지키고 있는 산을 연상해 보는 것이 이해에 도움이 되겠습니다.

명식에 戊土가 있으면 공간개념이 발달되어 있으며 때로는 손해를 보면서 희생하는 면이 있습니다. 가슴에 큰 뜻을 품고 사소한 것에 연연하지 않는 스케일을 보여 주기도 하는 리더십을 가지고 있습니다.

戊土는 甲木이 성장하고 자리를 잡아 가는데 필요한 성분입니다. 甲木이 戊土가 있으면 甲木의 기상을 펼치고 내면이 충실하며 대인 관계의 폭이 넓고 당당해 집니다. 乙木에게는 끈질긴 생명력과 적응력을 더욱 강하게 해 줍니다.

戊土는 庚金에게 안정을 주고 辛金에게 내실을 다지게 해 줍니다.

戊土는 丙火의 도움으로 넉넉해 지고 丁火의 도움이 있어야 생명을 키우려는 희생과 대범함이 더 커집니다.

戊土는 壬水에게 인내심과 내실을 가지게 해 주며 癸水에게는 방향을 제시하고 癸水가 안정적으로 수생목을 하는 환경을 제시해 줍니다.

6. 기토(己土)

己土는 대지(大地)에 비유할 수 있으며 어머니의 포용성과 사춘기의 소녀같이 남의 심중을 가장 잘 헤아려 주는 특성이 있습니다.

이 특성은 甲木이나 乙木을 키우지만 스스로는 기운을 잃고 손해를 보는 것과 같은 이치를 의미합니다.

己土는 외형상 너무 현실적이고 계산적이어서 손해를 보지 않으려는 사람으로 보이기 쉽습니다. 그러나 내면을 들여다 보면 己土의 성질은 순박하고 부드러우며 조용하고, 좀처럼 자기주장을 내세우지 않고 남의 심정을 잘 헤아려 주며, 포용력이 있어 어머니 같은 자애로움이 장점이며, 측은지심(惻隱之心)이라 하여 나보다 어려운 사람을 보면 그냥 지나치지 못하고 도움을 주어야 하는 심성을 지니고 있습니다.

己土는 순진하고 어수룩한 것 같으면서도 실속을 챙기며, 내성적이거나 수동적인 것 같으면서도 적극적이거나 능동적인 면이 있습니다. 한 편으로 속마음을 좀처럼 털어놓지 않거나 매사에 까다로운 일면이 있기도 합니다.

또한 己土는 부지런하고 성실하며 현실적인 면이 강하여 종종 이해타산적으로 보이기도 하지만, 알고 보면 정이 많고 항상 손해를 보는 모습을 보게 됩니다.

그러므로 己土로 태어난 사람을 판단할 때, 겉으로 보이는 점만 가지고 함부로 평가(評價)하다가는 실수를 범하는 경우가 많으니 신중(愼重)을 기하여야 합니다.

한 마디로 말해 己土는 복잡다단하며 알기 어려운 존재라 하겠습니다. 다만 己土는 의외로 개성이 부족하여 자신의 색깔을 나타내지 못하는 점을 간과해서는 안 됩니다.

己土의 특성을 다시 한 번 정리하면, 己土는 엄마 품 같은 대지를 연상하게 됩니다. 엄마 품처럼 편안하고 엄마처럼 희생하고 속이 깊고 엄마처럼 현실에 부딪히며 성실하게 살아 가는 모습이 己土가 됩니다. 엄마는 어렵고 힘든 자식이 더 안스러운 측은지심을 가지 있습니다. 또한 엄마처럼 자신의 의견은 묻어두고 말없이 뒤에서 챙겨주는 모습을 보여줍니다.

己土는 甲木과 乙木을 다독이며 용기를 주고 丙火 丁火의 도움도 받아야 하지만 丙火 丁火가 너무 활발하여 주변에 부담이 될 때 화기를 조절해주며 庚金 辛金에게는 안정을 주고 壬水 癸水에게는 넘치지 않도록 훈계하는 역할을 하게 됩니다.

명식에 己土의 존재는 성실하고 현실감과 깊은 속을 생각하며 다른 간지와의 관계를 살펴야 합니다.

7. 경금(庚金)

陽의 金인 庚金은 밖으로 드러내는 金氣에 해당됩니다.

金의 기운에서 양과 음을 구분하기가 쉽지는 않지만 양의 기운에 해당되는 바위의 기운을 느껴 볼 수 있으며 장년기 남자의 특성을 가지고 있습니다. 내가 이렇게 강하고 단호함과 힘을 가지고 있다고 과시하는 느낌이 庚金입니다.

庚金을 일간으로 태어난 사람들은 강건하고 자신을 절제하는데 탁월합니다.

庚金은 뻗어나감을 억제하고 부드러움을 단단하게 하는 성분입니다. 예를 들어 가을에 접어들면 싸늘한 기운, 가슴의 서늘함도 金氣입니다.

庚金의 성질은 한마디로 말한다면 의리(義理)가 대표한다 해도 과언이 아닙니다. 한 번 사귀거나 믿었던 사람에게는 평생 충성을 하며 배반하는 일이 드물고, 동료애나 소속감이 남달리 강하며 대단한 의협심으로 강자에게는 대항하고 약자는 도와주는 특성이 있어 희생정신 또한 매우 강합니다.

또한 매사에 완벽함을 추구하며 공사를 분명히 가리는 스타일로 지도력과 통솔력이 뛰어난데, 결단력과 소신이 지나치게 강해 한 번 옳다고 판단하거나 결정한 일은 좀처럼 번복하거나 수정하는 일이 없어 자칫하면 다른 사람 눈에는 냉정하거나 모가 난다는 소리를 듣기도 합니다.

그러므로 너무 강하여 독선적인 면으로 보여 적이 많이 생기거나 스스로 재앙을 불러들이는 경향이 있으니 수양에 힘써야 합니다.

그리고 기(氣)가 부실한 경금은 대외적으로 약한 모습을 보이기 싫어 허세를 보이기도 합니다.

경금의 특성에 대하여 다시 한 번 정리하면, 庚金은 우뚝 서 있는 큰 바위의 모습을 연상해 볼 수 있습니다. 같은 바위라도 강도가 강한 바위와 푸석푸석해서 부서지기 쉬운 바위도 있음을 생각해 볼 수 있습니다. 50대의 남자 모습을 비유해 봐도 좋습니다.

명식에 庚金이 있으면 자신감과 과감하고 단호한 심리구조가 나타납니다. 또한 축장성이 있어 머리 속에 있는 기억을 오랫동안 가지고 갈 수 있는데 빨리 기억하는 데에는 어려움이 있습니다.

庚金이 강한 학생이 있다면 반복을 많이 해야 기억이 가능합니다. 금기가 없으면 빠른 기억이 가능하지만 오래되면 기억이 사라질 수도 있습니다.

庚金이 있으면 흔들림 없이 일을 추진하는데도 도움이 됩니다. 그러나 약한 庚金은 허세를 부리기도 합니다.

甲木에게는 부담스러운 존재로 강박관념을 乙木에게는 스트레스를 줍니다. 丙火와 丁火를 부담스러워 합니다. 그러나 丙火는 날카로움을 줄이고 丁火는 냉철함을 줄입니다. 토의 생조함이 있어야 庚金이 안정감을 가질 수 있고 수 기운이 있어야 금기의 강함을 외부에 드러낼 수 있습니다.

8. 신금(辛金)

辛金은 내면에 아주 단단하고 섬세하며 예리함을 갖춘 음의 성질을 가진 金氣를 의미하는데, 차돌(다이아몬드)을 연상할 수 있으며 장년기 여성의 특성이 있어서 단호함 그리고 오기와 차가움, 냉정함을 상징하며 경쟁심을 가지고 있습니다. 그러면서도 내면적으로는 자신만의 스타일을 간직하고자 하는 개성이 있는 심리를 내포하고 있기도 합니다.

辛金의 성질은 섬세하고 깔끔하며 약해 보이는 듯하지만 속으로는 단단하고 야무지며 때로는 날카로움을 가지고 있습니다. 감수성이 예민하고 정에 좌우되기 쉬운 것 같으나 매사를 처리할 때 정확하면서도 치밀하고 단호하게 처리하는 경향이 있어 냉정하다는 평가를 듣습니다.

멋을 아는 장점이 있어 외모(자신만의 스타일)에 신경을 많이 쓰고 유행에 앞서가는 스타일의 폼생폼사로서 어느 곳에서나 능력을 인정받고 인기가 있습니다.

정확하고 합리적인 것이 辛金의 특징이기도 한데, 한 편으로는 너무 까다로운 일면이 있어서 어지간한 사람이 비위를 맞추기가 힘든 상대입니다. 또한 내면적 자존심과 자아의식이 너무 강하여 자아도취에 빠질 수 있습니다. 항상 겸손한 태도와 부드러움을 유지한다면 많은 인기를 한 몸에 얻을 수 있는 타입입니다. 다만 강박관념이 너무 강하여 때때로 소심한 모습을 보일 수 있음을 간과해서는 안 됩니다.

辛金의 특성을 다시 한 번 정리하면, 辛金은 몽돌해수욕장에 있는 반짝거리는 조약돌을 연상해 볼 수 있습니다. 단단하고 야무지며 정형화된 깔끔한 모습을 유지하려는 폼생폼사형입니다. 차갑고 냉정하지만 남들이 나를 어떻게 봐 줄 것인가에 민감하고 은근히 알아주기를 바라는 내성적 성향을 가지고 있습니다.

명식에 辛金이 있으면 가슴에 오래 새겨두는 면이 강하여 강박관념이 생길 수 있고 승부욕을 강화시키는 역할을 하기도 합니다.

辛金은 단호하게 절제를 하거나 불필요한 것을 냉정하게 자를 수도 있습니다.

辛金은 甲木과 乙木에게 성장을 방해하는 치명적인 기운을 가지고 있습니다. 다만 甲木은 그 기운이 강할 때 辛金은 甲木의 성장과 미래를 더 크게 하는데 도움이 됩니다.

丙火의 극은 자신을 드러내는데 긍정적인 면이 있으나 丁火는 辛金의 냉철하고 강인함을 방해합니다.

辛金은 토의 생조가 없더라도 자신의 의지를 유지할 수 있으며 수가 있으면 자신의 역량을 드러내는데 도움이 됩니다.

9. 임수(壬水)

壬水는 호수나 바다 혹은 강물에 비유하여 사람으로는 노년기의 남성으로 그 특성을 유추해 볼 수 있습니다.

壬水는 압축하는 성질이 강한 水의 성분이 생명체를 만들어 내려는 기운을 의미합니다. 모든 만물이 고정된 시점에서 무엇인가를 다시 창조하기 위한 준비하는 성분입니다. 또한 넓은 바다나 호수 같은 의미를 가지고 壬水의 특성을 이해할 수 있습니다.

壬水의 성정은 선천적으로 타고난 유연한 사고력을 갖추고 있어 그 때 그 때 상황에 잘 적응하고 창의력이 뛰어나며 지혜가 있다고 하겠습니다.

그리고 매사에 균형감각을 갖추고 있으며 어느 곳에서나 잘 어울리고 사람을 가리지 않는 성품을 가지고 있습니다.

항상 쉼 없이 노력하는 자세로 새로운 것을 탐구하는 자세를 견지하고 있습니다. 또한 바다처럼 마음이 넓고 모든 것을 받아 들이는 자세를 가지고 있어 대범한 성품을 가지고 있으며, 고요하게 사색하는 가운데서도 활발한 움직임을 계속하고 있는 것이 壬水의 특징입니다.

한 편으로는 우리가 깊은 바다 속을 알 수 없듯이 壬水의 속 마음과 깊이를 제대로 알지 못해 비밀(秘密)이 많다는 오해를 받기가 쉬우며, 또한 내면적인 심리 변화가 심하여 스스로 만든 갈등과 스트레스에 노출되기 쉽습니다.

壬水는 흐르는 강물처럼 한 쪽 방향으로만 향하려는 일방통행적 특성이 있으므로 노인의 고집으로 표현되는 옹고집을 가지고 있기도 합니다. 아울러 물이 너무 지나치게 많게 되면 범람하여 인명 및 농작물 등을 해치는 것처럼 남에게 피해를 줄 수도 있으니 중화(中和)를 잃지 않도록 노력해야 하겠습니다.

壬水의 특성을 다시 한 번 정리하면, 壬水는 수의 외형적인 면과 역동적인 면을 양으로 생각하며 호수나 강물을 연상해 볼 수 있습니다. 균형과 유연성 그리고 일방통행적 특성을 기억해야 합니다.

壬水의 기운은 다른 오행이 균형을 가지고 쉼 없이 목표를 향해 전진하는데 도움을 줍니다.

명식에 壬水가 있으면 균형감을 갖추게 되고 감정조절을 할 수 있습니다.

壬水는 甲木과 乙木에게 생명력을 가지게 하여 활동성이 강화되며 丙火에게는 이성을 가지게 하여 지나친 열정을 줄여주고 丁火의 폭발성을 묻어두며 戊土에게는 그 웅장함을 밖으로 드러내고 己土의 성실함을 더해주며 庚金의 강직함과 허세를 설기시키며 辛金의 강인함을 다듬어 주고 밖으로 드러나게 합니다.

10. 계수(癸水)

癸水는 水의 응집하는 성분을 의미합니다. 물방울이나 안개 등으로 癸水의 이미지를 생각할 수 있으며 사람은 노년기의 여성(할머니)을 연상할 수 있습니다.

癸水는 명랑 사교적인 특성으로 남들과 결합하는데 관심이 많으며, 주변 환경이나 여건에 자연스럽게 동화되는 특성을 가지고 있습니다. 세심한 관찰력으로 사람들 사이에서 융화하고 응집시키는 원동력을 가지고 있으며 대중에게 흡수하여 들어 가는 능력이 탁월하고 그들과 쉽게 융화되어 친해집니다. 즉, 여러 군중들 속에서 그들을 서로 결합시키고 새로운 일을 모색하는데 끈끈한 고리의 역할을 잘 소화해 냅니다.

매사에 조용히 노력하며 순종하는 자세와 애교를 겸비해서 상대방의 심리파악을 잘함은 물론 마음 씀씀이도 자상한 편인데, 자칫하면 너무 비밀스럽게 감추고 있는 것이 많은 것처럼 보이거나 신비스럽게 보여 오해를 일으킬 소지가 다분합니다.

특히 어떤 곳에서도 활용되는 물처럼 자유자재로 변신하고 적응할 수 있는 능력이 잘못하면 변덕스럽다거나 지조(志操)가 없는 이중성격(二重性格)처럼 보일 염려가 있으니 이 점 참고하여야 합니다.

癸水의 특성을 다시 한 번 정리하면, 癸水는 음중의 음으로서 물방울과 안개를 비유하면 이해가 쉽습니다.

癸水는 자신의 의지를 내면에서 다지고 준비하는 응집력과 어떤 환경이던지 순응하는 유연함을 갖춘 외유내강입니다. 아주 부드럽고 약한 듯해도 대지를 적시고 바위도 뚫는 집중력을 가지고 있습니다.

癸水가 있는 명식은 친화력이 있고 자신의 목표를 향하여 포기하지 않고 결국은 이겨내는 끈질긴 면이 있습니다. 木에게는 생명력을 주며 癸水의 생을 받는 木은 안정감을 가지며 丙火의 열정과 직선적 성향이 줄어들고 丁火의 폭발력이 억제 됩니다. 土를 더욱 분주하게하여 지치도록 하며 금기의 차가움은 더 하지만 날카로움은 비켜나가게 합니다.

癸水는 부드럽고 연약하지만 그 속에 목표를 향한 무서운 집념을 생각해야 합니다.

공부의 POINT

* 음양오행으로 보는 일간의 심리구조 요약

甲 의 특성(나무의 순, 유년기 남자)

심성이 착하고 호기심이 많고 미래지향적 성향으로서 꿈이 많고 스스로 최고가 되거나 주목받고 싶은 심리를 가지고 있습니다. 그러므로 남들로부터 간섭이나 구속받는 것을 싫어하고 웬만해서는 자신을 굽히거나 꺾이지 않으려고 하며, 약한 모습을 보이지 않으려는 점은 주변을 의식하는 성향과 항상 남들보다 앞서가야 한다는 강박관념이 잠재해 있기도 합니다.

추진력과 활동력은 있으나 사고의 유연성이 부족하고 일을 할 때 뒷마무리에 약한 모습을 보이기도 합니다.

乙 의 특성(잔디, 유년기 여성)

생동감 넘치고 대인관계가 원만한 성품을 가지고 있습니다. 그리고 부드럽고 섬세하게 보이지만, 환경 적응력이 강하고 끈질긴 생명력을 가지고 있어 외유내강 형입니다. 또한 외적인 면보다 내면을 중시하는 실속 형으로서 현실감각이 탁월합니다. 그러나 주변상황에 민감하고 이해타산에 예민하게 반응하며 스트레스에 취약한 경우가 있습니다.

丙 의 특성(불꽃 빛, 청년기의 남자)

열정이 강하고 사리분별력이 남다르며 성격이 급하고 직선적이지만 솔직담백하고 뒤끝이 없는 성품입니다. 매사에 용기와 자신감이 넘치며 정의감과 의협심이 강하여 불의를 보면 참지 못하며, 때로는 자신을 희생하기도 합니다. 그러나 때때로 성급하여 실수가 되기도 하며 자신의 감정을 숨기지 못하여 주변과 논쟁이 일어날 수 있습니다.

丁 의 특성(열기 불씨, 청년기의 여자)

내성적이고 조용하지만 사교적이며 정이 많고 따뜻한 성품을 가지고 있습니다. 그리고 항상 남을 배려하고 합리적인 사고를 하며 예의가 바른 선비 같은 사람입니다. 그러나 본인은 항상 외로움을 느끼는 경우가 많고, 주변에서 자극을 하여 화가 나면 무섭게 폭발하기도 하며, 자신의 생각에 의해 옳지 않은 일에는 타협하지 않는 고집을 보이기도 합니다.

戊 의 특성(산, 사춘기의 남자)

포용력이 있고 항상 변함없이 묵묵히 자신의 소신을 지키는 신뢰성 있는 성품입니다. 어렵고 힘들거나 손해를 봐도 혼자 속으로 삼키는 사람으로서 한 쪽으로 치우치지 않고 중립을 지킬 수 있는 특성으로 분쟁이 발생하면 화해시키고, 일을 공평무사하게 처리하는 믿음직한 사람입니다. 그러나 고정관념이 강하고 융통성이 부족해 보이며 비현실적인 모습의 염세적 성향이 나타나기도 합니다.

己 의 특성(대지, 사춘기의 여자)

순박하고 자애로운 성품으로 다른 사람의 어려움을 이해하고 도 와 주려고 하거나 남을 위해 봉사하려는 따뜻한 마음씨를 가지고 있으며 속정이 깊습니다. 그리고 현실적인 감각이 발달되어 있어 실 속이 있고, 항상 부지런하고 성실하게 살아 가려고 노력하는 사람입 니다. 그러나 속 마음을 잘 털어 놓지 않고 자기소신과 개성이 부족 한 점과 이런 사정 저런 사정을 살피다 보면 우유부단해 보이는 경 향이 있습니다.

庚 의 특성(바위, 중장년기의 남자)

결단력과 소신이 뚜렷하고 인내심과 의협심이 강하고 스스로의 감정을 절제할 줄 아는 강건한 성품입니다. 동료애나 소속감과 통솔 력이 있으며 강자에게 대항하고 약자를 도와 주며 한 번 약속한 것 은 끝까지 지키려는 의리형의 사람입니다. 그러나 사고의 유연성이 부족하고 한 번 결정한 것은 번복하지 않으려는 고집과 독선적인 면이 있어 남의 말을 잘 듣지 않으려고 하며 허세를 부리는 경향이 있기도 합니다.

辛 의 특성(차돌, 중장년기의 여자)

감수성이 예민하고 섬세하여 언뜻 약해 보이지만 내면은 강하며 경쟁심과 오기, 그리고 단호함을 가지고 있는 야무진 성품으로 은근 히 자기를 알아 주기 원하는 형입니다. 차갑고 냉정한 모습을 보이 지만 폼생폼사로 멋을 알고 화려함을 좋아하며, 합리적이고 순수함을 느낄 수 있는 사람이기도 합니다. 한번 마음에 새겨둔 것을 결코 잊지 못하는 특성으로 인해 스스로 강박관념이 발생되기도 합니다.

壬 의 특성(호수 강, 노년기의 남자)

균형감각을 타고나서 행동이나 사고가 유연하고 이성적인 지혜를 가지고 있으며, 모든 일을 슬기롭게 받아 들이는 친화력과 포용력을 가진 대범한 성품입니다. 목표를 향하여 쉼 없이 노력하는 사람입니다. 그러나 내면적 심리변화가 많고 자신의 방식대로 매사를 이해하고 처리하는 일방통행적인 사고방식이 있어 때로는 이기적인 모습으로 보이기도 합니다.

癸 의 특성(물방울 안개, 노년기의 여자)

주변 환경에 쉽게 동화되는 특성이 있어서 명랑하고 사교적이며 상황판단과 임기응변에 능한 성품으로 응집력이 강하여 사람들 사이에 빠르게 흡수되어 융화하고 서로를 결합시키는 고리역할을 잘 합니다. 세심한 관찰력과 자상한 마음씨를 가지고 있는 사람입니다. 그러나 자기를 쉽게 노출하지 않으려는 특성이 있어서 주변에서 보면 속내를 짐작하기 어려워 비밀이 많거나 이중성격으로 보일 수 있습니다.

＊ 일간의 심리구조 활용

태어난 생년월일로 사주의 명식 세우기를 한 다음에 일간에 해당하는 글자는 그 사람이 가지고 있는 성격과 심리구조의 대표성을 나타내고 있다고 봅니다.

이때 그 일간의 성격을 앞의 요약에서 설명한 장단점에 대입하여 설명 할 수 있는데 앞에서 설명한 오행(목화토금수)의 특성을 함께 대입하면 더 정확한 설명이 가능합니다.

양력 1987년 8월 14일 14시 25분에 태어난 사람의 명식은 아래와 같습니다.

시	일	월	년
癸	乙	戊	丁
未	未	申	卯

이 사람은 일간이 <乙>입니다.

즉 乙木이며 음간(陰干)이 되는 것입니다.

앞의 요약 보면 乙木의 기본심리를 아래와 같이 설명을 하고 있습니다.

乙 일 생	생동감 넘치고 대인관계가 원만한 성품을 가지고 있습니다. 그리고 부드럽고 섬세하며 유약하게 보이지만, 환경 적응력이 강하고 끈질긴 생명력을 가지고 있어 외유내강 형입니다. 또한 외적인면 보다 내면을 중시하는 실속 형으로서 현실감각이 탁월 합니다. 그러나 주변상황에 민감하고 이해타산에 예민하게 반응하며 스트레스에 취약한 경우가 있습니다.

그리고 앞의 오행의 심리적 특성에서 목의 특성을 보면 이렇게 설명을 하고 있습니다.

97

木

　木을 살펴보면 木의 기운은 오행 중 유일한 생명체로서 끝임 없는 성장을 하는 역동적인 모습을 담고 있다고 하겠습니다. 오행 중 木은 가장 환경의 영향력에 민감하게 반응합니다. 이러한 특성을 사람의 성격에서 유추해 본다면, 木의 기운을 받고 태어난 사람은 진취적이고 미래지향적이며 항상 새로운 일에 호기심이 많고 도전적이지만 뒷마무리가 약한 특성을 예상해 볼 수 가 있습니다. 또한 인생으로 비유할 때 유년기에 해당되므로 순박하고 어진 성품을 가지고 있지만 싫증을 잘 내는 면도 가지고 있습니다.

　그리고 木은 동쪽을 의미하기도 하고, 계절적으로는 봄, 색상으로서는 청색에 해당되기도 합니다. 한자적 의미는 인(仁), 그래서 동대문을 흥인문(興仁門) 이라고 합니다.

　극복해야할 심리적 특성은 강박관념입니다.

　이와 같이 명식에서 일간을 보면서 그 사람이 가지고 있는 대표적인 성격 심리구조를 알 수 가 있는 것입니다.

　주변에 아는 사람들의 명식을 만들어서 한 번 대입을 해보면서 정말 같은지 비교해 보시기 바랍니다.

　그 다음에 명식의 8글자 중 일간을 제외한 나머지의 글자들도 제각기 다른 성격심리의 구조를 가지면서 일간의 대표적인 심리구조를 보충해 주고 있습니다.

　나머지 7가지의 심리구조는 다음에 설명되는 <십성>이라는 10가지의 심리구조 중에서 선택되어 그 사람의 전체적인 성격심리 구조를 읽어낼 수 있습니다.

지지론(地支論)

　지지를 생각하면 먼저 12지지에 해당하는 동물을 연상하게 됩니다. 아주 옛날부터 전해 내려온 풍습과 문화중의 일부라고 생각됩니다.

　고대의 일설에 의하면 문자를 배우지 못한 서민을 위하여 12지지에 의미를 부여한 동물을 내세우고 띠라고 하여 나이와 그 해의 의미를 알게 하였다고 하기도 합니다. 물론 12가지 동물을 대입할 때 그 동물의 특성을 고려하여 대입을 했다고 하나 명리적 특성보다는 문화적 특성이 더 강한 면이 있습니다.

　이를 명리학에 도입하여 『무슨 띠는 성격이 어떻고 무슨 띠는 밤에 태어나면 어떻고, 무슨 띠 무슨 띠는 혼인을 하면 좋고..』하는 식의 풀이를 해왔습니다. 재미삼아 하는 애기라면 몰라도 적어도 사주명리학을 공부하고 연구 했다는 사람의 입에서 그런 애기를 한다면 사고력의 문제점이 있다고 보입니다.

사주명리학은 본래 자연의 이치를 살피고 밝혀 내는 것이 기본이고, 그 바탕위에 사람의 특성과 연계성을 생각하며 이론을 세워야 합니다.

12동물의 의미는 자연의 현상이 아니라 사람이 만들어낸 문화의 산물이라고 할 때 그것을 사주명리학에 대입하여 적용하기에는 무리가 있다고 하겠습니다.

다행히 요즘 명리학자들 중에서 의식있는 분들이 명리학을 현대화하고 미신적인 부분을 탈피하려고 노력하고 있습니다.

지지를 살필 때 지장간을 포함하여 각지지의 특성과 의미를 살펴야 하며, 항상 계절적인 의미에서의 지지의 현상과 변화를 살펴야 하겠습니다.

그리고 나중에 지지를 십성에 대입할 때도 위의 의미를 부여하여 살피면 십성에 의한 심리구조 연구에 도움이 될 것입니다.

지지의 특성을 月의 특성에 맞추어 이해하는 것이 섬세한 명식 분석을 위해 필요합니다.

지장간은 지지의 계절적 특성을 잘 반영해 주고 있는데 지장간을 **오행적 의미와 오행과 계절의 방향을 제시하는 이정표(里程標)적인 의미**로 살펴보는 것이 중요합니다.

1.인목(寅木)

寅木은 木(甲)의 상향지기(上向之氣)가 火(丙)의 발산지기(發散之氣)와 결합하여 그동안 움츠렸던 陽의 기운이 땅으로부터 용솟

음치는 형상입니다. 그럼으로 寅月의 출발점은 입춘(立春)으로서 寅月이 되면 陽의 기운(氣運)이 역동성을 가지게 되고 陰의 기운 (氣運)이 점차 약해지기 시작합니다.

　寅木의 지장간은 戊:丙:甲(7:7:16)입니다. 寅木은 습기가 없는 건조한 성분으로 형성되어 있다고 봅니다.

　인목에서 본기인 갑목(甲木)은 양목(陽木)으로 봄 즉, 목의 계절의 출발 즉, 봄의 탄생을 의미하며, 중기인 병화(丙火)는 양화(陽火)로서 火 기운의 잉태 즉, 다음 계절인 여름의 기운이 생성되는 의미로 보면 이해가 쉬울 것 같습니다.

　또한, 지장간 속의 병화 기운으로 인하여 인목을 건목(乾木)이라고 하는데 계절적으로 건조하므로 산불이 많이 발생되는 의미를 생각할 수도 있습니다. 또한 寅月의 건목은 木生火도 잘하지만 水의 기운을 많이 받아들일 수 있는데(洩氣) 그 특성을 적천수(滴天髓)에서는 수탕기호(水湯騎虎:水가 많으면 寅木으로 해결할 수 있다.)라고 적고 있습니다.

　寅月의 木의 상태는 생동감이 넘쳐나게 됩니다. 겨울동안 水기운의 충전을 받은 木으로서는 기지개를 켜고 힘차게 일어나는 시기가 됩니다. 강한 木기운을 활용하기 위해서 火의 통로가 필요합니다.

　寅月의 火의 상태는 木기운의 지원으로 상당한 폭발력을 가지게 되는 상황으로서 매우 기대가 되는 시기이며 土가 있으면 균형을 이루게 됩니다.

寅月의 土의 상태는 木기운이 뿌리를 내리도록 협조도 해야 하니 분주하고 지쳐있다고 하겠습니다. 어디엔가 火가 있어서 土에게 에너지를 보충해 주면 좋겠습니다.

寅月의 金의 상태는 金이 뿌리를 내릴 시기가 아니므로(지지삼합의 巳酉丑 참고) 그냥 가만히 있는 것이 오히려 좋을 듯합니다.

寅月의 水의 입장은 겨울동안 목에게 기운을 다 빼앗긴 상태이므로 매우 허약해서 아무것도 마음대로 하기가 어려우니 金의 도움이 절실한 상황입니다.

2.묘목(卯木)

묘월(卯月)은 木이 가장 왕성한 지지(地支)입니다. 지장간을 보면 순수한 木의 성질로만 구성된 것으로 활동력이 왕성하고 강하게 느껴집니다. 木기운이 왕성하다는 것은 주변이 습(濕)하고 아울러 木기운 자체도 습하다고 하여 卯木을 습목(濕木)이라고 합니다. 그러므로 卯木은 寅木에 비해 木生火를 덜하며 水의 기운을 설기하는 것도 덜 한다고 하겠습니다. 그러나 목극토를 하는 기운은 寅木보다 강하며 木의 미래지향적인 성분과 생동감 등의 甲木의 성장의 의미와 乙木의 내실을 다지는 木의 質의 의미가 포함되어 있다고 하겠습니다.

卯木의 지장간에는 甲:乙(10:20)로 구성되어 있습니다.

묘월(卯月)의 木은 이미 힘을 받을 대로 다 받았기 때문에 이 때 해당하는 나무들은 모두 기운이 넘쳐 있습니다. 卯木은 이렇게 기운을 가득 품고 있을 때이므로 가장 왕성한 것입니다. 성장(甲木) 보다 기운의 축적(乙木)의 비중이 높은 것을 염두에 두어야 하겠습니다. 그래서 묘월(卯月)이 왕목(旺木)의 시기라고 하는 이유는 겉으로 변화를 확인할 수 없어도 이미 왕성한 기운을 축적하고 있는 상황이기에 가장 강하다고 하는 것입니다.

　卯月의 木은 寅月에서 성장된 木기운을 내면적으로 강한 힘을 축적하고 있는 시기로 봐야 합니다. 강한 木이므로 火로서 그 기운을 활용하면서 설기를 해 주는 것이 필요합니다.
　卯月의 火의 상태는 전반적인 환경이 좋아지므로 그 기운을 오랫동안 강하게 유지할 수 있습니다.
　卯月의 土의 상태는 이미 허약해져 지쳐있습니다. 죽을 지경이지요. 나무뿌리의 에너지가 넘치므로 土의 입장에서는 오히려 극을 받는다고 보는 것입니다. 火의 생을 받지 못하는 土라면 그 역량을 발휘하기 어렵습니다.
　卯月의 金의 상태도 뿌리를 내리지 못하므로 마음대로 활동할 시기가 아닙니다. 金이나 천간의 土 그리고 지지의 戌土가 있으면 金氣는 역할을 하게 됩니다.
　卯月의 水는 木의 활동력 때문에 기력이 다 빠진 형국이라고 할 수 있으니 金氣의 도움이 절실합니다.

3. 진토(辰土)
　辰土는 왕성한 木의 계절에서 火의 계절로 넘어가는 사이에 중간

을 의미 합니다

辰土는 초목이 파랗게 자란 넓은 초원 같은 이미지를 가지고 있으며 木의 성장을 극대화 시킬 수 있는 기반을 조성하는 土를 의미하기도 합니다.

즉 木의 기운을 이어오면서 水로서 목을 보호하여 火의 계절을 준비하는 것이기도 합니다.

辰土는 木의 계절이 끝나는 의미의 乙木과 음기(陰氣)의 상징인 지난 계절인 겨울(水)의 기운이 막을 내리는 癸水의 의미를 생각해야 합니다.

辰土는 水의 기운은 막을 내리는 月이지만 습기는 머금은 土이기 때문에 火의 기운을 설기(洩氣)하는 성질이 강합니다. 그 특성을 적천수(滴天髓)에서는 화치승룡(火致乘龍:火氣가 너무 많으면 水보다는 습토로 해결하는 것이 효율적이다.)이라고 적고 있습니다.

辰土의 지장간은 乙:癸:戊(9:3:18)로 구성되어 있습니다.

지장간 속의 乙木은 木의 계절 즉, 봄의 끝을 의미하며 癸水는 水의 氣마저 소멸되어 申月을 기약하며 辰土속에 축장되는 의미를 가지고 있습니다. 辰土가 습토인 것은 맞지만 흔히 물창고라는 표현은 지나친 것 같습니다. 오히려 음기운(水)의 종착역으로 보는 것이 유용할 것입니다.

辰月의 木은 계수가 아직은 작용하고 있어서 부족하지만 목의 기운을 유지할 수 있는 힘은 기대해 볼 수도 있으며 안정적인 모습을 가질 수 있습니다.

辰月의 火는 습토인 진토에 의해 火기운이 약해져 보이지만 전반적으로 기온이 상승하므로 일간에 火가 있을 경우는 火가 활성화될 수 있는 분위기는 조성된다고 봐야 합니다. 다만 火가 진토를 보거나 동주하면 火와 辰土의 작용은 火 기운의 설기를 당연히 받아 들여야 합니다.

辰月의 土는 습기를 머금은 월이니 오히려 기운의 감소도 고려해야 합니다.

辰月의 金은 자신의 의지를 펼칠 시기는 아니지만 습토에서 안정을 취할 수도 있습니다.

辰月의 水는 辰土를 뿌리로 생각해서는 서운함을 겪을 것 같습니다. 辰土속의 癸水는 그 기운이 다해서 여름을 지나기 위해 꼭꼭 숨어 있는 모습, 즉 캡슐 속에 봉인된 水라고 하겠습니다.

■ 寅卯辰의 정리

寅月은 봄의 생지로 봄기운의 역동성과 여름을 예고하여 여름기운의 특성인 火 기운을 느껴야 합니다. 寅木은 木生火와 水를 설기하는 기능을 숙지해야 합니다. 그리고 寅木속의 甲木으로 인해 창의성을 내면에 숨겨 두고 있다는 것을 기억해야 합니다.

卯木은 木의 왕지로 생동감의 절정으로 木剋土에 강한 작용과 금에 저항하는 힘과 습목 이라는 것을 기억해야 합니다.

辰土는 癸水로 인해 습토이며 木기운이 한 풀 꺾이지만 아직 강한 영향력이 있는 상황에서 봐야 합니다. 그러므로 木의 근이 되지만

火土金水에는 도움이 되지 않는 土 입니다.

4.사화(巳火)

巳火는 寅月에서 잉태한 火의 기운이 卯月에서 힘을 받고 辰月에서 잠시 숨고르기를 한 후, 세상에 태어나서 본격적인 火의 강한 기운을 내뿜기 시작하게 됩니다. 또한 양의 기운 속이지만 그 속의 庚金 성분으로 인하여 보리, 밀, 복숭아 등의 결실로 이어지는 점을 생각해 볼 수 있습니다. 그러나 巳月은 양의 기운으로서 음의 뒷받침이 약하므로 강력한 火氣를 기대하기는 어렵다고 보여 집니다.

巳火는 戊:庚:丙(7:7:16)의 지장간이 분포되어 있습니다.

巳火속에서 丙火는 계절적으로 여름의 탄생을 의미하며 庚金은 결실과 다음 계절인 가을의 기운을 잉태하는 의미를 가지고 있다고 하겠습니다.

巳月의 木은 지나친 활동으로 지치기 시작하는 月이므로 水기운의 지원이 반드시 필요합니다.

巳月의 火의 상태는 활동력은 있으나 그 강도는 아직 폭발력을 가지지는 못한 상태입니다.

巳月의 土의 상태는 이제 서서히 힘을 받기 시작하는 상황으로서 안정감이 있고 활기가 넘쳐 보입니다.

巳月의 金의 상태는 비록 그 기운이 잉태 하였지만 산고(産苦)의 고통을 겪어야 하는 것처럼 갑갑한 느낌이 드는데 토의 지원이 필요합니다.

巳月의 水의 상태도 어렵기는 마찬가지 입니다. 강한 양의 月에 水 기운의 역할을 제대로 하기가 어려워 보여서 강한 수의 협조가 필요합니다.

5.오화(午火)

午火는 아주 강한 火의 기운이 기승을 부리는 月입니다. 巳月에 긴 일조량을 가진 천간의 陽의 기운이 지지의 복사열을 의미하는 陰의 기운인 午火와 만나 강한 火기운을 품고 있습니다.

午月을 살펴보면 午火를 陰火로 표시하는 것은 하지(夏至)를 기점으로 일조량이 감소하기 시작했으며 강한 火기운을 느끼게 되는 것은 陰기운으로 볼 수 있는 지지의 복사열이 양의 기운과 결합하기 때문입니다.

午火의 지장간속을 보면 丙:己:丁 (10:9:11)로 분포되어 있습니다. 천간 지지의 강한 화기 속에 중화의 성분인 己土가 존재하여 강력한 불의 폭발성분을 흡수하여 완충작용을 하는 것으로 볼 수 있습니다.

午月의 木은 시원한 물줄기 즉, 오월의 열기를 제어할 물(水)이 절실하게 필요합니다.

午月의 火는 절정의 순간으로 마지막 불꽃을 태우는 시간을 앞에 두고 있는 상황입니다. 수기(水氣)로서는 감당이 어려워 辰土 혹은

丑土의 쓰임이 반가울 것 같습니다.

午月의 土는 열기를 듬뿍 받아 未月에서 자신의 무대를 만들려고 할 것입니다.

午月의 金은 아주 어려운 상황이 되었습니다. 산고(産苦)의 고통이라고나 할까 숨이 막히겠지요. 水가 있어서 火의 기운을 제어해 준다면 그나마 목숨은 유지할 정도로 다급한데 천간의 토나 지지의 술토가 있다면 금상첨화입니다.

午月의 水도 힘이 매우 허약하기는 마찬가지 입니다. 확실한 수원지인 金의 확보가 절실한 시기입니다. 천간의 강한 水도 도움이 됩니다.

6. 미토(未土)

未土는 火의 기운을 아직도 품고 있는 조열(燥熱)한 기운의 토라고 하겠습니다.

未月은 폭염으로 더위가 심한 시기이며 초복과 중복이 있습니다. 未월의 더위를 복사열이라는 말로 설명할 수 있는데 이는 혹한의 추위는 동짓달보다 섣달이 더 춥다는 말과 상응함을 생각해 볼 수 있습니다.

그러나 未土의 마음은 화에서 멀어지고 이미 金에 가 있다고 하겠습니다.

未土의 지장간 속에는 丁:乙:己(9:3:18) 로 분포되어 있습니다. 丁火는 火의 계절이 종착역에 도달 하였다는 의미를 상징하며 乙木은

木의 기운이 소멸되어 땅 속에 저장되어 亥月을 기다리게 된다는 의미를 생각해야 합니다.

未土의 지장간이 陰으로 표시되는 것은 표면적으로 더위가 기승을 부리고 있는데도 천지의 흐름은 이미 음의 방향으로 진행되고 있음을 주목해야 합니다.

未月의 木의 상태는 더 이상 의지 할 곳을 잃고 불안한 마음으로 생존에 대한 미련을 버리고 훗날을 기약하며 주변정리를 해야 할 처지입니다.

未月의 火의 상태는 다소 힘이 약해진 상황이 됩니다. 그러나 어느 정도는 火기운을 유지하는 환경으로 봐도 좋으며 水의 공격으로부터 방어를 기대 할 수도 있습니다.

未月의 土의 상태는 가장 왕성한 세력을 가지고 있는 시기라고 해야 할 것입니다.

未月의 金의 상태는 未土의 열기로 인하여 답답하지만 金의 입장에서는 午月을 넘어 섰다는 안도와 희망을 느낄 수 있어 의지가 된다고 하겠습니다.

未月의 水는 최악의 상황으로 숨이 막힐 지경으로 답답하니 그저 참고 기다릴 수 밖에 도리가 없습니다.

■ 巳午未의 정리
巳月은 양의 기운이 팽창하기 시작하는 달입니다. 여름의 출발선 상이라 일조량은 많아지지만 땅 속은 아직은 음기에서 크게 벗어나지 못한 상황입니다. 그런 현상의 상징이 지장간의 庚金이고 또한 庚金의 다른 상징성은 아직 뜨겁지 않은 틈을 타서 金 기운의 씨앗을 하나 묻어 두고 있는 것입니다. 金은 초여름의 수확을 의미하고요, 午火의 강한 火氣는 언제 폭발할지 모르는 위험성이 있는 다이나마이트 같은 분위기 입니다. 未月은 절정을 지난 火氣가 한 풀 꺾인 모습이지만 여전히 위력은 발휘하며 木의 기운을 마무리 하려고 분주한 모습입니다. 여름의 木은 강력한 모습을 보이지만 내심 지쳐가고 있는데 그것을 감추려고 의기양양한 모습을 억지로 만들어 내는 것 같기도 합니다. 여름의 火는 그 기운을 조절하지 않으면 성급한 일처리로 오히려 일을 그르칠 수도 있으니 土로 달래야 하며 여름의 土는 적당하면 생명을 기르지만 너무 火氣가 강하면 土가 부담을 느끼게 됩니다. 여름의 金은 힘들지만 오기로 버티고 있는데 누가 더 건드리면 객기를 부릴 수 있습니다 여름의 水는 지쳐서 총명함을 잃고 불필요한 욕심에 사로잡힐 수 있습니다.

7.신금(申金)

申金은 결실을 의미하며 단단하게 굳어져 강한 기운을 밖으로 내보이는 냉습한 기운을 머금은 바위(金)같은 기운으로도 비유 됩니다. 申月은 가을에 탄생하는 金氣로 인하여 아침저녁 서늘한 기운이 시작되며 일교차와 기류의 변화를 보이고 있습니다. 또한 水의 기운이 생성되는 시점의 의미로 만물이 수축되고 압축되는 기운으로 이해하는 것이 필요합니다.

申金의 지장간 분포도를 보면 戊:壬:庚(7:7:16)으로 이루어져 있습니다. 庚金은 가을이라는 계절의 출발점을 알리는 의미로서, 壬水는 겨울 기운의 잉태 시점으로 이해를 하는 것이 타당할 것 같습니다. 또한 壬水는 초가을의 태풍속의 늦장마를 생각해 볼 수 도 있습니다.

申月의 木은 氣가 꺾이는 시점이므로 모든 생명체는 위축되고 활동력이 급격히 떨어지는 시기이므로 火의 도움이 필요하기도 합니다.

申月의 火의 상태는 마음만 급하고 무기력해 지는 시기이므로 木의 도움이 필요한 시기이며 활동할 시기가 아니라고 하겠습니다.

申月의 土의 상태는 힘이 쇠약해져 있으며 휴식을 통하여 새로운 기운의 축적이 필요한 시기입니다.

申月의 金의 상태는 자신의 큰 뜻을 펼칠 수가 있고 강한 추진력으로 결과를 도출해 내는 힘을 가지게 됩니다. 水가 있으면 자신의 역량을 제대로 발휘할 수 있습니다.

申月의 水의 상태는 에너지의 축적을 통하여 자유롭고 유연한 활동력으로 새로운 생명(木)을 탄생시킬 환경을 조성하게 됩니다.

8.유금(酉金)

酉金은 왕성한 금기(金氣)를 의미합니다. 酉金 속에는 다른 성분은 전혀 보이지 않고 오직 金성분만 존재합니다. 庚金은 辛金이 강하게 압축되어 단단해져 있는 부분의 표면이라고 이해하면 어떨까요?

酉月은 이미 천지는 강한 음기를 느끼게 되고 木은 성장이 중단되므로 모든 것을 포기하고 강한 음기의 축적을 의미하는 동면을 준비하는 시기라고 하겠습니다.

酉金의 강한 金氣에 산천초목과 생명체들이 모두 그 기운이 시들해 지게 되며, 세상만물은 모두 金의 특성처럼 단단하게 굳어지기도 하고 결실을 가져오기도 하는 마무리를 의미 합니다. 사람도 생명체이므로 酉月이 되면 허전하고 외로움을 느끼게 되는데 金氣의 영향이라고 보면 어떨까요?

酉金의 지장간 속에는 庚:辛(10:20)로 분포되어 있습니다.
酉金은 庚辛금이 모두 포함되어 있어서 매우 강한 지지입니다.

酉月의 木의 상태는 더 이상의 활동력이 어려운 상황입니다. 성장을 멈추지 않고 활동력을 얻으려면 火의 기운과 水의 지원이 필요합니다.

酉月의 火의 상태는 강한 음기운인 金氣에 의해 그 활동력이 약화된 상황으로 木의 도움을 기다리게 됩니다.

酉月의 土의 상태는 金에게 기운을 빼앗기고 휴식을 취하고 있는 상황으로 주위에 火의 도움이 없이는 활동력이 약합니다.

酉月의 金의 상태는 위력이 천지를 덮고도 남을 기상입니다. 이 강한 金氣를 다스리려면 강한 火보다 차라리 水에게 맡기는 것이 지혜로운 일입니다.

酉月의 水의 상태는 강한 金의 지원을 받는 가장 왕성한 활동력을 나타내는 상황으로 水의 시절입니다.

9.술토(戌土)

戌土는 한기(寒氣)와 건조(乾燥)함이 느껴지는 기운으로서 木이 새로 뿌리를 내리기에는 어려운 상황이라서 원래 土기운이 가지고 있는 생명체를 보호하고 지원하는 기능을 기대하기 어렵고 오히려 木기운을 약하게 하는 金氣를 왕성하게 하여 木에게는 아주 불리한 기운으로 보면 되겠습니다.

戌土의 지장간을 보면 辛:丁:戊(9;3;18)로 이루어져 있습니다.

戌토의 辛金은 가을의 종착역에 도달하였음을 알리며, 丁火는 火기운이 소멸되어 땅 속에 저장되어 寅月을 기다리게 된다는 의미를 생각해야 합니다.

戌月의 木의 상태는 단풍이 들어 화려하고 과일이 주렁주렁 열려 있어 외견상 풍요로워 보이지만 나무 입장에서는 기력이 없는 상황입니다. 무리하지 말고 휴식을 취하는 것이 현명합니다.

戌月의 火의 상태는 이미 火의 기운은 창고 속에 축장되어 있어서 간신히 숨은 쉬고 있지만 활동할 상황이 아닙니다.

戌月의 土의 상태는 건조함을 느낄 수 있는 戌月이기 때문에 활동하는데 어느 정도 뒷받침이 된다고 하겠습니다.

戌月의 金의 상태는 土生金으로 충분히 힘을 얻을 수 있지만 천지간의 기운이 차가워지고 있으니 강력한 추진력은 기대하기 어려운 입장이 됩니다.

戌月의 水의 상태는 戊土에게 시달림을 받고 있는 것 같지만 辛金에게 다소 안정감을 얻고 있는 상황으로 의외로 土生水를 기대할 수도 있습니다.

■ 申酉戌의 정리

申月은 未月까지 버텨오던 火의 기운이 물러나고 차가운 金의 기운이 개선장군처럼 등장하는데 火氣를 몰아내는데 함께 힘을 보태준 지장간 壬水가 나중에 자신을 힘들게 하는 水기운의 근원이 된다는 것을 어찌 알겠습니까?

酉月은 세상의 모든 활동력을 멈추게 할 만큼 강하고 살기를 느끼게 하는 냉정한 기운입니다. 辛金은 火氣를 만나도 두려워하지 않을 만큼 강한 내공을 가지고 있습니다. 戌月은 천하를 벌벌 떨게 하던 金氣도 그 기세가 꺾이고 뒤로 물러나는데도 金氣의 강인함이 아직은 그 뒤끝을 느끼게 해주는 힘이 있습니다.

申酉月의 金氣 속에 자존심이 꺾인 채 숨어있던 火 기운이 다가올 亥月 앞에서 어쩔 수 없이 막을 내리고 다음 세대에 다시 태어나기 위해 긴 동면에 들어가게 됩니다.

10.해수(亥水)

亥水는 가을 내내 생 기운을 받고서 힘을 기르던 水로서 외형상으로는 자신의 활동영역인 겨울을 알리고 또 한 편으로서는 木의 기운을 잉태하는 성분이기도 합니다. 水기운은 생명을 잉태하기 위하여 기운을 축적하고 압축하는 힘을 가지고 있다고 하겠습니다.

즉 亥水 중의 甲木은 씨앗 속의 씨눈 같은 상태, 혹은 어머니 배속에서 자라고 있는 아기와 같은 의미를 가지고 있다고 보며, 물 속에 잠긴 물먹은 木이라느니 또는 亥中의 壬水를 보고 亥水를 바다에 비유하는 것은 水의 특성을 물로 밖에 생각하지 못하는 사고의 빈약이라고 하겠습니다.

지장간을 보면 戊:甲:壬(7:7:16)으로 분포되어 있습니다.

亥水에서 壬水는 겨울의 출발을 의미하며 甲木은 다음 계절인 木의 기운을 잉태하는 의미를 가지고 있다고 하겠습니다.

이것은 未月의 未土 창고에 들어가서 숨죽이고 있던 木氣運이 申酉戌 에 숨죽이며 기다린 후에 亥月에서 잉태되기 시작하는 과정으로 생각해 봅니다.

즉, 亥月은 陰의 기운 속에서 陽의 기운을 일깨워주는 역할을 하고 있다고 보는데, 우리 선조들은 이 시기에 陰의 기운을 가진 조상에게 제사(洞祭)를 지내며 새로 오는 해에 좋은 기운이 생기도록 기원을 하였다고 하겠습니다.

亥月의 木의 상태는 잉태되어서 성장을 위한 기다림의 시기 입니다. 훗날 씨앗의 발아를 위해 火가 필요하기도 합니다만 목의 입장에서는 여유를 가질 수 있는 시기입니다.

亥月의 火의 상태는 질식할 만큼 답답하게 보입니다. 옆에 木이 있음을 반깁니다.

亥月의 土의 상태도 무기력하여 생명체를 기르는 기능을 수행하기 어렵습니다. 火의 도움이 절실합니다.

亥月의 金의 상태는 火가 없다면 그 근본마저 유지하기 어렵습니다. 반드시 火가 필요합니다.

亥月의 水의 상태는 가장 왕성한 시기로서 자신의 뜻대로 활동을 할 수가 있습니다.

11. 자수(子水)

子水는 전체가 水의 기운으로 강한 陰氣의 시기라고 하겠습니다. 子水를 온통 물바다라고 표현하는 것은 문자적인 의미만 생각하는 사고력 빈곤으로 보겠습니다. 水의 특성은 생명체(陽)의 탄생과 성장을 위해 陰의 기운이 압축하는 기운으로 보는 것이 더욱 타당합니다. 따라서 자수는 강한 陰기운이 축적된 시기라고 하겠는데 陰이 극을 이루면 陽이 생성되는 상대성의 법칙을 갖는 것이 陰陽의 이치이며, 이는 子月의 중심인 동지를 지나면서 밤이 짧아지며 상대적으로 낮이 길어지기 때문에 陰陽이 공존하는 것으로 보게 됩니다. 時間에 있어서 子時도 어제와 오늘이 공존하며 자정(子正)을 넘으면 어둠이 옅어지며 陽의 기운이 시작됩니다.

子月은 한겨울입니다.

밤이 가장 긴 겨울은 휴식기이고 다음 활동을 위한 충전의 시간입니다. 양의 기운은 음의 기운에 의해서 충전이 되는 것이 자연의 이치입니다.

시골에 가면 내년에 파종할 옥수수를 처마 끝에 매달아 겨울을 나게 하는 모습을 보게 됩니다. 겨울에 밖에서 동면한 옥수수와 방안에서 따뜻하게 보낸 옥수수를 봄에 파종하면 동면한 옥수수가 더 튼튼하여 병충해에 강하고 더 굵은 씨앗이 열리게 된다고 합니다. 우리 선조들은 일상에서 음양의 원리를 터득하여 활용해 왔습니다.

지장간을 보면 1/3은 壬水이고 2/3는 癸水이므로 전체가 水로 되어있는 달입니다.

子月의 木의 상태는 내년 봄에 새싹이 돋는 역동성을 기대하며 휴식을 취하면서 기운을 축적하고 있는 모습이라고 하겠습니다.

子月의 火의 상태는 가장 약한 상황이므로 木의 협조 없이는 자신의 역량을 발휘하기 어렵습니다.

子月의 土는 자신의 역할을 찾지 못하고 그저 주변상황을 지켜보거나 동면할 수밖에 없는 모습입니다. 火의 도움이 있으면 기지개를 켜고 슬슬 움직이기 시작할 것 같습니다.

子月의 金은 그 단단한 기운이 水에 의해서 더욱 압축되고 냉기를 더하여 본성이 변질될 위험성이 있습니다. 火가 있어야 본래 金의 특성을 유지 할 수가 있으므로 반드시 火가 필요합니다.

子月의 水는 그 기운은 더욱 맑고 강하나 모습이 변하여 水의 특성이 왜곡될 수 있으므로 火로서 순화를 시켜야 水의 특성을 제대로 사용할 수 있습니다. 또한 子月의 水는 水만이 갖는 유연성은 다소 약해진다고 봐야 할 것입니다.

12. 축토(丑土)

丑土는 냉습한 땅으로 이해하는 것이 좋을 듯합니다. 子月에 비하여 水기운이 많이 줄어 들어 이미 충전의 시기는 끝나가고 있는 시기입니다. 亥月에 잉태된 木은 子月에 기운을 충전하여 寅月에 생명체의 탄생을 위해 丑月이라는 출발점 전에서 辛金이 알려 주는 金氣의 소멸을 보고 미소 짓는 모습이 보이는 듯합니다.

丑月(섣달)은

癸:辛:己(9:3:18)의 비율로 지장간속의 상황을 가진 동토(凍土) 입니다. 癸水는 생명체 탄생을 위한 기운의 축적기간인 겨울이 끝났음을 알려 주며 辛金은 金의 기운이 마지막 자신의 역할을 하고 소멸하는 시기를 알려 주고 있습니다.

丑月의 木의 상태는 새싹을 틔우기 직전의 상태를 보내고 있는 시기라서 상당한 힘을 받고 있다고 할 수 있습니다.

丑月의 火는 자신이 역할을 하기에 벅찬 시기이므로 무리하게 움직일 수 있는 시기는 아니라고 하겠습니다.

丑月의 土의 상태는 겨울의 습한 土라서 근(根)으로 보기에는 아쉽습니다. 섣달의 土는 다소 허약해서 火氣를 필요로 합니다.

丑月의 金의 상태는 오히려 답답해 보입니다. 바로 다가올 寅月이 걱정입니다. 그러나 만일 여름날에 태어난 金이라면 주변의 丑土는 천금의 가치가 넘는 보물이 됩니다.

丑月의 水의 상태는 상당한 의지처가 됩니다. 丑土 속의 癸水와 辛

金이 뿌리가 되기 때문입니다. 그러나 다소 아쉬운 기분이 드는 것은 이미 水와 金은 그 힘을 잃어 가고 있는 시기이기 때문입니다.

■ 亥子丑의 정리

亥月은 모든 것을 압축하는 음의 기운으로 세상을 묶어 두는 겨울의 시작과 동시에 새로운 양의 기운의 잉태로 미래에 양기가 음의 기운을 누르고 세상을 지배 할 준비를 하게 됩니다.

세상 이치의 묘한 점이 자신이 길러준 양에 의해 자신은 결국 뒷전으로 물러나는 것인데 자연의 이치나 세상사의 이치나 다르지 않다는 것을 알게 하는 지혜를 가르쳐 줍니다. 亥月은 戌月에 파종을 하고 잠시 휴식을 취한 사람들이 이듬해 새로운 생명체(인간은 후손)를 기대하며 조상에게 제를 올리는 행사를 하고 있습니다. 子月은 온 세상이 강한 음기에 의해 활동력이 제약을 받게 됩니다. 무서운 음기에 대항하는 양 기운은 인고의 세월을 보내며 미래의 희망을 안고 정중동의 시간을 보내게 됩니다. 겨울이란 음 기운은 양에게 심술을 부리지만 내심으로 양의 씨앗에게 은근히 힘을 부여합니다. 丑月은 水 기운이 고개를 숙이는 틈을 타서 양 기운이 슬슬 움직일 채비를 하는 시기입니다. 丑月의 水氣는 이미 힘이 떨어져 스스로의 힘으로 양의 기운 태동을 막지 못하니 金氣의 힘을 빌려 제어해 보려하지만 양기는 오히려 그것이 자극제가 되어 더욱 강한 몸부림을 치게 됩니다. 겨울의 木은 힘들지만 몸을 낮춰서 내실을 다지고 있으며 겨울의 火氣는 눈치만 볼 뿐 위력을 발휘할 수 없습니다. 겨울의 土 역시 자신의 역할보다는 水 기운의 눈치를 보며 그에 동조할 수 밖에 없습니다. 겨울의 金은 자신이 기른 水에게 뒷통수를 맞고 절치부심하는데 적의 적은 동지가 되니 火氣를 오히려 반기게 됩니다. 겨울의 水는 그 기세가 대단하여 심하면 오만해질 수 있으니 굳어진 마음을 수양을 하면 좋습니다.

공부의 POINT

▶ 지장간

　지지론을 공부하기 위해서 가장먼저 지장간을 암기하고 있어야 합니다. 그리고 지장간의 구성분포를 참고로 지장간의 특성과 지지가 가지고 있는 월(계절적)의 특성을 함께 이해하면서 지지를 공부하여야 합니다. 또한 음양과 생지(寅申巳亥) 왕지(子午卯酉) 고지(辰戌丑未)의 특성을 이해하며 지장간의 특성을 살펴 한난조습(寒暖燥濕)을 살펴야 합니다. 이러한 특성들을 이해하기 위해서는 뒷부분에 설명되는 지지삼합(地支三合)의 원리를 적용하면서 공부를 해야 합니다. 천간은 오행의 음양적 특성을 알 수 있는 부분이라면 지지는 음양과 오행의 배합과 작용으로 인한 변화의 원리와 특성을 이해할 수 있는 좋은 정보가 됩니다. 지지의 특성을 섬세하게 살펴보는 공부를 꾸준히 하면 후에 명식(사주원국)을 분석하는데 큰 도움이 될 것입니다.

▶ 오행 중에서 金의 기운이 강한 이유?

　金의 특성은 강하며 오기가 있으며 단호한 면과 어려운 상황에 굴복하지 않으려는 성향이 강합니다. 왜 그럴까? '金이 쇠, 바위를 상징하니까 그렇지요' 한다면 명리를 공부하는 재미를 모르는 겁니다. 다른 오행은 그 기운이 잉태 할 때 풍족하고 축복을 받지만 金만은 시련과 모진 고통을 받으며 산고를 겪은 후에 태어나기 때문이지요.

즉, 木은 잉태 월 亥水 속의 '甲壬' 火는 잉태 월 寅木 속의 '丙甲' 水는 잉태 월 申金 속의 '壬庚' 즉 生을 받으며 출발하지만 金은 巳火 속의 '庚丙'에서 剋을 받으며 출발하기 때문입니다. 그리고 午火의 강력한 괄시 속에 자라왔기 때문에 강하고 오기가 생겨나게 된 것입니다.

궁성이론(宮城理論)[1]

본 궁성이론은 대만의 하건충 선생의 이론을 박주현님이 국내에 소개한 것으로 알려져 있는데 명식의 심리구조 설명에 도움이 되고 있다고 판단하여 소개를 합니다.

시 주	일 주	월 주	연 주	
수용 사고궁	자신의 기본특성	표현 감정궁	아버지궁	천간
자 녀 궁	남명, 배우자궁 자신의 중심궁	여 명, 배우자궁 사회 직업궁	어머니궁	지지

▷일간

명식에서 자신의 기본바탕이 되는 자리로서, 해당 일간의 음양오행상의 기운은 그 사람의 기본적인 성향과 기질을 나타내 주고 있습니다.

註)1) 박주현 <마음을 읽는 사주학>참조

▷일지

日干의 심리가 지속적으로 드러나는 성격심리구조이며 일간의 힘(氣)의 강약을 살펴볼 수 있는 곳입니다. 일지는 자신의 중심을 나타내는 자리이며 일간의 앉은자리라고도 하는데 일간을 받쳐 주는 주춧돌 혹은 에너지원 이라고 봅니다. 그래서 일지가 충극 받으면 안정감이 떨어지고 환경의 변화나 자극에 대하여 예민하게 반응을 하여 소신을 지키기 어려운 경우가 많습니다. 남자일 경우에는 일지가 충극을 받으면 내 기운이 배우자를 자극하는 구조가 되어 부부간에 불화의 원인이 될 수도 있습니다.

일지를 男命에서 배우자궁으로 보는 것은 아마도 아내가 남편의 힘을 받쳐 주는 에너지원이기 때문인가 봅니다.

▷월지

月地는 그 사람의 활동환경과 활동력을 나타내 주는 자리입니다. 사람의 활동의 장이 사회와 직장이라고 보는 데는 이견이 없을 것 같습니다.

월지의 중요함은 계절이라는 점을 기본으로 하고 있기 때문에 명식의 모든 간지들이 월지의 영향으로 변화를 가져올 수 있기 때문입니다. 인간은 사회적 동물이므로 사회(환경)의 영향에 의하여 자신의 입지가 결정되는 성향이 강하기 때문입니다.

이점은 다른 동식물도 마찬가지입니다.

또한 女命에서 월지를 배우자궁으로 보는 것은 여성들이 남편을 통해서 사회에서 자신의 역량을 드러내려고 하는 것으로 보는 것입니다. (물론 여성운동가들이 절대로 반대 하겠지만 말입니다.)

▷월간

표현궁 이라고 하는데 일간의 심리가 강하게 드러나는 성격심리 영역에 속합니다.

자신의 재능이나 성격을 드러내는 태도나 방식을 표현궁에 의해서 알 수 있습니다. 이때 십성중의 식상이 자신의 재능이나 성격을 드러내는 기능적인 측면을 함께 살펴야 합니다.

대인관계나 글, 혹은 말로서 자신을 표현할 때 느껴지는 표현방식이라고 하겠습니다. 예를 들면 표현궁이 상관(뒷면에서 공부함)이면 달변가이며 논쟁을 즐기는 스타일, 편관이면 표현방식이 매끄럽지 못하고, 편인이면 다소 부정적이며 핵심을 파헤치려는 스타일이 될 것입니다.

그리고 좀 더 보충 설명을 하자면 상관이 水일 경우와 火일 경우에는 다소의 차이가 있을 것이고, 편관이 火일 경우와 金일 경우의 미세한 차이를 구분하시면 더욱 실력이 향상 될 것입니다.

다시 정리한다면 표현궁을 이해하기 위해서 천간의 기운에 의한 오행의 특성과 성격과 심리를 나타내는 십성을 함께 적용해야 한다는 것입니다.

▷시간

수용 및 사고궁 이라고 하는데 일간의 사고력 심리가 강하게 드러나는 성격심리영역에 속합니다.

주변 상황을 인식하고 수용하는 태도나 방식을 수용궁에서 알 수 있습니다. 이때 십성중의 인성이 상황을 인식하고 수용하는 기능적인 측면을 함께 살펴야 합니다.

자신의 주변의 상황이나 환경을 받아들이는 방식을 알 수 있는데 이는 곧 자신의 사상과 생각을 지배하는 심리구조로 연결되는 특성을 가지고 있는 자리입니다. 정관이라면 매사에 합리주의적 성향, 편관이라면 원칙주의적 성향, 편인이라면 염세주의적 성향, 상관이라면 낭만주의적 성향으로 주변의 입장을 수용하게 됨을 나타냅니다. 또한 십간의 특성과 연결해서 분석해야 한다는 것을 잊지 말아야 합니다.

▷시지

자녀궁 이라고 합니다. 자녀의 운명은 각각 개인의 사주가 있으므로 자녀궁은 자녀를 생각하는 인연이 다소 유정하나 무정하냐는 정도만 추론하시기 바랍니다.(나중에 배우는 용신에 의해서)

▷연간 · 연지

각각 아버지궁과 어머니궁인데 자녀궁처럼 인연관계 정도로만 대입을 하기 바랍니다.

궁성이론에 가장 큰 영향을 받는 부분이 배우자궁인데 이것은 아무래도 함께하고 부딪히는 일이 가장 많은 관계라서 그런 것 같다는 생각이 듭니다.

출산택일과 제왕절개로 출산된 아이의 사주는?
운명은 어머니의 태교에 영향력이 가장 중요합니다!

 사육신 중의 한 분인 성삼문의 출생 야사에 출생 시를 맞추기 위해 산모 앞에 다듬이 돌로 막고 시간을 버티었다고 합니다. 산모가 하도 고통스러워 하니 산파가 밖에서 시간을 재고 있는 성삼문의 할아버지에게 이제 그만 낳아도 되느냐고 세 번을 물어 낳았다고 해서 이름을 삼문이라 했다고 합니다.

 요즘은 의학이 발달하여 제왕절개 수술을 해서 출산하는 경우가 많습니다.

 제왕절개 수술을 해서 인위로 시간을 변경해서 낳은 아기의 사주가 맞는가 하는 논란을 할 때가 있습니다.

 결론적으로 말해서 제왕절개로 낳은 아기의 사주도 유효하다고 하겠습니다.

 사주라 하는 것은 생년월일시를 말 하는데 아기가 태어나서 첫 호흡을 하는 순간 우주에 흐르고 있는 기운이 아기의 몸속에 흡수되어 그 기운이 그 사람의 평생을 좌우한다고 하는 것입니다.

 그렇게 본다면 자연분만이나 제왕절개 수술의 결과나 별반 다를 것이 없다고 보는 것입니다.

종종 제왕절개 수술을 위해 택일을 하러 오는 분을 만나게 되는데 밤늦도록 만세력과 씨름하여 택일을 해서 "그 아기가 자라면 이러 이러한 성격이 될 겁니다."고 풀이한 사주감정서를 보내 주면 대부분 "애 아빠 (혹은 엄마) 성격하고 같네요."합니다.

왜냐하면 실제로 수술을 할 수 있는 날과 시간이 병원의 사정이나 산모의 상태에 따라 한정적 일수 밖에 없기 때문입니다.

옛날 궁중에서는 임금님이 왕자를 보기 위해 택일을 해서 합궁을 했다고 합니다.

제가 생각해도 일리가 있는 일입니다. 임신한 날로서 출산일을 정확하게 알 수는 없지만 출산하는 달은 알 수가 있기 때문에 어느 정도 아기의 운명의 기운은 예측 할 수가 있습니다.

그리고 나서 출산택일을 한다면 상당히 강한 운세를 가진 2세를 출산 할 수가 있다고 봅니다.

자녀출산을 계획하고 계신 분은 한 번 신중히 고려 할 만 한 일입니다.

출산택일을 하다보면 날짜를 잘 선택해도 그 전에 태어나 버리는 경우도 있고 어떤 때에는 엉뚱한 비전문가에게 날짜를 의뢰하는 경우도 있습니다. 어쩌면 사람의 운명은 어떻게 하던 어머니 뱃속에서 거의 정해지는 것 같습니다. 그러므로 출산택일보다는 태교가 아주 중요한 것 같습니다.

통근론(通根論)

　통근의 원리는 명식에서 천간과 지지의 관계를 규명하는데 아주 중요한 요소입니다.

　천간의 입장에서 지지에 뿌리를 내리는 것을 통근이라고 합니다. 간단하게 설명하면 <천간오행이 지지에 자신과 같은 오행 혹은 자신을 生하여 주는 오행을 천간의 뿌리>라고 합니다.

　특히 앉은자리에 뿌리를 내린 천간과 월령(월지)에 뿌리를 내린 천간오행이 특히 강합니다.

丁	庚	壬	甲	
亥	戌	申	午	
戊	辛	戊	丙	⇦ 지장간
甲	丁	壬	己	
壬	戊	庚	丁	

위의 명식에서 일간 庚은 지지(지장간)의 戊辛庚己 에 뿌리를 내리고 있다고 합니다. 그리고 월간의 壬을 기준으로 본다면 지지의 壬辛庚 에 뿌리를 내리고 있는 것입니다.

통근에 대해서는 어느 정도 이해가 되었을 것 같습니다. 통근은 명식의 흐름과 강약을 이해하고 오행간의 상호 관계를 설명하는데 아주 중요한 역할을 합니다.
그리고 뿌리의 강약은 주로 지장간에 부여된 의미를 참고로 하시기 바랍니다.
좀 더 구체적인 통근론은 지장간과 연계해서 별도의 강의가 필요한 부분입니다.

▷통근의 중요성
천간의 기운은 유동성이 강해서 변화의 속도도 빠르고 활동력 또한 강하다고 봅니다. 원국에서도 천간의 기운은 그 사람의 외견상 보이는 기질을 살필 때 활용할 수 가 있습니다. 그러나 지지에 뿌리가 없는 천간은 겉으로 보이는 기질이나 기능이 있을 뿐 그 기운을 추진하는 힘이 미약하다고 봅니다. 이런 의미를 참고로 천간을 살피면 비록 원국이나 운에서 극을 당하더라도 극 받는 오행의 뿌리가 강건하고 극하는 오행의 뿌리가 약하다면 극의 효과가 반감 되거나 심한 경우에는 오히려 극하는 오행이 상처를 입을 수도 있습니다.
통근은 아주 중요한 사주분석의 한 요인입니다.
통근을 잘 활용하려면 무엇보다도 지지의 지장간을 확실하게 암기하고 있어야 합니다.

지장간의 특성을 이해하면서 암기 한다면 원국을 읽는 능력이 향상되게 됩니다.

다만 지장간은 지지의 계절적 특성을 고려한 부분이 강하므로 반드시 지지삼합과 함께 이해하고 살펴야 합니다.

합충론(合衝論)

합충론을 설명하기 전에 몇 가지 짚고 넘어가야 할 부분이 있습니다. 본 교재에서는 신살론과 12운성을 다루지 않습니다.

어떤 분들은 무슨 소리냐고 펄쩍 뛰기도 하고, 다른 분들은 신살론은 그렇다 치고라도 12운성은 절대로 버려서는 안 된다고 충고를 해 주시기도 했습니다.

신살, 12운성을 다룬 분들의 저서를 보면 저자의 자의적인 해석이 많아서 일관성이란 면과 합리성이란 점에서 많은 의문점을 발견했기 때문입니다. 또한 고대사회에서 사주의 역할과 문명이 고도로 발달된 현대사회에서의 사주의 역할과 활용이 달라야 한다는 생각을 하고 있습니다. 어쩌면 제가 학자 출신이 아니고 대학에서 경영학을 전공하고 영업일선에서 직장생활을 했던 사람이라서 실용성에 더 비중을 두는 결과가 아닐까도 생각을 합니다.

그래서 저 나름대로 여러 가지 각도로 대입을 해본 결과 신살론과

12운성을 배제 했을 때의 실보다 다른 면에서 득이 많다고 결론을 내렸습니다.

▷ 천간합(天干合)

甲己합 乙庚합 丙辛합 丁壬합 戊癸합을 말하는데 대부분 합화(合化)를 논하는 경우가 많습니다. 合化 즉, 甲己合土, 乙庚合金 ..등.

천간합은 양쪽 오행 모두에게 원래의 특성과 기능이 작용하지 못하도록 견제적인 결합관계라고 설명하며 合化를 인정하지 않고 대입을 권합니다.

즉, 천간합은 서로 극에서 바라보고 있는 오행이지만 음양이 달라서 서로 유정한 관계로 변화되는 의미만으로도 천간합의 속성을 이해할 수 있고 또 사고의 확대도 기대 할 수 있다는 생각을 해 봅니다.

그리고 천간합은 서로 합하여 일단은 기본적인 작용이 정지된다고 하나 어느 시점이 지나면 원래의 극관계인 특성을 어느 정도 감지할 수 있다고 하는 것이 저 수풍정의 견해입니다.

甲己合

甲木 일간의 입장에서 보면 甲木의 기질과 성향이 己土에 의해 변질되어 나타납니다. 즉 甲木의 미래지향적인 성정이 己土(정재)에 의해 현실적인 면이 강하게 나타게 됩니다.

己土 일간이 甲木과 합을 하게 되면 서로 유정한 관계가 되나 己土의 입장에서 보면 甲木의 강한 기운이 유입되는데 정관의 합리성이 너무 강화되면 자기중심적 성향이 나타나는 것을 주의해야 합니다.

乙庚合

庚金 일간 입장에서 보면 乙庚合은 庚金의 냉철한 이성적 판단이나 결단력이 乙木(정재)의 현실주의 혹은 이해타산적인 기운에 의하여 이완되어 庚金의 본연의 모습이 상당부분 퇴색되어 소심한 부분이 나타나게 됩니다.

乙木 일간이 乙庚合을 하면 경금의 작용이 무력해지고 일간은 오히려 관성을 활용하려는 기운에 의해 기회주의적인 성향에 유의해야 합니다.

丙辛合

丙火 일간의 입장에서 보면 丙辛合은 丙火의 분명하고 사리 분별력 있는 기운이 辛金(정재)의 아주 치밀하고 현실적인 기운에 의하여 사사로움에 연연하는 모습을 보이게 됩니다.

辛金 일간이 丙辛合을 하게 되면 丙火의 공명정대하고 합리적인 성향이 다소 변질되어 작은 일에 집착하려는 성향을 보이게 됩니다.

丁壬合

壬水 일간의 입장에서 보면 丁壬合은 壬水의 일관되고 유연한 성향이 丁火(정재)의 희생적이고 정(情)적인 성향에 의해서 항상 갈등하는 심리성향을 보이게 됩니다.

丁火 일간이 丁壬合을 하게 되면 임수의 영향력에 의해 자기중심적 성향을 보이게 됩니다.

戊癸合

戊土 일간의 입장에서 보면 戊癸合은 무토의 변함없는 일관성과 믿음직한 위용이 癸水(정재)의 물질에 대한 욕심에 의해 과욕을 부릴 수 있는 심리적 성향을 보입니다.

癸水 일간이 戊癸합을 하게 되면 스스로의 절제함보다는 주변 여건을 살피게 됩니다.

천간합에서 합화(合化)는 고려하지 않는 것이 더 유용하다는 것이 수풍정의 생각입니다.

그리고 천간합에서 일간을 포함하지 않은 합의 경우에서 구조론으로는 합하는 두 십성은 다른 십성들과 작용을 하지 않으려는 성향이 있으며 심리적으로 살펴보면 합이 된 두 십성의 심리적 특성이 오히려 발달되어 있는 점을 살펴야 합니다.

천간합은 작용정지로서 합을 한 두 천간은 다른 간지와 생극작용을 잘 하지 않습니다. 그러나 합을 한 두 천간의 성향은 성격으로 나타납니다. 이때 양간이 음간의 영향으로 다소 변화된 모습을 보이게 됩니다. 예를 들어 乙庚 합인 경우 경금의 특성에 을목의 특성이 유입되는데 경금의 강직함과 원칙주의적 자존심이 을목의 실속적 현실감과 적응력으로 인해 현실인식 능력은 좋아지지만 소심한 모습으로 나타날 수 있다는 것입니다. 이때 십성의 특성을 기본으로 해야 합니다. 일간이 정화라고 한다면 경금은 정재이고 을목은 편인입니다. 종합하면 편관같이 강한 경금 정재가 의문적 통찰력을 가진 을목 편인의 영향을 받는 것입니다. 정재는 금으로 강력하며 편관처럼 소유욕 현실감에 자신만의 규칙과 틀을 갖게 되는데 여기에 편인처럼 예리하고 실속 있는 을목이 영향을 미치게 됩니다. 돈을 모으는 뛰어난 감각의 소유자가 되기도 하고 자신의 이익과 소유욕에 강한 성격이 되기도 합니다. 다른 천간 합도 같은 이치로 연구해 보십시오.

▷암합(暗合)

암합은 천간합과 연장선상에서 살펴야 합니다. 즉, 천간과 지지의 지장간과 암합을 살펴야하는데 특히 일간과 일지의 암합은 세심하게 연구 하여야 합니다.

암합의 종류는 천간지지 간의 간지암합과 지지 간의 지지암합으로 나눌 수 있는데, 암합이란 표면상은 서로 극이지만 지장간을 살펴보면 서로 암합 되어 있어 실제로는 극하는 성분이 미미하다는 의미를 가지고 있습니다. 암합은 지장간의 본기 암합을 기본으로 하며 여기 중기와의 암합은 미세하여 약간의 참고로 할 것을 권합니다.

그리고 지장간끼리의 암합을 살펴서 관찰해야 합니다. 예를 들면, 일지와 월지간의 암합이 많으면 매사에 의심이 많거나 의처증 의부증으로 보일 수 있음을 살펴야 합니다.

암합을 살필 때는 암합이라는 상징적 의미와 암합을 하는 십성간의 관계를 함께 살펴야 합니다.

특히 지지암합은 지지 상호간의 생극으로 인한 힘과 작용력에 의하여 균형의 문제와 심리적 특성의 변화에 영향을 줄 수 있으며 용신을 구분할 때도 아주 중요하므로 잘 살펴야 합니다. 이참에 암합을 외워두는 것이 편리 합니다.

(지지암합-寅丑 寅未 亥午 子辰 子戌 巳酉 卯申)

(간지암합-壬午 戊子 丁亥 辛巳)

▶ 지지삼합과 지장간의 연계성

▷ 지지삼합(地支三合)

지지삼합을 배제하면 삼재, 삼살, 신살 등을 설명할 수 없는 부분이 많아서 고전적 이론을 공부하신 많은 분들이 지지삼합을 중요시 하고 있는 것 같습니다.

그러나 위와 같은 이유로서가 아니라 삼합은 각 오행의 기운이 생왕고(生旺庫)하는 설명을 위해서 반드시 필요하다고 봅니다. 삼합은 그것의 적용유무를 떠나서 水 火 木 金 의 기운의 흐름을 설명 할 수 있는 근원이 될 수 있음으로서 공부하는데 빼버릴 수는 없는 것이지요.

＜寅午戌＞은 구태여 화국(火局)이라 하여 한 덩어리로 인식할 필요는 없으며, 오히려 지지의 특성을 계절에 대입하여 볼 때 火의 기운이 발생하는 시기가 寅月이며, 火의 기운이 가장 왕성한 시기가 午月이며, 火의 기운이 그 역할을 다하고 소멸되는 시기가 戌月이라

고 할 때 지지삼합은 지지에서 子(水) 午(火) 卯(木) 酉(金)의 생왕고를 사고하는데 중요한 축은 될 수 있다고 생각합니다.

즉, 지지속의 지장간이 월의 이정표라면 <寅午戌>은 화의 일대기에 대한 이정표적 의미로 보면 유용합니다. 寅卯辰巳午未辛酉戌까지의 범위를 줄여서 표현한 이정표입니다.

• 삼합

寅午戌, 申子辰, 亥卯未, 巳酉丑을 지지 삼합이라고 합니다.

3합은 합화(合化 : 寅午戌이 합이 되어 전체가 火로 변한다는 것)하여 하나로 뭉치며 변하는 것(局)의 의미가 아니라 목, 화, 금, 수의 기운의 영역(局)의 의미로 보는 것이 그 원리에 부합된다고 봅니다.

▶寅午戌

인월에 잉태한 화(丙)의 기운이 묘월 진월에 성장해서 사월에 탄생을 하고 오월(丁)에 절정을 이루고 미월에 물러나며 신월과 유월에 氣로 존재 하다가 그 기운이 술월(丁)에 이르러 그 역할을 다 하고 물러나는 의미를 가지고 있습니다.

아래 申子辰 巳酉丑 亥卯未도 이런 이치로 이해하면 됩니다.

▶申子辰

신월에 잉태한 수(壬)의 기운이 유월 술월 해월에 성장을 해서 자월(癸)에 절정을 이루고 축월 인월 묘월에 하향하여 그 기운이 진월(癸)에 이르러 그 역할을 다 하고 물러나는 의미를 가지고 있습니다.

▶巳酉丑

사월에 잉태한 金(庚)의 기운이 오월 미월 신월에 성장을 하여 유월(辛)에 절정을 이루고 술월 해월 자월에 하향하여 그 기운이 축월(辛)에 이르러 그 역할을 다 하고 물러나는 의미를 가지고 있습니다.

▶亥卯未

해월에 잉태한 목(甲)의 기운이 자월 축월 인월에 성장하여 묘월(乙)에 절정을 이루고 진월 사월 오월에 하향하여 그 기운이 미월(乙)에 이르러 그 역할을 다 하고 물러나는 의미를 가지고 있습니다.

• 지장간의 이해

사주의 원리를 분석할 때 1년 혹은 1달 등 그 흐름의 일정한 흐름을 연구하기 위하여 때때로 숫자를 도입하게 됩니다. 지장간도 마찬가지입니다. 12개월의 지장간의 전체 숫자를 모두 더하면 목화토금수가 균형을 이루게 됩니다. 흔히 지장간을 인원용사라 하여 월지의 지장간을 따로 해석하는 부분도 있습니다.

이 경우 30일을 여기 중기 본기로 나누어 비율로 날짜를 정하고 그 기간에 태어난 사람은 해당 지장간의 오행에 당령을 하였다고 하여 세분화하여 분석을 하고 있습니다. 그러나 지장간의 특성을 분류하고 분석하기 위해서 비율을 두는 것은 타당하다고 생각 합니다만 한 달간의 기운의 변화가 기계적 작용으로 辰월에서 9일은 乙, 3일은 癸, 18일은 戊의 기운으로 바꾸어진다는 것에는 동의하지 않습니다. 오히려 지장간의 비율은 기운의 혼합비율로 보고 그 혼합된 특성이 해당 월의 특성으로 분류하는 것이 합당하다고 봅니다.

  각 월은 지장간의 의미를 통하여 그 고유한 특성을 가지고 있으며 그 특성들이 연계하여 기운의 성쇠를 나타내는 것을 3합으로 보면 월령에 따른 여러 가지 변화를 읽을 수 있고 또 지지의 특성 즉 한난 조습을 섬세하게 살필 수 있다고 생각합니다.

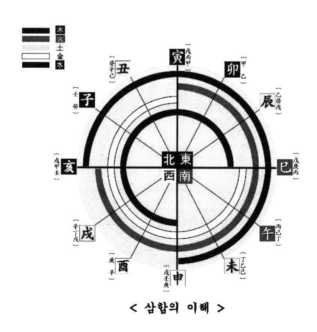

< 삼합의 이해 >

▶ 지지삼합과 지장간의 중요성

앞에서 설명했던 것과 같이 지지3합은 수화목금(子午卯酉)의 기운의 흐름과 분포를 살펴 볼 수 있는 유용한 자료입니다. 지지삼합의 기운을 이해하고 월지를 살펴본다면 월지(&월령)의 영향력과 명식과의 관계를 좀 더 섬세하게 읽어 낼 수가 있습니다.

아울러 지장간의 비율과 구성을 함께 살펴서 월지를 바라본다면 월지가 가지고 있는 기운의 강약과 조후를 함께 이해 할 수 있게 됩니다.

거듭 말씀 드리지만 동양학은 통계적 자료나 수치적 대입은 이론의 틀을 설명하는데 사용하는 것이지 활용적인 면에서는 포괄적인 면과 변화라는 전제를 가지고 살펴야 합니다.

명리는 자연의 흐름을 살펴 자연의 일부인 사람의 특성을 규명하는 학문이기 때문에 항상 유동적인 자연을 유연한 사고력으로 바라보는 안목을 길러야 합니다.

이러한 측면에서 지지3합 그리고 지장간의 구성은 아주 중요하고 유용한 자료라고 생각합니다.

▷ 지지육충(地支六沖)

寅申沖, 巳亥沖, 子午沖, 卯酉沖, 辰戌 沖, 丑未沖을 말하는데 충은 충돌을 의미하며 충을 받는 오행(혹은 양쪽모두)의 기능이 약화됨을 말합니다. 충은 극과 마찬가지로 변화의 원동력이 되는 작용이므로 충은 무조건 나쁜 쪽으로만 생각해서는 안 됩니다. 생지충과 왕지충은 그 강도와 변화의 폭이 다르며 또 주변의 여건을 살펴서 충의 강약을 살펴야 하겠습니다.

일부에서 충을 극으로 충분히 설명할 수 있다는 논리는 상당히 합리적이라고 생각합니다.

다만 辰, 戌, 丑, 未, 沖에 대하여는 좀 더 시간을 두고 살펴보아야 한다는 생각이지만 일단 충의 효력은 무시해도 좋다고 봅니다. 고지충은 지장간 속의 오행들은 이미 그 기운이 세가 꺾인 상황이므로 충 혹은 극에 의한 큰 변화를 기대하기 어렵고 미세한 변화를 관찰해 보는 것이 합당할 것 같습니다.

지지충을 살필 때 충하는 오행끼리의 관계를 우선적으로 하며 그 변화를 관찰해야 한다고 하면 어느 정도 극과의 구분은 된다고 봅니다.

비록 극과 같은 결과 치를 가져온다고 해도 우선 빠른 인지를 할 수 있고 또 신중한 분석을 하기 때문입니다.

흔히『寅申沖은 하반신에 문제가 있고..』하는 식의 규격화된 통변은 별 의미가 없다고 봐야 합니다.

다만, 생지충과 왕지충의 차이를 지장간을 참고로 살피면서 그 강약의 정도를 살피면 될 것이고, 어떤 상황이 될 것이라는 점은 각 충의 십성의 의미를 부여해서 따져보는 것이 현명하리라고 봅니다.

그리고 충의 위치에 따른 역할도 고려해야 합니다.

즉, 월지에서 일지를 충할 때와 일지에서 월지를 충할 때의 차이와 운에서 월지를 충할 때와 운에서 일지를 충할 때의 차이를 살펴보면서 충을 논하면 상당한 성과가 있으리라 봅니다.

기본적인 충의 개념을 정리하고 난 다음에 각 주(柱)에 따른 충의 변화 그리고 주변의 오행에 의한 충의 강약과 운에서 오는 충의 결과에 대해서 살펴보면 좀 더 섬세한 사주공부가 될 것입니다.

또한 운에서 대입하는 충의 강약은 그 충을 통관해 주는 오행이 원국에서 그 유무에 따라서 혹은 충 당하는 오행이 보호되어 있느냐에 따라서 큰 차이가 있음을 알아야 합니다.

▷합충론을 정리 하면서

합충을 가지고 상당한 시간동안 여러 이론을 비교하고 검토 해보고 상담을 하면서 살펴본 결과 생극제화로 충분히 설명이 가능하다고 생각을 하며 이론을 정리 해 나가고 있습니다.

농경시대에는 사람들의 생활패턴이 단순하고 살아 가는 모습이 비슷하여, 사주로서 그들의 살아 가는 모습을 설명하고 각자의 특성이 다른 점을 비교하기 위하여 다양한 이론 그리고 명식에서 미세한 차이까지도 찾아 내야 했을지도 모릅니다.

그러나 현대를 살아 가는 사람들의 직업과 성격의 패러다임이 폭 넓고 복잡하기 때문에 그것을 설명하기 위해서는 오히려 사주를 접근하고 분석하는 방식과 요소를 단순명료화 하는 것이 더 합리적이지 않을까 하는 것이 저 수풍정의 생각입니다.

아직도 사주를 맹신하는 역술인과 족집게도사를 찾는 상담자가 많습니다. 고대에는 우주의 원리인 음양오행으로 사람의 길흉, 질병, 기후와 기상, 수명을 다 규명을 해야 했지만, 질병을 정확하게 예측하고 인간의 평균수명을 늘이고 있는 현대의학 유전공학과, 인공

위성에서 관측하는 기상대를 보면서 사주만능의 꿈에서 깨어 나야지만, 아직 현대과학으로 접근하지 못하고 있는 인간의 길흉을 예측할 수 있는 사주명리학이 더 발전할 수 있고 대중적이고 객관적으로 인정받을 수 있는 길이라 생각을 해봅니다.

■ 쌍둥이의 팔자와 운명은?

일반인들이나 역학을 공부하는 사람들이나 쌍둥이의 운명에 대하여 궁금증을 갖거나 여러가지 견해를 논하기도 합니다.

역학의 입장에서 보면 쌍둥이는 사주팔자가 꼭 같이 표현됩니다. 그런데 주변에 보면 쌍둥이가 전혀 다른 인생을 살고 있는 경우를 종종 목격하게 됩니다. 왜 그럴까? 궁금하겠지만 그것은 당연합니다. 쌍둥이 뿐만 아니라 생년월일시(사주팔자)가 꼭 같은 사람들이 많습니다. 그들 역시 전혀 다른 삶을 살고 있습니다. 직업도 다르고 결혼시기 자녀 수 그리고 부(富)의 크기도 다릅니다. 왜 그럴까요? 사주팔자(인생의 모든 과정)가 이미 정해져 있다고 보는 것이 운명예정설입니다.

고대에는 사람의 교류가 많지 않고 정보의 공유가 적기 때문에 합리적이고 과학적인 접근법이 부족했고 민간에 널리 퍼져있는 샤머니즘이 우리의 의식을 지배하고 있는 상황이기 때문에 운명예정설이 통했습니다. 혹시 매스컴을 통해 어릴 때부터 떨어져서 성장한 쌍둥이들이 비슷한 직업과 비슷한 취미생활을 하는 모습을 기억하십니까? 그런데 함께 자란 쌍둥이들이 오히려 다른 모습으로 살고 있습니다.

144

쌍둥이는 비슷하고 친하지만 서로 내면적 경쟁을 하는 경우가 많습니다. 이런 경우 두 사람 사이에는 우열이 존재하는데 상대적 열성인 사람은 우성인 사람과 다른 행동을 하기 때문에 세월이 흐르면 상당히 다른 모습으로 변해 있습니다. 이 경우에도 심리 구조에서 경쟁심이 발달한 쌍둥이는 우열의 차이가 심하고 서로 경쟁보다는 양보하는 심리구조를 가진 경우는 함께 성장해도 성격과 취미가 비슷한 경우를 보이기도 합니다.

이렇게 볼 때 운명은 모든 인생의 사건이 프로그램화 된 것이 아니라 한 날 한 시에 태어난 사람은 타고난 기본적인 기질이 정해져 있고, 그 기질을 강하게 펼칠 수 있는 시기가 정해져 있는데, 본인의 주변 환경과 교육 그리고 본인의 노력에 의해 업그레이드 시킬 수 있다는 것이 동양 운명학의 본질입니다.

그렇다면 현재 우리나라의 고등 종교들의 운명관은 어떨까요?

기독교에서는 행과 불행을 당하면 하나님의 뜻이니 기도하며 받아 들이고 후생에서 구원받기를 종용합니다.

불교에서는 전생의 업보이므로 역시 받아 들이고 다음 생을 위해 죄를 짓지 말라고 가르칩니다.

둘 다 운명예정설이 진하게 묻어납니다. 그리고 현재 우리나라에서는 둘 다 헌금과 시주의 크기를 종교적 가치관 깊이의 척도로서 은근히 부추기도 합니다.

동양 그 중 동북아의 팔자론의 본질은 운명에 순응함으로서 현생에서 겪는 불행을 줄여 보자는데 있습니다.

자신의 타고난 운명(기질과 때)을 제대로 알면 어려움을 슬기롭게 헤쳐나갈 지혜를 얻게 된다는 것입니다.

운명을 개척하기 위해서 스스로의 욕심이 담긴 기도를 한다거나, 부적이나 굿을 하거나, 이름을 바꾸거나 하는 것이 얼마나 부질없고 허망한 일인가를 세월이 한참 흐른 후 뒤늦게 깨닫게 됩니다.

운명개척의 시작은 자신의 마음을 객관적으로 바라볼 수 있을 때 부터 입니다 ^^*

십성과 심리구조론

십성은 육친이란 방식으로 주로 사용되어 왔으나
현대명리학에서는 개인의 사주를
중요시하기 때문에 사주에서
가족과의 관계를 크게 비중을 두지 않습니다.
오히려 십성을 개인의 심리구조와 연계했을 때
그 효용가치가 더욱 빛을 발하게 됩니다.
타고난 기질이 본인의 인생을 결정하는데
중요한 역할을 하기 때문입니다.

십성론(十性論)

 십성이란?

 사주명식에서 일간을 기준으로 나머지 7오행과의 관계를 규명한 10개의 특성화된 구조를 십성이라고 합니다. 십성은 육친, 육신, 십신 등으로 불리며 활용되고 있기도 하지만, 여기서는 십성이라 하여 심리구조로서 10가지 특성으로 분류하여 활용하고 있습니다.

 십성을 심리적 특성 위주로 분석하는 심리사주를 설명하면서 한자의 의미를 十性으로 사용하고 싶습니다.

 ▷오행과 십성의 관계

 일간(나)을 기준으로 명식의 나머지 7오행과의 관계를 십성으로 분류하는 방법은 다음과 같습니다.

 예를 들어 일간을 甲(木)으로 설정 했을 경우

1. 비견 : 나(일간)와 오행과 음양이 같은 오행
   ⇒ 천간의 甲, 지지의 寅
2. 겁재 : 나와 오행이 같고 음양이 다른 오행
   ⇒ 천간의 乙, 지지의 卯
3. 식신 : 내가 생하여 주며 음양이 같은 오행
   ⇒ 천간의 丙, 지지의 巳
4. 상관 : 내가 생하여 주며 음양이 다른 오행
   ⇒ 천간의 丁, 지지의 午
5. 편재 : 내가 극하며 음양이 같은 오행
   ⇒ 천간의 戊, 지지의 辰 戌
6. 정재 : 내가 극하며 음양이 다른 오행
   ⇒ 천간의 己, 지지의 未 丑
7. 편관 : 나를 극하며 음양이 같은 오행
   ⇒ 천간의 庚, 지지의 申
8. 정관 : 나를 극하며 음양이 다른 오행
   ⇒ 천간의 辛, 지지의 酉
9. 편인 : 나를 생하여 주며 음양이 같은 오행
   ⇒ 천간의 壬, 지지의 亥
10. 정인 : 나를 생하여 주며 음양이 다른 오행
    ⇒ 천간의 癸, 지지의 子

위에서 일간과 나머지 오행간의 관계에서 십성을 분류하는 방법
을 알고 난 다음에는 아래에 있는 십성의 상생상극 도표를 만들어

서 일간을 천간 십간 중에 어떤 오행을 기준으로 할 때 변하는 십성의 관계를 많은 훈련을 통해서 숙달 시켜야 합니다. 그것이 통변실력 향상의 첫 단계라고 하겠습니다.

▶십성분석의 실제

실제로 사주를 가지고 한 번 대입하여 보겠습니다.

양력 1987년 8월 14일 14시 25분에 태어난 사람의 명식은 아래와 같습니다.

시	일	월	년
癸	乙	戊	丁
未	未	申	卯

일간은 乙(木)(−) 이므로

1. 시간의 癸(水)(−)는 水生木 즉, 나(乙)를 癸水가 생하여 주는 오행이면서 음양이 같으므로 <편인>입니다.

2. 시지의 未(土)(−)는 木剋土 즉, 내가(乙) 극하는 오행이며 음양이 같으므로 <편재>입니다.

3. 일지의 未도 같은 의미에서 <편재>입니다.

4. 월지의 申(金)(+)은 金剋木 즉, 나를(乙)을 극하는 오행이며 음양이 다르므로 <정관>입니다.

150

5. 년지의 卯(木)(－)는 나와(乙) 같은 오행이면서 음양도 같으
   므로 <비견>입니다.

6. 년간의 丁(火)(－)는 木生火 즉, 내가(乙) 생하여 주는 오행이
   며 음양이 같으므로 <식신>입니다.

7. 월간의 戊(土)(＋)는 木剋土 즉, 내가(乙) 극하는 오행이며
   음양이 다르므로 <정재>입니다.

 이것을 명식 위에 정리를 해 보겠습니다.

            시   일   월   년
            癸   乙   戊   丁
          <편인> <나> <정재> <식신>

            未   未   申   卯
          <편재> <편재> <정관> <비견>

＊ 십성의 오행의 상생상극 도표

(일간이 甲 일때)

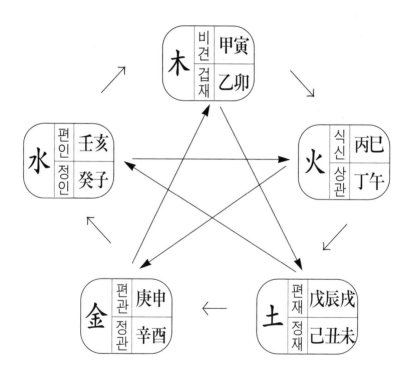

(일간이 庚 일때)

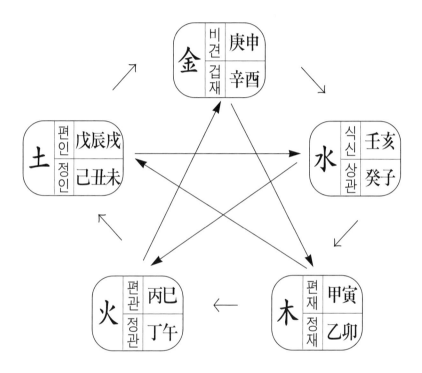

위의 표에 의해서 각 사주명식에서 십성으로 빠르게 전환할 수 있도록 연습을 하는 것이 필요합니다.

이때 상생상극의 도표를 활용하면 편리합니다.

◆ 십성(十性)의 심리구조 연구

▷심리적 특성의 분석방법

사주원국을 놓고 가장 먼저 분석해야 할 것이 심리적 특성 분석입니다. 타고난 심리구조는 그 사람이 살아가는 행태와 모습을 알 수가 있습니다.

심리분석은 먼저 일간의 특성을 생각해야 하는데, 일간의 특성은 그 사람의 기본구조이기 때문에 가장 중요합니다.

그 기본구조인 일간의 특성을 보충해 주는 심리 중에서 가장 강력한 작용을 하는 것이 월간 시간 일지라고 하겠습니다. 이 중에서 천간은 스스로 인지할 수 있을 만큼 빠르게 나타나고 일지는 오래 동안 변하지 않고 항상 작용이 일어나게 되어 그 사람의 대표적인 성격으로 결정되어 집니다.

그 다음에 월간의 특성은 표현하는 곳이므로 때로는 일간 보다 월간의 특성이 그 사람의 모습처럼 보이기도 합니다. 아울러 천간의 특성들은 비교적 눈에 띄는 성격으로 나타나게 되며 지지에는 내면에 잠재되어 있는 심리구조로 이해하면 되겠습니다.

그리고 일간을 제외한 나머지 십성들 중에서 힘이 강한 십성들을 먼저 설명하면 되는데 이때 명식에 없는 십성들도 사주 주인의 특성이므로 함께 분석을 하면 됩니다.

그 다음에 극 받는 십성의 특성, 상생으로 확장되는 십성의 특성, 십성이 정편으로 존재하는 혼잡의 특성을 설명하면 됩니다.

심리적 특성을 분석할 때는 강점과 보완점으로 나누어서 분석하고 판단하는 연습을 하는 것이 나중에 명식을 전체적으로 한꺼번에 이해하는데 도움이 됩니다.

▷심성의 특성과 심리구조와 연관성

1. 비견(比肩)

비견은 견줄 비(比) 어깨 견(肩)으로 나 자신 즉 일간과 그 힘과 작용이 비슷하다고 여겨지는 십성으로서 일간을 돕는 힘이라고 하겠습니다.

비견의 가장 큰 특징은 주체성이라고 할 수 있습니다.

'나'라고 하는 생각과 강한 에너지를 생각하게 하는 자존감의 심리구조라 할 수 있습니다.

명식에 비견이 적당하면 어떤 일을 처리할 때 대범하고 서두르지 않게 되고 남의 말에 쉽게 흔들리지 않으며, 자신감에 차 있게 됩니다. 그러나 비견은 음양이 같기 때문에 감정형으로 자신의 감정이나 생각이 그대로 얼굴에 드러나게 됩니다.

비견의 장점은 강한 주체성과 자존감, 역경을 헤쳐 나가는 힘, 그리고 순수하고 여유로운 감정을 들 수가 있습니다.

단점은 비견이 너무 많을 경우, 고집스럽게 보일 수 있고, 타협하는 재주가 없어 융통성이 결여 되어 보이기도 합니다. 그리고 성급하고 감정의 통제가 잘 되지 않아, 화가 나면 조절이 어려워 이성을 잃어버릴 수도 있습니다.

실제 명식에서 볼 때, 비견이 희용신이면 긍정적인 면이 더 강하게 나타나고 기구신일 경우 부정적인 면이 더 강하게 나타나는 점을 살펴야 합니다.

2. 겁재(劫財)

겁재는 비견과 음양이 다른 십성으로, 고서(古書)에서 '재물을 겁탈하는 도적'의 의미로 흉한 것으로 평가되어 왔습니다만, 현대명리학 특히 십성의 「심리학」적 구조로 볼 때 겁재는 새로운 시각에서 살펴야 합니다.

겁재는 일간을 돕는 힘이란 측면에서 비견과 같지만, 합리적이고 타협심과 경쟁심리가 강한 점에서 비견과 차별이 됩니다.

겁재는 매사에 상황판단이 빠르고 이성적 판단을 하는 심리가 나타납니다.

예를 들어, 비견은 자신의 생각에 부합되지 않으면 강력하게 반대하지만 겁재는 속으로 인정하기 싫더라도 자신의 실리를 위해서는 상대를 인정하고 한 발 물러서는 속성을 보이게 됩니다.

또한 비견은 스스로의 판단에 의해 다른 사람의 의견을 타당하다고 인정하게 되면 자신의 의견을 철회하고 상대를 수용하지만, 겁재는 겉으로는 수용하지만 속으로는 여전히 상대를 인정하지 않으려는 심리를 가지고 있습니다.

명식에 겁재가 있으면 경쟁심이 강해서 식상이 없거나 약한데도 불구하고 학업 성취도가 높은 경우가 많습니다.

156

비겁이 많은 경우에도 강한 주체성 때문에 수용력이 약해져서 자기 입장만 고수하는 형태로 되기 때문에 발전이 더딜 수 있습니다.

그러나 비겁은 명식에 한 두 개쯤 있는 것이 추진력이란 면에서 도움이 되어 복잡하고 어려운 현대를 살아 가는데 유리한 면이 있을 것 같습니다.

3. 식신(食神)

식상은 자신의 내면세계 혹은 능력을 밖으로 표현하는 심리구조라고 할 수 있습니다. 그중에서 식신은 주로 손이나 신체로서 표현하는 문장력, 글씨, 기술력, 악기, 운동, 무용 등을 생각해 볼 수 있으며, 심리적 특성으로는 한 가지 일에 몰두하여 연구하고 탐구하려는 성향을 가지게 됩니다.

즉 식신은 상관보다 다소 느리지만 어떤 일이든 파고 들어가서 그 뿌리를 완전하게 파헤쳐 보아야 직성이 풀리는 심리구조라고 보면 될 것 같습니다.

식신은 호기심이 강하여 연구하고 궁리하여 독창적인 결과를 창조하며, 성급하지 않고 여유로움을 가지고 있으며, 여성적인 섬세함이 나타나기도 합니다.

식신은 사람을 사귀면서도 쉽게 친해지지 못하지만 인연이 맺어지면 오래가며 순수합니다.

식신은 연구직, 기술직등 한 분야의 전문가가 될 수 있는 성분이라 하겠습니다.

식신을 한 개쯤 가지고 있는 학생은 스스로 공부하는 모습을 보이지만 환경에 따라서 잡기에 빠질 수도 있습니다. 그래서 교육에는 환경이 중요합니다.

직업은 연구 탐구 등이 필요한 전문직 계통이 어울립니다.

4. 상관(傷官)

상관은 천부적으로 타고난 재치와 두뇌의 순발력을 의미합니다. 상관은 두뇌회전이 빠르고 언변이 뛰어나며 논리적입니다. 자신의 능력을 외부로 표현하는 기능이 탁월하여 현대의 사회생활에서 단연 돋보일 수 있는 성분이라고 하겠습니다.

상관은 사교적이라서 사람을 잘 사귀고 다른 사람이 알아 주는 쪽에 관심을 두게 되며 선동적이고 정열적인 성향도 보입니다.

그리고 감정이 풍부하여 슬픈 영화를 보면 눈물을 펑펑 쏟아내는 모습을 보이게 됩니다.

상관은 승부욕이 강하여 경쟁에서 지기 싫어하며 욕심을 부리는 성분이지만, 한 가지 일에 전념하는 성향보다 다양한 방향에서 다재다능한 재능을 보이게 되며 창의력이 뛰어나지만 반복적인 일을 좋아하지 않습니다.

그렇지만 상관은 공격적이고 이기적인 성향과 즉흥적이고 끈기가 부족하고 싫증을 잘 내는 단점이 있을 수 있습니다. 직업으로서는 교사, 강사, 외교관, 아나운서, 변호사, 기자, 발명가 등에 필요한 심리구조입니다.

5. 편재(偏財)

편재는 물질을 잘 다루며 숲을 보는 것과 같은 공간구조 개념이 발달된 특성을 나타내는 십성입니다. 편재는 재화를 운용하는 능력을 의미하기도 합니다.

편재의 심리적 특성으로서 먼저 거시적 경제개념을 생각 할 수 있는데, 알뜰하고 정밀한 점 보다는 즉흥적이고 통 큰 씀씀이 형태를 가지고 있으며, 때로는 충동적 구매습관을 나타내게 됩니다.

편재성은 한꺼번에 큰 돈을 벌고 싶어 하는 성급한 마음에서 비롯된 투기적 성향을 보이기도 합니다. 편재는 항상 가능성에 승부수를 던지게 되므로 더욱 투기적인 모습이 되는 것으로 생각 됩니다.

그러나 즉흥적이고 충동적인 편재는 무질서한 가운데서도 자신만의 질서를 가지고 있기도 하는데, 그것은 편재성이 물질 통제능력과 공간구조 개념(지도나 도면 읽는 능력이 탁월함)으로 나타나기 때문입니다.

편재는 감정형으로 성격이 급하고 때로는 실속이 없어 보입니다.

편재의 강점은 결단력이 있고, 대담성이 있어서 돈을 투자하고 운용하는 능력이 탁월하며, 조직관리에도 능력을 발휘 합니다.

참고로 일지에 편재가 있으면 매사를 내 마음대로 하려는 심리 즉 자기주도적인 성향이 강하게 나타납니다. 또한 월지에 편재가 있으면 목표의식과 성취욕구가 강하지만 결과에 성급함을 가지고 있습니다. 직업으로서는 관리업무, 건축, 디자인, 사업가 등에 필요한 심리구조입니다.

6. 정재(正財)

편재가 물질의 구조나 본질에 대한 관심으로 본다면 정재는 물질의 용도나 가치에 관심을 갖는 것이라고 하겠습니다.

그래서 정재는 물질에 대한 집착이 강한 특성으로 나타나게 되며, 현실에 충실하여 변화를 원하지 않으며 확실한 곳에 투자하는 성향을 보입니다.

정재는 미시적 경제개념에서 그 속성을 찾을 수 있는데 숲을 보기보다 나무를 보는 특성으로, 수리적 개념이 뛰어나고 미리준비하고 계획적인 구매습관과 정밀하고 예민한 것에 강한 심리구조를 나타냅니다.

정재는 실속적이라서 실패할 확률은 적지만 망설이다가 기회를 놓치는 경우가 많기 때문에 순간적 판단에 의한 투자성 사업은 맞지 않으며 저축으로 부를 축적하게 됩니다. 정재는 지나친 현실주의자로 보일 수 있고, 물질에 욕심이 많고 손익관계가 분명하여 혹 인간미가 없다고 느껴질 수도 있습니다만 매사에 정확하기 때문에 실수를 잘 하지 않습니다. 직업으로서는 회계, 재경, 정밀설계, 전자전기 등 정밀분야에 필요한 심리구조입니다.

7. 편관(偏官)

편관은 나를 통제하는 성분입니다. 너무 강한 통제는 억압받는 심리로 나타날 수 있습니다.

편관의 심리는 원칙주의적인 면과 의무감 책임감 등으로 나타납니다. 편관은 어려운 환경에 대응하는 인내심이 강하여 그릇이 크다고 합니다. 또한 기억력이 좋아서 오래된 일도 잊지 않고 시시콜콜 기억하기도 합니다. 또한 스스로를 어떤 규범이나 틀에 묶어두려는 성향으로 사교성이 부족해서 대인관계가 원활하지 못해 사람을 사귀는데 시간이 오래 걸리며 융통성 없고 고집스럽게 보이기도 합니다.

실제로 편관이 강하면 일을 독단적으로 처리하는 경우가 있습니다. 경찰이나 군인, 경호원, 비서관 등 원칙을 지켜야하는 직업의 심리구조라고 하겠습니다.

8. 정관(正官)

정관은 스스로 자제할 수 있는 성분이라고 하겠습니다.

정관의 심리는 합리주의적인 면과 객관적이며 타협적이라고 하겠습니다. 정관은 준법정신과 일을 공명정대하게 처리하려는 성향을 가지고 있어 명예와 관련이 있습니다. 그래서 대인관계도 원만하고 융통성 있게 이끌어 갑니다.

그렇지만 정관의 단점은 자칫 우유부단하게 보일 수 있고 때로는 기회주의적 성향을 나타내기도 합니다.

정관은 주어진 일에 묵묵히 완수하는 성실함이 대표성으로 공무원, 교사, 직장인에게 필수적인 성분이라고 하겠습니다.

9. 편인(偏印)

편인은 다소 의문적이고 부정적인 수용력이라고 하겠습니다.

편인은 항상 이면을 생각하고 사물의 본질을 이해하므로 자신의 관심분야에는 이해력이 탁월하지만 일반적인 사안에는 이해력이 늦어 형광등 같지만 일단 받아 들이게 되면 속성까지 정확하게 인지를 하게 됩니다.

그래서 편인의 특징은 예리한 직관력으로 일부를 보고 전체를 파악하는 능력이 탁월한데 이것은 복잡한 것을 단순화 시키는 능력이기도 합니다.

편인의 또 다른 면은 고독(孤獨)으로 표현되며 남들과 어울려서 활발하게 행동하는 데에는 뭔가 어울리지 않는 구조를 보이고 있는데, 본성이 수행자 같은 모습으로 표현될 수 있습니다. 따라서 편인은 영감(靈感)의 발달이 동반되어 있습니다. 신비주의적 성향과 꿈을 먹고사는 비현실주의자 같이 폐쇄성과 태만함을 보이게 되며 둥글둥글 살지 못하는 아쉬움이 있습니다. 특수한 분야의 직업 즉, 종교인, 한의사, 예술인, 철학, 연구실험, 경찰(수사계통) 등에 필요한 성분입니다.

10. 정인(正印)

정인을 <情>이라고 표현하기도 합니다. 실제로 정인은 정이 많아 보입니다. 그리고 정인은 정신적 인내심이 강하여 어떤 일을 참고 묵묵히 자신의 입장을 지켜나가게 됩니다.

정인의 심리구조는 긍정적인 순수한 수용성이라고 하겠습니다. 그리고 수동적인 성향을 나타내고 있어 시류에 따르는 경향이 있기도 합니다.

정인은 상황판단이 빠르기 때문에 학생이라면 선생님 말씀을 있는 그대로 받아 들이므로 수업태도가 좋습니다.

　정인은 정신적인 안정성 면에서는 아주 필요한 성분인 것은 확실합니다. 그러나 순수하여 자칫 속임수에 잘 넘어가서 사기를 당할 수 있는 약점이 있습니다. 직업으로서는 교사, 사회사업, 음식업 등에 필요한 성분입니다.

◈ 십성(十性)의 장단점 정리

십성	장　　　점	단　　　점
비견	주체성, 자존감, 추진력, 일관성	고집, 타협하지 못함, 감정적
겁재	경쟁심, 타협, 이성적 판단	피해의식, 지나친 시샘, 기회주의
식신	집중력, 여유로움, 손 재능, 분석적	집착, 사교성부족, 융통성 부족
상관	승부욕, 임기능변, 벤치마킹, 논리적 언변, 사교성	감정적, 일관성 부족, 반복을 싫어함.
편재	거시적 안목, 공간개념, 여유로움, 자기주도적	즉흥적, 성급함, 섬세하지 못함
정재	현실감, 정밀성, 계획적, 준비성	지나친 소유욕, 넓게 보는 안목부족
편관	원칙주의, 불편한 환경에 버티는 인내심, 강한 절제력	유연성 부족, 고집스러움, 억압심리
정관	합리주의, 공명심, 책임감	우유부단함, 시류에 타협, 무사안일
편인	본질을 파악, 예지력, 복잡한 것을 단순화, 감각적	부정적 수용, 염세적, 지나친 자기 확신
정인	이해력, 이타심, 순수함	깊은 사고력 부족, 지나친 긍정

◆ 십성의 생극 관계와 심리구조

명식의 구조에서 두 오행이 生剋관계로 연결이 될 때는 십성의 의미가 부여된 오행의 성향이 일부 변경이 되어 나타나는데 이러한 특성을 활용하면 심리구조 파악은 물론 진로나 직업을 선택하는데 유용합니다.

▶식상생재(食傷生財)

식상생재의 흐름은 타고난 재능의 활용이라는 측면에서 상당한 의미를 부여하고 있습니다.

식상생재는 식상이라는 자신의 타고난 능력을 재성이라는 결실로 유도되는 구조라고 할 때, 적극적이고 진취적인 성향을 보이게 됩니다. 따라서 식상생재의 구조는 일을 기획하고 추진하는 능력을 강하게 하는 성분으로 직장에서의 업무추진과 사업에서의 기획과 진행에 유리한 구조라고 하겠습니다. 특히 재성(재물)을 다루는 수완을 가지는 구조라고 하여 사업가에게 유용한 구조라고도 하겠습니다.

식상생재의 구조 중에서도 식신생편재 식신생정재 그리고 상관생편재 상관생정재의 구조는 다소의 차이가 나므로 오행간의 음양과 십성의 심리구조를 참고로 사색을 해 보시기 바랍니다.

▶재생관(財生官)

결단력을 상징하는 재성의 성분이 직무 혹은 자기통제 성분인 관성에 활용되는 구조라는 의미를 부여할 때 재생관의 구조는 현재의 결과나 상황을 유지하려는 보수성과 업무나 상황을 적극적으로 담당하려는 현실적인 심리구조라 할 수 있습니다. 그렇게 볼 때 재생관의 구조는 성실하게 책임을 완수하려는 특성이므로 직장이나 조직생활을 할 때 필요한 심리 구조라고 하겠습니다.

　재생관 구조에서도 편재생정관 편재생편관 그리고 정재생정관 정재생편관 구조의 차이를 공부해야 합니다.

▶관인상생(官印相生)
　관성의 자기통제력 혹은 직무에 관한 성분이 인성이라는 정신적인 성분으로 유도되는 구조라는 의미를 부여할 때, 관인상생은 강한 보수성향을 보이게 됩니다. 재생관이 현실참여적인 보수성이라면 관인상생은 명분을 우선으로 하는 보수성으로 분류를 하겠습니다. 즉 정신세계를 중시하거나 관심을 가지게 되는 모습을 보입니다.
　즉, 재생관이 관료적이라면 관인상생은 선비정신이라고 비교를 해보고자 합니다.

　관인상생의 구조에서도 정관생편인 정관생정인과 편관생정인 편관생편인의 차이를 공부해야 하겠습니다.

▶상관견관(傷官見官) & 식신제살(食神制殺)
　식상이라는 나에게서 발산되는 기운이 통제성을 의미하는 관성을 극하면서 부딪치는 구조라는 의미를 부여할 때, 상관견관(식신제살)은 진보적이고 개혁적인 혹은 투쟁적인 심리구조를 보이게 됩니다.

남성에게서는 카리스마 넘치는 기질을 나타내기도 하고, 여성에게 있어서는 도전적인 진보성을 나타내기도 하지만 남편과의 충돌을 의미하는 심리성향이 나타나기도 합니다.

아무튼 상관견관은 현재보다 나은 미래를 위해 노력하는 형태라는 기본적인 시각을 가지고 살펴보는 것이 필요하다고 봅니다. 상관견관의 돌출적인 특성과 식신제살의 억압구조에서 해방이란 기본구조에서 원국의 특성상 변화되는 부분을 살펴야 합니다. 상관견관은 직장의 변동이나 직장에서 충돌로 인한 어려움을 겪을 수도 있는 것이고 식신제살은 어려움에 처하였더라도 전화위복의 결과를 가져올 수 있는 의미로 해석을 합니다.

이상의 설명은 기본구조로서의 특징을 설명한 것이고 실제 명식에서는 주변의 오행의 배치구조에 따라서 심하게는 반대의 의미를 가져올 수 있다는 점을 염두에 두고 살펴야 하겠습니다.

▶재극인(財剋印)

재성이 인성을 극하는 구조이므로 인성은 기능의 약화 또는 변질이 되어 나타나는데 인성이 사고체계에 관련된 십성이기 때문에 스트레스에 민감하게 반응을 합니다. 정재에 의한 작용은 현실문제에 대한 반응, 편재에 의한 작용은 목표나 이상(理想)문제에 대한 반응을 기준으로 심리구조의 변화를 살펴야합니다.

▶인극식(印剋食)

인성이 식상을 극하는 구조이므로 식상이 자신의 재능을 드러내는데 문제가 있다고 보면 되겠습니다. 그런데 상관은 너무 튀는 특성이 있으므로 인성의 다스림을 받으면 오히려 자신의 재능을 잘 발휘할 수 있게 되며, 식신이 극 받으면 꾸준하게 탐구하는 성향이 문제를 일으켜 자신의 재능을 인정받지 못하는 경우가 되기도 합니다.

그러나 이 점도 주변 여건에 따라서 변할 수 있다는 점을 간과해서는 안 됩니다.

▶같은 십성이 겹칠 때

부정의 부정은 긍정이 되고 긍정의 긍정은 부정이 되듯이 명식에서 같은 십성이 두 개가 동시에 존재한다면 그 십성을 극하는 기질처럼 나타납니다.

그러나 신중하게 관찰해야 하는 점은 극하는 기질처럼 보이지만 그 성분의 특성으로 완전히 전환된 것은 아니라는 것입니다.

이 같은 기질은 다른 사람으로부터 자극을 받으면 더욱더 강하게 나타나게 됩니다.

예를 들면, 식신을 가진 A라는 학생과 편관이 2개 겹치는 B라는 학생은 둘 다 꾸준하게 자기에게 주어진 과제를 성실히 수행하는 모범적인 학생으로 보이지만 식신을 가진 A는 창의력으로 탐구심이 발동된 것이고, 편관이 겹치는 B는 자신에게 주어진 일은 인내심을 가지고 완수해야 하는 책임감, 즉 다소 수동적인 특성으로 볼 수 있습니다. 둘은 언뜻 비슷해 보이지만 장차 직업을 선택할 때 다른 길을 가야 하는 것으로 보고 안내하는 것이 옳다고 하겠습니다. 부정의 부정은 긍정이 되고 긍정의 긍정은 부정이 되듯이 명식에서 같은 십성이 두 개가 동시에 존재한다면 그 십성을 극하는 기질처럼 나타납니다.

그러나 신중하게 관찰해야 하는 점은 극하는 기질처럼 보이지만 그 성분의 특성으로 완전히 전환된 것은 아니라는 것입니다.

이 같은 기질은 다른 사람으로부터 자극을 받으면 더욱더 강하게 나타나게 됩니다.

예를 들면, 식신을 가진 A라는 학생과 편관이 2개 겹치는 B라는 학생은 둘 다 꾸준하게 자기에게 주어진 과제를 성실히 수행하는 모범적인 학생으로 보이지만 식신을 가진 A는 창의력으로 탐구심이 발동된 것이고, 편관이 겹치는 B는 자신에게 주어진 일은 인내심을 가지고 완수해야 하는 책임감 즉 다소 수동적인 특성으로 볼 수 있습니다. 둘은 언뜻 비슷해 보이지만 장차 직업을 선택할 때 다른 길을 가야 하는 것으로 보고 안내하는 것이 옳다고 하겠습니다.

▶ 십성의 응용 요약정리

구 분	내 용
식신 생 편재	낙천적적이며 여유로움을 갖는 안빈낙도형, 현실에 안주할 수 도 있습니다<손재능이 있음>
식신 생 정재	아주 정밀한 구조로서 목표에 강하게 집착하게 됩니다.<수리영역 발달>

구 분	내 용
상관 생 편재	소유본능과 승부욕이 강한 탁월한 현실감각의 소유자입니다.<자영업에 유리, 언어 수리 영역 공유>
상관 생 정재	소유본능과 승부욕이 강한 탁월한 현실감각의 소유자입니다.<언어 수리 영역 공유>
편재 생 편관	그릇이 크고 대범히며 리더 기질이 있습니다.
편재 생 정관	조직관리 능력과 사명감이 있습니다.
정재 생 편관	책임감이 남다르며 현실에 충실합니다.
정재 생 정관	탁월한 균형감각과 현실감으로 주어진 업무 처리 능력이 탁월합니다.
편관 생 편인	소신이 있고 곧은 성정을 가지고 있으나 자신의 생각을 너무 고집하는 경향이 있습니다.
편관 생 정인	소신을 지키는 인내심이 강하여 어려움에도 슬기롭게 대처를 해나갑니다.
정관 생 편인	스스로의 판단력을 확신하며 명분에 너무 집착하는 경향이 있습니다.
정관 생 정인	빠른 판단과 합리적인 사고를 하지만 보수적인 특성이 강하게 나타나게 됩니다.
식신 제 살	어려움을 슬기롭게 해결하여 전화위복으로 만들어가는 특성입니다.
식신 견 관	직업의 변화를 겪거나 때때로 좌절을 할 수도 있는 구조입니다.
상관 제 살	위기로부터 벗어나거나 여러 가지 도전과 변화를 겪어나가는 구조입니다.
상관 견 관	환경의 급격한 변화와 풍상을 도전하며 살아가는 풍운아 같은 구조입니다.
인성 극 식신	자신의 능력을 극대화시키기 어려운 구조이므로 안정감 있는 직업선택이 필요합니다.

구 분	내 용
인성 극 상관	재능을 잘 활용하여 다양한 방면에서 창조적 능력을 발휘할 수 있습니다.
편재 극 인성	너무 큰 목표와 성취욕 혹은 뜻하지 않은 사건으로 어려움을 격을 수 있는 구조입니다.
정재 극 인성	현실적인 문제 혹은 너무 사소한 일에 매여서 어려움을 자초하는 구조가 되기도 합니다.

 공부의 POINT

◆ 오행심리분석의 실력을 향상하는 비결

<심리사주학>에서 가장 핵심적인 부분이 십성론입니다. 십성을 다양한 각도에서 분석하는 자세가 필요합니다.

앞으로 공부하면서 느낄 수 있지만, 같은 십성이지만 각 오행이나 천간지지에 따라서 혹은 주변의 십성과의 관계에 따라서 그 특성이 조금씩 차이가 있는데 이러한 차이를 느낄 때 실력이 상승하게 됩니다. 예를 들면, 일간이 辛金 일 때 상관이 壬水 가 되며, 일간이 乙木의 경우 상관은 丙火 가 되는데 같은 상관이지만 상관으로서 표현되는 형태가 다르게 나타납니다.

즉, 언변의 상황만 두고 살필 때, 壬水 상관은 차분하게 전개하지만 자신의 주장이 다소 일방적인 형태를 보일 수 있으며, 丙火 상관은 빠르고 강하게 전개하지만 자신의 주장에 변화의 가능성은 충분히 있다고 봅니다. 이러한 세심한 차이는 같은 일간의 경우라도 천간지지에 따라서 그 차이를 느낄 수 가 있습니다. 예를 들면 乙木 일간에서 천간의 丙火 상관과 지지의 巳火 상관은 상당한 차이를 나타낼수도 있다고 봅니다. 이러한 차이는 천간지지라는 측면도 있지만 지지에는 특별히 지장간이라는 의미를 부여하기 때문이기도 합니다. 또한 십성이 주위의 생극작용에 따라서 그 특성이 변화를 한다는 점도 생각하며 살펴야 하겠습니다.

편중된 십성의 심리

편중이란 명식이 균형을 이루지 못하고 한 쪽으로 치우친 현상을 말합니다. 자연현상이나 인생이나 문제가 발생하는 것은 불균형으로 인한 소통의 문제가 원활하지 못해서라고 봅니다. 그러나 음이 있으면 양이 있는 법, 편중은 또 다른 면에서는 역동성을 예측해 볼 수 있기 때문에 편중의 명식을 가진 사람은 역동성에 기대를 걸어 볼 수 있습니다.

편중은 십성의 태과와 무(無)십성 두 가지로 분류할 수 있습니다.

◆ 십성이 태과일 경우의 심리구조

태과란 명식에서 일반적으로 같은 오행이 2~3자 이상을 의미합니다. 태과된 오행은 그 오행이 의미하는 부분이 강한 작용을 한다고 보는 것이 일반적이지만 주변의 다른 십성과의 생극관계에 의해 그 강약을 살펴야 합니다.

▶비겁의 태과

자기주장과 고집이 세고 실패를 두려워하지 않는 사람처럼 강하게 보입니다. 계획하여 무모하게 속전속결로 처리하려는 성향을 보입니다. 장점으로는 독립, 개척, 자립정신과 신념이 강합니다.

▶ 식상의 태과

한 곳에만 오래 꾸준하지 못하고 목표가 분산되어 다방면에 관심이 생겨 산만한(목표의 분산) 심리를 보입니다. 자기 주장이 강하고 허세를 부릴 수도 있고 자기 방식대로 하려는 성향을 보이기도 합니다. 장점으로는 총명하고 아이디어가 뛰어납니다. 단, 식상의 태과는 일간이 강할 때와 약할 때 다른 성향을 보이므로 잘 살펴야 합니다.

▶ 재성의 태과

재물욕심과 소유욕이 강하여 어떤 일에 만족을 못하고 여러 가지 일을 벌이며 바쁘게 살아 가는 모습을 보이지만 실속이 없어 보입니다. 다른 사람의 이목을 의식하며 행동하는 성향이 있습니다. 장점으로는 대인관계가 원만하며 친구가 많습니다.

▶ 관성의 태과

자신을 통제하거나 억압하는 심리가 강하게 나타나서 자칫 피해망상에 시달리는 경우도 있고, 항상 궂은 일을 도맡아 하면서도 인정을 못 받을 수 있습니다. 또한 조급한 심리구조 때문에 편안하게 있지 못하고 현실을 극복하고자 왕성한 활동을 하게 되지만 과감하게 추진하지 못하고 현실에 발목이 잡히는 경우가 많습니다.

장점으로는 자신에게 주어진 역할은 어렵더라도 잘 견디어 냅니다.

▶ 인성의 태과

생각이 많아 공상 잡념에 빠져 있는 경우가 있고 체면을 중시하고 자립심이 약해서 주변 환경에 안주하거나 염세성향에 사로잡혀 태만한 성격이 될 수도 있습니다. 또한 일을 미루다가 목전에 두고 움직이는 마감 임박형 성향을 보입니다. 대중과 어울리기보다 고독을 즐기며 혼자 있기를 좋아해서 수도자 같은 심리가 있습니다.

장점으로는 이론적이며 사고력이 풍부한 면이 있습니다.

◆ 십성이 없을 경우의 심리구조

명식에서 해당 십성이 전혀 없는 구조는 운세의 대입 때는 오히려 좋은 경우도 있으나 심리구조를 논할 때는 심리적 특성의 결함으로 나타나기 쉽습니다. 이 부분을 정확하게 판단해서 보완을 하도록 상담을 해 주어야 하겠습니다.

▶ 비겁이 없을 때

배짱이 부족해서 자신의 소신을 밀고 나가는 힘이 약해서 강한 추진력이 필요한 직업이나 사업을 할 때 비겁이 없는 명(命)은 불리합니다. 현실안주 성향과 어려운 현실에 대한 적응력이 부족하기 때문입니다. 대인관계는 원만합니다.

▶ 식상이 없을 때

자신의 생각이나 능력을 밖으로 표현하는 능력이 부족하여 소극적이며 새로운 일을 시작하는데 오랫동안 뜸을 들이거나 망설이게 됩니다. 속내를 다 드러내지 않는 과묵한 성품이라 주변에 항상 사람들이 많습니다.

▶ 재성이 없을 때

결단력과 계획성이 부족하고 마무리를 확실하게 정리하지 못합니다. 또한 재화의 운용 기능이 약하므로 금전관리 부분이 취약할 수 있습니다. 재물에 억압받거나 연연해 하지 않습니다.

▶ 관성이 없을 때

스스로의 감정을 통제하는 기능과 통제된 조직생활에서 버티는 힘이 부족합니다. 직장생활 보다는 자기 사업을 하려고 합니다. 간섭을 아주 싫어하므로 스스로 알아서 하는 습관을 가지도록 유도해야 합니다. 자유로운 활동력을 바탕으로 소신을 마음껏 펼칠 수 있습니다.

▶ 인성이 없을 때

타인의 말이나 상황을 수용하고 공감하는 기능이 떨어지고 정신적 스트레스에 약합니다. 그러므로 잘 삐치는 성격이 되고 마음의 상처를 잘 받습니다. 매사에 단순명료하여 복잡한 것을 싫어하여 스스로 만드는 마음의 병이 없고 목표가 정해지면 목표를 향한 추진력이 뛰어나 성공 확률이 높습니다.

◆ 십성의 혼잡

혼잡이라 하면 命에서 정·편이 함께 할 때를 말하며, 예를 들어 같은 정이라도 천간과 지지에 있다면 어느 정도 혼잡으로도 볼 수 있습니다.

▶ 비겁의 혼잡

경쟁심과 추진력이 있고 때로는 타협할 수 있지만 그 타협하는 특성이 때로는 다른 사람에게 뒤처진다는 생각을 하기 쉬우며 그래서 2인자 같은 처신을 하는 경우가 많습니다.

▶ 식상의 혼잡

다양한 분야에 재능을 발휘할 수 있고 총명하지만 논쟁을 하는 구조입니다.

▶ 재성의 혼잡

소유욕이 강해지며, 남자인 경우 이성으로부터 주목을 받을 수 있고 따라서 이성관계가 복잡 할 수 있습니다. 직업 외에 잡기에 빠져들 수 있습니다. 그러나 재화의 운용능력이 발달하게 됩니다.

▶ 관성의 혼잡

　주어진 주변 환경에 대한 사명감이 높아 자신을 희생해서라도 이타적인 삶을 살 수 있으며, 직업의 변화가 많을 수 있으며, 여자는 남성으로부터 호감을 가질 수 있는 기운을 가지고 있으므로 경우에 따라 이성문제가 발생할 소지가 있습니다.

▶ 인성의 혼잡

　수용력의 혼잡으로 이해력은 오히려 발달될 수 있으나 정작 양자선택의 상황에서는 머뭇거리는 심리가 나타나며, 따라서 우유부단하게 보여 지는 경우가 많습니다.

사주명리란 무엇인가?
사주로 그 사람의 모든 정보를 알 수 있나?

사주란 한 마디로 말하면 사람의 출생 할 시점인 생년월일시 를 60 갑자로 표현된 기호체계로서 그 사주 속에는 계절의 변화를 기초로 해서 숨겨져 있는 음양오행의 기(氣), 현대적 의미로 설명하자면 「사람이 태어나는 순간 우주자연의 기운을 부여 받은 인생 운명의 기초 설계도」로 사용될 수 있는데 그것을 풀어 가는 것을 사주명리 라고 합니다.

우리 인체의 모든 유전자의 정보가 DNA에 속에 들어 있는 것처럼 우리의 운명에 대한 많은 정보를 음양오행 이라는 상징적인 형태로 의미를 부여하여 설명할 수 있으므로, 사주는 인생 운명의 DNA를 읽어 내는 하나의 수단입니다.

그동안 사주명리학은 토속의 무속신앙과 결합하여 점술과 혼동이 되어 사용되어 오기도 했지만, 결코 미신이나 점술이 아니라 우주 자연의 법칙과 섭리를 밝혀 내어 인생사에 대입하는 동양학의 한 부분일 뿐입니다.

따라서 사주 즉, 인생DNA를 제대로 읽어 낸다면 그중의 좋은 암시 를 적극적으로 활용하고 나쁜 암시를 주의함으로서 인생의 고통, 불 안, 불행을 사전에 막거나 대처해 나갈 수 있을 것입니다.

그러나 이런 자연의 기운에서 생성된 한 인간의 정보는 우주의 별들만큼 많은 정보를 간직하고 있으므로 사람이 이 모든 정보를 모두 사주를 통하여 읽어 낸다는 것은 불가능합니다.

다만 사주를 통하여 일정의 흐름을 읽어낼 수 있을 뿐입니다. 따라서 족집게 도사란 애초부터 있을 수 없는 것입니다. 왜냐하면 자연이 일정한 법칙에 의해 움직이지만, 그때그때 순간의 상황은 가변성이 많은 것처럼 인생도 큰 흐름은 일정 하지만 순간의 변화는 일정하지 않다고 보기 때문입니다.

저 수풍정은 사람의 운명을 결정하는데 사주로 알 수 있는 것이 딱 두 가지 밖에 없다고 생각하는데 하나는 타고난 기질이며 또 하나는 운의 흐름입니다. 운명을 결정하는 데는 이것 외에도 유전인자와 부모나 주변 환경에서 배우는 교육과 경험이라고 생각합니다.

우리는 사주에서 알 수 있는 두 가지만 제대로 활용하여도 인생을 지혜롭게 살 수 있는 자료가 될 것입니다.

같은 사주를 가진 사람은 생년월일시가 같은 경우입니다.

쌍둥이가 아닌 사람이 사주가 같은 경우는 현재 40대 기준으로 인구통계 수치로 보면 약60~70명 정도가 전국에 있다고 보면 됩니다.

아마 평생 서로 만나기 어려울 것입니다.

얼마 전에 공부하러 오신 여자선생님의 사주가 5년 전에 공부하러 오신 여자선생님의 사주와 정확하게 일치 합니다.

저에게는 지금까지 어떤 자료보다도 귀중한 자료가 될 것 같습니다. 정말 행운이지요.

두 사람은 전혀 다른 삶을 살고 있습니다.

대학의 전공이 다르고 결혼의 시기 자녀의 숫자 그리고 부모의 생존여부 현재 결혼생활의 유지 등 같은 것이 전혀 없습니다. 심지어 체형도 다릅니다.

어떻게 생각할까요?

사주는 그 개인이 가지고 있는 모든 정보를 담고 있는 것이 아님을 증명하는 것이지요.

그럼 무엇이 같을까요?

타고난 성격과 기질이 비슷하여 어떤 상황에 대처하는 행동과 사고가 아주 많이 닮았습니다. 그리고 운의 흐름에 대한 유형이 비슷합니다. 예를 들어 정해 무자 기축은 상황이 괜찮았으나 경인 신묘년은 둘다 어려움을 겪으며 고민에 빠져 있습니다.

임진년은 두 사람 다 모두 한 시름 덜고 새로운 진로를 모색할 것이라고 예측을 해 볼 수 있겠지요

제가 항상 얘기하던 <쪽집게 도사는 없다>는 말을 입증할 수 있어서 참 다행입니다.

우리는 사주에서 읽을 수 있는 심리구조와 운세의 흐름을 좀 더 정확하게 공부하여 학생의 진로분석, 학습지도, 사업, 직업컨설팅, 부부 문제 등을 상담하는데 사용을 해야 하겠습니다.

십성의 중복과 심리분석

이 단원에서 공부하는 십성이 중복될 때의 심리상태는 적성분석 직업선택을 할 때 아주 중요한 요소가 될 수 있습니다.

십성에 대한 정확한 특성을 연구 하는 것은 용신을 찾아서 운세를 대입 하는 것과 함께 사주분석의 핵심이라고 하겠습니다. 먼저 십성의 특성을 제대로 이해한 다음에 이 단원은 그 흐름을 사색을 통해서 다져가는 것이 효과적이라고 말씀을 드립니다.

이 단원에서 중복된다는 것은 바로 옆에서 직접 작용하는 점과 떨어져서 간접 작용하는 부분으로 나누어 생각할 수 가 있으며, 두 십성간의 심리적 결합과 변화를 생각하면서 공부하는 것이 좋을 듯 합니다.

참고로 말씀드리면 상생상극과 십성의 흐름을 통해 공부하는 방법이 처음에는 신살론, 십이운성론에서 처럼 암기해야 하는 부분이 적어서 편해 보이지만 깊이 공부 할수록 더 난해 할지도 모릅니다.

그래서 처음 공부를 할 때부터 사고력을 기르는 훈련이 필요합니다.

십성이 중복된다는 것은 명식에서 십성의 7개가 일간의 특성과 작용을 하여 나타나는 것은 십성이 독립적으로 나타나는 것이 아니라 여러 가지 혼합되어 상황에 따라 다르게 나타나기도 하는 것입니다. 2개의 중복된 심리구조가 상호 작용을 하는 것을 이해하고 읽어 내는 훈련을 한다면 나중에 명식에 나타나는 7개의 십성이 결합된 상태에서 나타나는 심리구조를 읽어내고 분석을 할 수가 있습니다.

▶ 정인 & 정인

정인의 수용성은 빠르지만 수용성이 중복되는 현상이 생기므로 어떤 판단을 내려야 할지 혼란이 생기며 빠른 결단을 기대하기 어렵고 망설이는 성향을 보인다고 할 수 있습니다. 정재처럼 너무 꼼꼼하게 생각하는 경우도 있습니다.

▶ 정인 & 편인

정인과 편인이 겹치면 사물을 보는 센스가 있지만 수용성(긍정&부정)이 혼란을 일으켜서 방향성에 문제성을 보이며 결단을 내리지 못하고 우왕좌왕 하는 심리구조로 봅니다. 주변에서 재성이 통제를 해 준다면 감소한다고 봅니다.

▶ 정인 & 비견

정인이 비견을 만나면 긍정적 이해력에 주관이 더해져서 보수적인 성향이 발현되어 자신의 지식에 대한 확신으로 비쳐지기도 합니다. 자신의 소신을 지키는 점은 좋습니다.

▶ 정인 & 겁재
정인이 비견을 만난 것과 비슷하지만 겁재의 특성이 경쟁심이므로 승리를 위해 무리수를 놓을 수 있는 심리적 구조를 가질 수 있습니다. 추진력은 좋습니다.

▶ 정인 & 식신
긍정적 이해력에 탐구심의 작용을 한다면 학문연구에 적합한 심리구조이며 비견이 작용을 해 준다면 학자로서 대성 할 수 있는 성격을 가졌다고 하겠습니다. 그러나 강한 인성이 식신을 바로 옆에서 충극하는 구조라면 자신의 능력을 펼치기 어려운 구조가 되기도 합니다.

▶ 정인 & 상관
직관력에 상관의 순발력, 재치가 결합된다면 다양한 방면에서 능력을 발휘 할 수 있고, 이런 구조는 현대사회에서 적응을 할 수 있는 가장 유리한 점이 있다고 하겠습니다. 이 경우에는 정인이 상관을 옆에서 극하는 구조라면 재능을 발휘하는데 탁월한 모습을 보이기도 합니다.

▶ 정인 & 편재

정인의 직관력이 편재를 만나면 직장이나 사업에서 주어진 일처리를 잘 할 수 있어 관리직이나 관리유형의 일에 적합하며 응용력이 있다고 보입니다. 편재가 인성을 극하는 구조라면 스트레스에 시달리거나 판단력에 문제가 생길 수 있습니다.

▶ 정인 & 정재

직관력 내지 수용성인 정인과 치밀한 정재가 만나 상황 판단력이 좋고 마무리가 강하지만 인성과 재성의 충극으로 인성이 손상된다면 지나치게 소극적이고 주저하는 형태의 심리가 나타 날 수도 있습니다. 현실에 대한 불만이나 스트레스에 민감한 구조가 되기도 합니다.

▶ 정인 & 편관

정인과 편관이 만나면 긍정적 이해력에 원칙주의가 결합된 형태로 다소 고집스런 느낌이며 관인상생의 구조가 되면 보수적인 성향을 보일 수 있습니다. 비견이 있다면 더욱 강화됩니다.

▶ 정인 & 정관

긍정적 이해력과 정관이 함께하면 합리적인 성품으로 볼 수 있으며 대인관계가 무난하고 직장생활에 적응력도 좋게 보입니다. 만일 공무원이라면 성실한 사람이지만 복지부동하거나 이해관계에 민감한 모습이 될 수도 있습니다.

▶ 편인 & 편인

편인이 중복되면 염세적 사고와 부정적 수용하는 작용이 더 강해지기도 하지만 한 편으로는 그 자체를 거부하는 편재 같은 마음 즉 여유로움 혹은 태만함이 생길 수도 있습니다. 사고의 폭이 깊어지고 자신의 관심분야에서는 다양한 지식을 습득할 수 있으나 너무 이론적이고 자신의 세계에 빠질 수 있습니다. 편재같이 태평적인 성향을 보이기도 합니다.

▶ 편인 & 비견

비견의 강력한 주체성의 작용으로 편인의 통찰력의 작용이 강하다고 보면 됩니다. 또한 자신이 가지고 있는 지식에 대하여 확신이 너무 강하여 외골수가 될 수도 있습니다.

▶ 편인 & 겁재

편인과 비견의 성분과 비슷하나 편인의 통찰력이 취사선택에 민감한 방향으로 나타날 수 있다고 보면 되겠습니다.

▶ 편인 & 식신

학문에 대해서 깊이 탐구하는 심리가 있습니다. 예리한 직감력이 필요한 직무에서 식신의 탐구력을 극대화 할 수 있으며 예능에 재능을 보이기도 합니다. 그러나 식신이 순기능을 하는데 바로 옆의 편인으로부터 극을 받는다면 자신의 재능을 발휘하는데 걸림돌이 많아 애로점이 많다고 볼 수 있습니다.

▶ 편인 & 상관

자신의 논리를 강하게 펼칠 수가 있고 주변을 설득 할 수 있는 힘이 강해서 교주 같은 역할도 할 수 있습니다.(재성의 결실이 추가되면 금상첨화) 강사, 교수, 연예인 등이 적합하다. 편인이 직접 상관을 충극하는 구조라면 뛰어난 재능을 발휘할 수 있는 구조가 됩니다.

▶ 편인 & 편재

편인의 예리한 통찰력과 물질 통제력, 공간개념, 구도개념 그리고 일처리 능력 등으로 볼 수 있는 편재의 즉흥성과 결합하여 분석 능력이 뛰어나서 컨설턴트 같은 능력으로 이해하면 좋겠습니다.

다만 편재에 의해서 순기능을 하는 편인이 통제를 받는 다면 사고력의 문제점과 스트레스에 민감한 심리구조를 가지게 됩니다.

▶ 편인 & 정재

편인과 편재와 비슷하지만 정재의 정밀함과 분석력, 일의 마무리 등은 돋보일 수 있겠으나 편인의 통찰력 분석력이 정재에 의해서 머뭇거림이 일어나겠습니다. 정재가 편인에 직접 작용한다면 오히려 어떤 특정한 상황에서 정확한 판단을 할 수 있습니다.

▶ 편인 & 편관

자신의 통찰력에 의한 지식을 거의 확신하는 습관을 가진다. 자신이 확신하는 부분에 대해 맹종할 수 있는 위험이 있으며 비견이 있으면 더욱 심할 수 있습니다.

▶ 편인 & 정관

이해력이 스피드가 다소 늦은 편인(통찰력)의 작용으로 합리적인 정관에 영향을 미쳐 상황이 선택을 해야 할 경우라면 오랫동안 고민을 해야 결론을 도출 해낼 수가 있습니다. 그렇지만 아주 정확하고 합리적인 답을 제시 할 수가 있는 구조입니다.

▶ 비견 & 비견

강한 주체성을 가지지만 때로는 오히려 확신을 가지지 못해 주저하기도 합니다. 천간의 비견 중첩은 자존심이 강하나 흔들릴 수 있는데 흔들리지 않기 위해 자기주장을 굽히지 않으려고 하며 지지의 비견은 흔들림 없는 주체성으로 보이나 고집스럽게 보일 수 있습니다. 편관처럼 원칙을 고수하려고 합니다.

▶ 비견 & 겁재

주체성과 경쟁심으로 고집이 세고 자기중심적이 될 수가 있지만 정관이 있으면 다소 여유를 가질 수도 있습니다. 일지의 겁재는 고집이 강합니다.

▶ 비견 & 식신

자신의 강한 주관과 탐구력이 만나는 것으로 한 분야의 대가가 될 수도 있는데 결실을 의미하는 재성이 있으면 더욱 빛을 내겠습니다.

▶ 비견 & 상관

비견의 주체성 영향으로 상관의 승부욕 성향이 자신의 고집대로 진행할 것입니다. 사교적이나 대화의 방법이 서툴고, 자기주장이 너무 강해서 자신과 뜻이 다른 사람과 논쟁을 하거나 교류가 어려울지도 모릅니다.

▶ 비견 & 편재

비견의 강한 주관과 편재의 구조적 통제성으로 자칫 자신의 의지를 밀어 붙이는 독불장군이 될 수도 있습니다. 그러나 스케일이 커서 리더의 형태로 볼 수도 있습니다.

▶ 비견 & 정재

정재의 정교하고 치밀함이 비견의 주체성에 힘입어서 자신에게 맡겨진 업무를 잘 수행 할 것 같습니다. 자칫 너무 계산적이고 이기적인 성향으로 변질 될 수가 있어서 대인관계에서 다소 경직이 우려됩니다.

▶ 비견 & 편관

비견의 강한 주관과 편관의 원칙주의가 결합되어 고집스럽고 우직한 느낌을 주는데 직장에서 인정을 받는다면 목숨 걸고 충성할 형태의 성격입니다. 다만 융통성이 없어 보입니다.

▶ 비견 & 정관

자존심 강한 비견에 합리적인 정관 성격은 자신에게 주어진 일에 대하여 잔꾀를 부리지 않고 합리적으로 처리하는 전형적인 공무원 스타일입니다.

▶ 겁재 & 겁재

경쟁심이 치열하여 남에게 지는 것을 참고 못사는 형태로 보입니다. 때로는 정관처럼 합리적이지만 이익을 위해 타협을 하는 점과 비슷하게 보여 집니다.

▶ 겁재 & 식신

경쟁심이 강한 탐구, 연구가가 적성으로 연구소 등에서 근무하면 적격이겠으며, 운동 신경이 발달한 사람이라면 스포츠 계통에서 대성 할 수 있는 구조입니다.

▶ 겁재 & 상관

주변상황에 잘 적응하는 성격으로 보입니다. 다소 요령을 잘 피워 신뢰감이 다소 떨어질 것 같기도 하지만 승부욕이 강해서 경쟁적인 영업이나 프로젝트사업 등에서 성과를 극대화 할 수 있습니다.

▶ 겁재 & 편재

편재의 변화와 일의 추진력에 경쟁심이 자극을 한다면 다소 과욕으로 인한 무리수를 둘 수도 있지만 빠른 결단력이 필요할 때는 유리할 수 있습니다.

▶ 겁재 & 정재

경쟁심과 치밀함이 결합하여 결과 위주의 사고방식을 가질 수도 있어 경쟁심이 유발되면 목적을 위해 무리한 방법을 이용할 수 있습니다.

▶ 겁재 & 편관

겁재의 경쟁심과 편관의 원칙주의가 만나서 목표를 위한 추진력이 뛰어 나겠으며 겁재의 이기주의가 다소 완화 될 수 있습니다.

▶ 겁재 & 정관

겁재의 경쟁심과 정관의 합리성의 결합으로 목표를 성공적으로 이루어 낼 수 있는 구조라고 보이나 자신의 이익을 위해 다소 편법이나 무리수의 우려도 보입니다.

▶ 식신 & 식신

식신이 겹치게 되면 탐구력의 과잉으로 오히려 목표에 대한 집중력이 산만해 질 수 있고 그리하여 결과를 얻기 전에 방향을 바꾸는 형태로 나타나기도 합니다. 또한 식신의 여유로움이 태만함으로 나타나기도 합니다.(외형의 표현력은 상관의 형태, 내면적 심리는 편인의 형태)

▶ 식신 & 상관

똑똑하지만 강한 식상 성분이 너무 활발하여 제어가 되지 않아 자신의 능력을 과신하여 천방지축으로 보이기도 하여 인성의 통제가 필요합니다. 논쟁을 좋아하고 공격적 성향을 보이지만 창의성은 발달되어 있습니다.

▶ 식신 & 편재

식신과 편재가 만나서 스스로 탐구하고 연구하는 구조이나 편재의 즉흥성과 식신의 여유로움이 만나서 탐구력을 보이기보다는 안빈낙도(安貧樂道) 하려는 성향을 보일 수 있습니다. 식신과 편재가 옆에 있다면 공간을 활용하는 손재능이 탁월합니다.

▶ 식신 & 정재

탐구, 연구력에 치밀함이 더해져서 좋은 결과를 가져올 수 있는데 방향성을 제대로 잡는 것이 중요합니다. 제대로 된 집중력의 구조라 할 수 있습니다. 때로는 집착이 너무 강하여 무리한 일을 진행할 수 있습니다.

▶ 식신 & 편관

이 구조는 자칫 너무 지나친 몰두와 집착을 가져 올 수도 있는데 자신에 주어진 일은 어떤 어려움이 있더라도 수행 할 수 있는 점은 장점이라고 보겠습니다. 식신과 편관이 직접 작용하고 순기능을 한다면 어려운 일을 겪더라도 전화위복을 하는 명(命)이라고 할 수 있습니다.

▶ 식신 & 정관

자신의 노력이나 능력을 합리적으로 활용 할 수 있는 구조로서 사회적으로 인정을 받을 수 있지만 혹 기회주의 성향이 보일 수도 있다는 점에 유의해야 합니다. 정관이 약한데 식신의 극을 받는다면 관이 피해를 입는 것을 예상해야 합니다.

▶ 상관 & 상관

상관이 겹치게 되면 재치가 넘쳐 남에게 신뢰를 줄 수가 없어질 수도 있고 상관의 욕심과 성급함이 지나쳐서 마무리 능력이 떨어질 수 있는데 인성이 통제를 해 준다면 오히려 탁월한 수완가가 될 수도 있습니다. 또한 재성이 강하게 설기해 주고 일간이 힘이 있다면 대단한 수완가가 될 수 있습니다.

▶ 상관 & 편재

상관과 편재가 옆에 있을 때 재능을 최대로 살릴 수 있는 구조입니다. 다소 결과를 먼저 생각하는 결점이 보이기도 하지만 제대로 수양을 쌓아서 일을 시작하면 큰 성공을 할 수가 있는 뛰어난 전략과 추진력이 돋보이는 구조로 봅니다. 그러나 일간이 무력하면 기(氣)의 손실을 가져와서 오히려 실속 없이 분주하기만 합니다.

▶ 상관 & 정재

상관이 정재를 만나면 재능을 발휘하기 위해 빈틈없는 준비와 정확한 운용이 가능하겠지만 때로는 너무 계산적이고 다소 이기적인 평가를 받을 수도 있으며 너무 경쟁심이 강해서 추진력보다는 욕심으로만 비추어 질 수 있습니다. 실제로 소유욕이 강합니다.

▶ 상관 & 편관

편관의 원칙주의와 상관의 언변을 함께 생각하면 자기주장이 너무 강할 수 있는데, 편관의 원칙주의적인 성향과 다소 억압적인 모습이 상관의 사교적인 성분으로 다소 통제를 받는다면 도전적이고 활발한 특성으로 나타날 수가 있어 외교관적 형태로도 보입니다. 또는 자신의 능력을 올바르고 정당한 방식으로 추진하려는 심리가 돋보이는 구조입니다.

▶ 상관 & 정관

상관의 재능 및 경쟁심과 정관의 합리성이 결합하여 다소 변덕스런 선택을 할 여지가 있다고 보겠는데 일간의 근이 있고 상관을 제어할 인성이 있다면 상관견관의 장점도 생길 수 있다고 봅니다. 그러나 일반적으로는 너무 도전적이고 주변과의 마찰이 많아 직업이나 사회활동에 문제를 불러올 수가 있는 명(命)이 될 수 있습니다. 단 상관과 정관이 옆에 있지 않다면 상관의 임기응변과 정관의 합리성으로 순간적인 재치가 뛰어난 모습이 됩니다.

▶ 정재 & 편재

정재와 편재가 혼잡된 경우로서 정재의 정밀함과 편재의 공간개념이 작용하여 재화의 운용능력이 탁월한 특성으로 나타나게 됩니다. 손익에 민감한 성격이 될 수도 있습니다.

▶ 정재 & 정재

너무 알뜰하고 치밀한 구조로서 결과에 대하여 과민한 집착 현상이 나타나 보입니다. 겁재의 형태가 나타날 수 있습니다.

▶ 정재 & 편관

정재의 정밀함과 편관의 원칙주의 심리가 때로는 사소한 일에 고집을 피울 수 있다고 보입니다. 자신의 틀(소신)이 강하고 너무 세심한 부분에 대하여 옳고 그름을 따져보는 심리구조 때문에 대인관계에서 무난하지 못하다는 평을 들을 수 있습니다.

▶ 정재 & 정관

정재와 정관이 같은 이성적인 심리형태인데 정재의 사소한일에 집착하는 부분이 정관의 합리성에 의해 다소 완화되어 보입니다. 자신에게 주어진 일을 무리 없이 잘 수행하는 형입니다. 그러나 너무 현실적이고 다소 손익관계가 너무 밝다는 평을 받을 수도 있습니다.

▶ 편재 & 편재

편재가 중복되면 비견과 같이 보는 특성을 가지고 있습니다. 어떤 일이든 자기 주도적이고 대범하게 밀고 나가려는 특성을 보이게 됩니다. 다만 비견과 다른 점은 편재는 외형만 그렇게 보일 뿐 실질적인 힘은 부족합니다. 그러므로 자칫하면 허풍선 같은 경우가 될 수도 있습니다.

▶ 편재 & 편관

편재의 스케일 큰 공간개념과 편관의 원칙주의적 인내심은 그릇이 크고 대범하며 리더 기질로 나타납니다. 그러나 일간의 근(根)이 있어야 하며 일간이 약하면 주변 환경을 주도하지 못하고 끌려 다니게 됩니다.

▶ 편재 & 정관

정관의 합리성과 편재의 즉흥성은 서로 조화롭지 못한 특성입니다 다만 편재의 특성이 정관의 특성에 연결되면 전체구조를 합리적으로 판단하는 능력이 되거나 편재의 성급한 성취욕이 정관의 판단을 흐려 편법을 사용하는 특성으로 나타나게 됩니다. 이것의 정당성 여부도 일간의 힘과 연관시켜서 봐야 합니다.

▶ 편관 & 편관

편관이 강하게 나타나면 스스로의 억압심리가 강해서 스트레스를 많이 받고 대외관계에 적응이 쉽지 않을 수 있으며 심하면 피해의식이 있을 수 있습니다. 환경적인 인내심이 강하여 불편함을 잘 견디며 자신에게 주어진 업무 수행은 잘 수행한다고 봅니다.

▶ 편관 & 정관

억압심리는 편관과 편관일 때보다 완화되어 보이나, 정관의 합리성에 의해 남을 위해서 살아 가는 삶이 될 가능성이 높습니다. 사회봉사, 종교인 등 아니면 가족을 위해 희생 하는 심리 구조라고 하겠습니다.

▶ 정관 & 정관

합리적 성품이 강해 사무적인 일에 충실하겠으며 때로는 상관과 같은 형태의 사교성과 재치를 보일 수도 있습니다. 과중한 업무를 감당하다가 몸이 지칠 수 있음에 주의를 해야 합니다.

사주로 알아보는 질병과 수명은?

사주상담을 하다보면 마지막 부분에 꼭 묻는 얘기 즉 "선생님 저 건강은 어떻습니까? 혹시 수명은 몇 살까지 입니까?"가 단골 메뉴입니다.

"수명이 다하면 죽겠지요. 그리고 질병은 병원에 가 보시면 가장 정확합니다."고 대답하면 겸연쩍게 웃습니다.

일반적으로 사주를 좀 공부한 분이나 철학원 등에서 사주를 감정하면서 오행의 태과나 불급으로 인한 질병이 반드시 있지 않겠냐는 판단에서,

"당신은 사주에 金이 많아 폐가 좋지 않고, 대장도 좀 문제가 있고 ...."등을 얘기하기도 합니다.

아주 옛날 농경시대에는 의료시설이 부실하므로 어쩔 수 없이 타고난 기운을 가지고 질병을 예측하였던 점은 충분히 이해가 될 수 있는 부분입니다.

그러나 유전자 복제까지 가능한 21C 에서 최첨단 의료시설을 믿지 못하고, 사주에 질병이 어쩌고 하는 말을 믿고 고민하는 사람이 많으니, 신문광고에 <병원에 가도 병명을 모르는 병을, 기도와 심령술로 아니면 특별한 비방으로 고쳐 주겠다>는 문구가 버젓이 실리

197

는 것이라고 봅니다.

  그리고 엄청난 액수를 요구하는데 나중에 대부분 후회하는 분을 주변에서 흔히 볼 수가 있습니다.

  상담하러 오시는 분 중에 가끔 보살이니 스님이니 하면서 불당을 차려 놓은 곳에 자주 다니면서, 남편이 아플 것이다 혹은 사업에 문제가 있다고 몇 백 만원, 자녀에게 액운이 있다고 몇 백만원, 시험 붙게 한다고 몇 백 만원 등, 수 없이 헌납하고 나서 정신 차린 분들이 실제로 있습니다.

  한 마디로 사주는 개인의 사회적 성패와 시기, 성격과 학업이나 직업의 적성 그리고 부부문제 및 자식의 인연 등을 논하는 학문이지, 인간의 질병을 연구하는 학문이 아닙니다.

  그리고 어떤 역술인 혹은 무속인도 사람의 질병을 낫게 하거나 액운을 비방으로 막을 수 있는 초인적인 능력을 가진 사람이 없다고 확신합니다.

  간혹 신이 내려 정말 용한 능력이 있다고 소문난 무속인들이 있는데, 그들이 공개적인 자리에서는 전혀 신통력을 발휘하지 못하는 모습을 경우를 TV를 통해서 종종 보도가 되었습니다.

  인간이 인간의 운명을 바꿀 수 있다고 믿는 사람들은 그것이 얼마나 어리석고 허황된 것이라는 것은 세월이 한참 흘러야 알게 되는 것 같습니다.

  저 수풍정이 알고 있는 정신과 의사 선생님의 말에 의하면, 주변에 흔히 발생될 수 있는 우울증의 경우에도 초기에 병원에서 상담하고 약 먹으면 낫는 감기 같은 증상일 수 있는데 여기저기 무속인을 찾아 상담하고, 종교기관에서 운영하는 기도원 같은 곳을 전전 하다가 중증정신병으로 악화된 뒤에 병원에 오는 경우가 다반사라고 합니다. 이 분들은 결국 또 병원에서도 못 낫게 하는 병이라고 다시 또 무속인을 찾는다고 합니다.

인간의 수명을 논하는 경우도 마찬가지입니다.

40대를 기준으로 하루에 1,700명 정도 태어났다고 합니다.

남녀로 가르면 850명이 될 것이고 또 12시로 나누면 약 70명이 사주가 같습니다.

"사주가 똑 같은 이 70명이 같은 해에 죽거나 같은 질병으로 고생하겠는가?" 라고 물으면 어떻게 대답을 할까요?

마찬가지로 비행기사고 혹은 건물붕괴로 많은 사람들이 죽는데 그들이 모두 같은 날 죽을 운이거나 모두 비명횡사할 운이란 걸 입증할 역술인은 한 명도 없을 것입니다.

수명이 인간에게 중대한 관심사이기는 하지만 인간이 논할 성질의 내용이 아니라고 봅니다.

사람은 언제 죽는가? 라고 물으신다면

"사주로 알 수 없다!" 라고 말씀드리겠습니다.

한 번 생각해 보시기 바랍니다.

일주의 심리구조

　이 단원 일주의 심리구조는 명식의 기본 속성을 파악 하는데 아주 중요하며 공부해서 잘 살피면 심리구조를 쉽게 파악 할 수가 있습니다.

　일주만으로 그 사람의 살아 가는 모습을 예측하기도 할 만큼 비중이 크다고 하겠습니다. 또한 일주의 심리구조는 남녀 궁합을 설명할 때도 중요하므로 그 특성을 세심하게 살펴야 합니다. 일주의 심리가 중요한 이유는 앞에서 잠시 언급한 적이 있지만 일간이라는 가장 기본적인 심리구조와 일간의 앉은자리로서 가장 지속적인 심리가 표현되는 일지이기 때문입니다. 또한 일지는 일간에게 에너지를 공급하거나 에너지 소모를 통하여 일간이 안정감을 얻을 수 있는가를 판단하기도 합니다.

▶일주의 심리구조 이해와 분석

일주의 심리 60개를 일일이 암기하는 것 보다 구조를 이해 함으로서 십성의 활용에 대한 감각을 키워나갈 수 있습니다.

일주의 심리분석은 먼저 일간의 기본적 심리를 바탕으로 일지를 오행적 특성과 십성적 특성을 함께 생각하며 설명할 수 있습니다.

일주의 심리구조를 공부할 때 꼭 기억해 두어야 할 점은 지지는 모두 土(땅)라는 생각을 해야 한다는 것입니다. 즉 子水는 水로만 생각하지 말고 습기가 충분한 땅이라는 것입니다.

♣ 甲木의 표면심리는 비견이고 내면심리는 편재에 해당합니다. 甲木의 기본적 특성은 활동적이고 호기심이 많고 미래지향적이며 1등 기질이 있어서 주목 받고 싶어 하며 언제나 동심(童心)입니다. 일을 잘 시작하나 마무리가 부족합니다.

1. 甲子

甲子를 보면 습토위에 뿌리 내리고 있는 나무, 혹은 먹을 것을 충분하게 가지고 있는 아이의 마음을 생각해 볼 수 있는데 심리적으로 안정감이 있다고 판단됩니다.

甲木의 비견과 일지 정인의 결합관계로서 癸水정인의 빠른 이해력과 수용력을 바탕으로 甲木의 강한 추진력이 돋보이는 형태로서, 순수하지만 학자적 고집이 느껴지는 심리구조로 봅니다. 그러나 심리적으로는 안정감과 여유가 느껴지는 구조입니다.

2. 甲寅

甲寅은 땅에도 나무가 있는 꼴이니 뿌리 깊은 나무 혹은 친구를 내 아래에 두고 있으니 골목대장을 생각할 수 있습니다.

지지 寅木의 비견으로 인해 스스로에 대한 자부심이 대단합니다. 골목대장 스타일로 추진력이 강하고 주체성이 강해 때로는 고집스럽게도 보이지만 비교적 강자의 여유로움도 느껴집니다. 지장간의 식신의 영향으로 한 곳에 대한 집중력을 기대해 볼 수 있습니다.

3. 甲辰

甲辰은 내 마음대로 할 수 있고 나를 받쳐주는 기운이 내 뿌리를 이루고 있으니 사람으로는 한량(閑良)같고 나무는 크게 자랄 수 있는 품종 같다고 하겠습니다.

일지 편재로 인하여 매사에 스스로의 의지대로 행동하는 형으로 자신감이 있고 여유로운 심리를 가져 풍류기질이 있다고도 합니다. 甲木이 습목인 辰土에 앉아서 자신의 기질을 뜻대로 펼치고 싶어 합니다. 운의 뒷받침이 좋으면 사업가로서 능력도 발휘하고 인생을 즐기기도 하지만 잘못되면 주색잡기에 빠져 살 수도 있습니다.

4. 甲午

甲午는 마른 땅위에 서있는 나무의 마음을 생각할 수 있거나 며칠 굶은 아이에도 비유를 해 볼 수 있습니다. 자기의 재능을 과시하는 성분(甲木의 비견성과 일지 상관의 결합)이 강하여 육십갑자 중 상관성이 가장 두드러집니다. 주관이 강하고 재능이 많으며 스스로 우월감으로 인해 다른 사람을 무시하는 듯 하는 경향이 있으나 상대가 객관적으로 인정할 만한 것으로 판단되면 자신의 생각이 틀렸다는 것을 인정하게 됩니다. 화기 위의 木이라서 다혈질이며 조급한 성향이 있습니다.

5. 甲申

바위 위의 나무나 어려운 환경에서 살아 가는 고아(孤兒)를 생각해 볼 수 있는데 다소 불안 하면서도 자신의 입장을 고수하고 유지해가는 구조로 보입니다. 강박관념이 있으며 자신의 의지를 자신 있게 추진하기 보다는 주어진 여건에 충실한 사람입니다.

지장간의 관인상생의 구조로 명분 속에서 스스로 자제를 할 줄도 알며, 환경에 대한 적응력이 좋으며 삶에 대한 끈기와 인내가 느껴지는 구조입니다. 甲申일주는 甲木중에서 스스로 최고라는 기질을 내면에 숨겨 두고 있어 乙木처럼 보이기도 합니다.

6. 甲戌

甲戌은 차갑고 메마른 땅에서 겨울을 준비하는 나무 혹은 어려운 환경에서 성공하고 싶은 욕심이 강한 아이를 생각해 볼 수 있습니다. 편재성향이 강하여 성취욕과 물욕이 강하면서도 자신의 재능을 과시하고 모든 일을 자신의 뜻대로 추진하려는 심리를 가지고 있습니다. 스케일이 크고 결단력이 있어 사업적인 성향도 강하고 사업수완이 뛰어난 모습을 보입니다. 심리적 안정감이 부족하고 성급한 경향이 있습니다. 지장간 속의 상관견관 상관생재를 참고해야 합니다.

♣ 乙木 의 표면심리는 겁재이며 내면심리는 정재입니다. 乙木은 생동감이 넘치며 실속형으로 환경에 대한 적응력이 뛰어납니다만 이해타산에 민감할 수 있습니다.

7. 乙丑

乙丑은 겨울이지만 환경이 괜찮은 땅에 자라는 잔디, 혹은 풍요롭지만 엄격한 가정에서 살고 있는 여자 어린이를 생각할 수 있습니다.

외형으로 보기에 다소 내성적이고 보수적인 면이 있지만 적응력이 좋으며 그 내면에는 자기 주도적이며 그릇이 커서 리더십이 필요한 직업이나 사업성향을 가지고 있습니다. 丑土는 乙木의 강한 뿌리가 되기 때문에 乙木의 기운은 상당하게 보입니다. 지장간 속의 관인상생을 참고해야 합니다.

8. 乙卯

乙卯는 뿌리가 튼튼한 봄의 잔디 혹은 친구들이 나의 능력을 인정하고 따르는 여자 어린이를 생각할 수 있습니다.

주위 사람들과 붙임성도 있고 소탈한 면도 있지만 고집이 단연 독보적입니다. 주관이 강하고 의지력이 남달라서 어떤 일을 만나도 노력해서 성취하는 끈기를 가지고 있습니다.

9. 乙巳

乙巳는 물이 부족한 땅에서 자라는 잔디 혹은 가난한 집에서 열정은 많아 여러 가지를 해보고 싶은 여자 어린이를 생각할 수 있습니다. 사교적이며 재능이 많고 감정이 풍부하며 말주변이 뛰어납니다. 성격이 급하고 옳고 그름을 잘 따지는 특성이 있어 구설수에 오를 수 있으니 주의를 해야 합니다. 지장간 속의 상관견관을 참고해야 합니다.

10. 乙未

乙未는 메마르고 척박한 땅에서 자라는 잔디 혹은 먹을 것도 제대로 없는 집안에서 손 재능은 있어서 뭔가를 성취하고픈 욕망이 강한 여자 어린이를 생각할 수 있습니다.

감각적이고 섬세한 부분을 표현하는 기능이 발달되어 있습니다. 때때로 충동적이고 즉흥적인 성향을 보입니다.

손재주가 있거나 미각의 발달, 그리고 공간개념의 발달로 설계에 연관된 일에 흥미를 느낍니다.

11. 乙酉

乙酉는 뿌리내리기 힘든 자갈밭에서 연명하는 잔디, 혹은 너무 환경이 안 좋은 고아(孤兒)같은 여자 어린이를 생각할 수 있습니다.

바위 위에 올라 앉은 잔디 같은 형상을 연상하게 됩니다. 즉 주변 상황이 어려운 환경에서 간신히 버티고 있는 끈질긴 생명력을 상징하고 있습니다.

정서불안의 구조로서 스트레스에 민감한 형태로 보입니다. 그러나 원칙을 고수하는 책임감은 강하게 나타납니다.

12. 乙亥

乙亥는 습한 땅이라서 환경이 좋고 뿌리도 깊어 튼튼한 잔디 혹은 좋은 환경에서 여유 있고 자존심이 강한 여자 어린이를 생각해 볼 수 있습니다.

상황판단이 빠르고 균형감이 있으며 은근히 경쟁심이 있어서 생활력이 강하게 보입니다. 대인관계가 좋고 심리적 안정감을 가지고 있는 장점을 가지고 있지만 때로는 내 방식대로를 고집(지장간의 壬水)할 수 있습니다.

〈참고〉 木의 주 활동영역이 亥水에서 辰土까지라고 볼 때 甲子 甲寅 甲辰 乙丑 乙亥 乙卯 일주는 비교적 안정감이 있으나 나머지 일주들은 다소 안정감은 떨어진다는 점을 주목하며 설명되어야 합니다.

♣ 丙火의 표면심리는 식신성분이고 내면심리는 편관성입니다. 丙火 일간의 기본적 특성은 열정적이며 급하고 직선적이며 솔직담백함 그리고 정의감과 사리분별에 민감합니다. 단점으로는 뒷심이 부족한 면이 있습니다.

13. 丙子

사리분별력이 뛰어나며 합리적인 생각이 강합니다. 일지 子水, 癸水 정관이 丙火의 특성을 가로막아 약해진 丙火는 스스로 억압하는 형태가 되고 추진력이 떨어지는 모습을 보일 수 있습니다.

14. 丙寅

강한 丙火에 의해 선이 분명하고 직관에 대한 성분이 매우 활발하게 작용하여 주관이 뚜렷하며 寅木 편인에 의해 자기 확신이 강하므로 소신을 굽히지 않으려는 성향이 매우 강합니다. 탁월한 통찰력을 발휘하고 자신의 재능을 연구하여 강력히 추진하려는 성향이 있습니다. 열정이 넘쳐 다혈질 기운이 강하므로 주변과 마찰에 주의해야 합니다.

15. 丙辰

한 가지 일에 몰두하여 자신의 재능을 발휘하여 깊이 있는 창의성과 탐구심으로 이름이 높아지는 학자적 구조(지장간의 관인상생)를 가지고 있습니다. 항상 꾸준히 노력하려는 심리가 강하게 작용합니다.

16. 丙午

의협심과 옳고 그름이 분명한 독불장군(천하의 병오일주라고 함, 열정 그 자체)적 성향이 아주 강합니다. 고집과 자존심이 정말 강해서 누구도 막을 수 없을 것 같지만, 극한상황에서는 겁재에 의해 타협을 취하는 성향이 있으며 타인을 배려하는 마음이 있습니다. 열정과 강한 추진력을 가지고 있으나 때때로 뒷심이 부족하여 용두사미의 결과를 가져오기도 합니다.

17. 丙申

소신이 강하고 즉흥적인 순발력과 수완 그리고 의욕은 강하고 편재에 의한 자기 주도적 특성으로 자신의 의지를 밀고 나가는 성향이 강하지만 편재속의 편관에 의해 의외로 극단상황까지 가지는 않고 스스로의 자제력을 발휘합니다. 그로 인한 심리적 갈등이 있습니다.

18. 丙戌

식신으로 열정과 고집스럽게 자신의 생각을 밀고 나가는 작용이 강하여 탐구 연구력이 강하게 작용합니다.

식신 속의 정재의 특성으로 때때로 집요한 면과 현실적인 이익에 치중할 수 있습니다.

♣ 丁火의 표면심리는 상관성이며 내면심리는 정관성입니다. 丁火의 기본적인 특성은 따뜻하고 항상 남을 먼저 배려하며 자신을 희생하는 사람입니다. 그러나 건드리면 폭발합니다.

19. 丁丑

따뜻한 성품으로 자신의 감정이나 능력을 표현하는 기능이 탁월합니다. 식신속의 편재 편관의 성분으로 주어진 여건에 충실한 느낌을 주는 식신으로 보입니다. 전체 명식이 신약한 형태면 억압의 부작용으로 작용하는 식신으로 볼 수도 있습니다.

20. 丁卯

일지의 묘목 편인으로 강하고 배타적 성향이지만 강한 통찰력을 가지고 있어 예지력이 발달되어 있습니다. 항상 남을 위해 배려하는 따뜻함을 가지지만 자신의 신념에 고집을 세울 수도 있습니다. 그리고 뛰어난 통찰력으로 예능적 특성이 강하지만 염세적인 성향을 보일 수 있습니다.

21. 丁巳

내면에 주체성이 강하고 스스로의 기운을 발산하려는 욕구와 경쟁심리가 강하게 나타납니다. 추진력은 강하지만 음양의 공존으로 인한 갈등구조로서 사소한일에 스스로 얽매여 갈등하거나 소심해져서 내면적 상처를 입을 수 있습니다.

22. 丁未

남을 배려하고 차분하며 궁리하고 연구하는 성향으로 보입니다. 예의가 바른 사람이라서 윗사람에게 인정받는 형입니다. 자신의 생각이 옳다고 생각하면 소신을 지키려는 면이 강합니다.

23. 丁酉

자기주도형으로 자신의 의지대로 살려고 하는 신념과 기질이 강하며 공간개념이 발달되어 기술자적인 특성과 사업구상이나 사업을 추진하는 능력이 탁월합니다.

24. 丁亥

 자신의 감정을 절제하고 자신보다 남을 배려하는 성분이 더 강하여 대인관계에서 주변으로부터 칭찬을 받지만 명분을 생각하고 소신을 꺾이지 않으려 하다 보니 소심한 면이 생겨 어떤 일을 대범하게 밀어 붙이는 힘이 약합니다. 상황 판단이 빠르고 항상 합리적으로 일처리 하므로 직장생활에서는 인정을 받습니다.

〈참고〉 火의 주 활동영역이 寅木에서 未土까지이므로 丙寅 丙辰 丙午 丁卯 丁巳 丁未 일주는 안정감이 있다고 하겠습니다.

♣ 戊土의 표면심리는 편재이며 내면심리는 편인입니다. 戊土 일간의 기본적 특성은 무던하고 변함없으며 신뢰성과 희생정신이 있지만 융통성이 부족해 보입니다.

25. 戊子

 戊土의 의연함과 중후함이 정재암합으로 인해 의지력이 물질에 대한 한 방향으로 집중되어 재물에 집착할 수 있으나 현실적이고 치밀한 면이 있어 재화의 운용 능력이 발달한 긍정적인 면도 있습니다.

26. 戊寅

 지지 편관과 지장간의 편인으로 자신의 틀이 강하고 명분을 중시하며 스스로 옳다고 생각하면 내면의 자존심을 꺾이지 않으려는 특성이 나타납니다. 순수한 마음이지만 융통성이 부족하고 자기 고집이 강하게 나타납니다. 기운이 강하면 리더십이 발달하게 됩니다.

27. 戊辰

주관이 강하고 책임감을 가지고 있지만 사소한 일에 얽매이는 경향이 있어서 고집스러운 가운데서도 다소 우유부단한 성향으로 나타납니다. 사업적인 면보다는 주어진 일에 충실한 관리형에서 능력을 발휘합니다.

28. 戊午

무던하고 성실한 戊土가 지지의 午火를 만나 정이 많아 남을 배려하고 상황판단이 빨라서 모범적인 생활을 하는 구조라고 하겠습니다. 자신의 소신을 꾸준히 밀고나가는 근면하고 성실한 사람으로 보입니다. 그러나 다소 개성이 부족하고 남의 말에 쉽게 현혹당할 수 있는 면도 있습니다.

29. 戊申

일지 경금 식신과 지장간의 임수편재로 집중력이 강하고 연구 탐구력이 있으면서도 여유를 즐길 수 있는 구조입니다. 그러나 때때로 투기성이 있어서 사업적인 면에 집중할 수 있는 구조입니다.

30. 戊戌

지지 술토의 비견이 우직하고 이타적인 따뜻한 성품에 강력한 주체성을 발휘하며 도전적이고 날카로운 카리스마와 임기응변을 가지고 있어서 리더로서 적성을 보입니다.

♣ 己土의 표면심리는 정재이며 내면심리는 정인입니다. 己土 일간의 기본적 특성은 성실하고 속이 깊으며 측은지심이 있어 불쌍한 사람을 도우려는 사람입니다만 개성이 부족하기도 합니다.

31. 己丑
주관이 뚜렷하고 수용력과 타인에게 베푸는 심성이면서 지장간의 식신 편재의 영향으로 손 재능과 여유로움을 가지고 있습니다. 기운이 약하여 주어진 업무를 연구하는 일에 적당합니다.

32. 己卯
편관의 특성은, 원국이 신약일 때는 자신을 억압하는 형태로 나타나서 스트레스, 불안의 심리가 나타나며, 신강일 때는 일관성 있게 자신의 맡은바 일을 충실하게 수행하는 성분으로 나타납니다. 己土의 희생적 특성에 관성의 책임감이 있어 이타적인 의무감이 강합니다.

33. 己巳
상황판단이 빠르며 측은지심이 있고 정을 베풀려는 심리가 강하나 자신의 주장을 굽히지 않으려는 성향도 있습니다. 자신이 옳다고 믿는 부분만 받아들이려는 특성이 있어서 까칠해 보일 수 있습니다.

34. 己未

未土 속의 丁火와 乙木의 관인상생으로 정이 많고 남을 배려하고 명분을 중시하는 선비같이 꼿꼿한 심리구조입니다. 성실하고 자신의 주관이 뚜렷하여 교사나 공무원 사회복지사업에 어울리는 구조라고 하겠습니다.

그러나 내면에 숨겨져 있는 강한 고집으로 가끔 주변사람을 당황스럽게 할 수도 있습니다.

35. 己酉

酉金 식신은 자신에게 주어진 업무에 대한 집중력이 대단히 강한 구조이며 포기하지 않고 계획대로 단순하게 일을 추진하기 때문에 전문직으로 성공할 수 있습니다.

한 분야에 최고가 될 수 있는 가능성이 높습니다.

참고로, 일지에 子午卯酉가 있는 사람은 목적이 뚜렷하고 단순한 경향이 있고, 일지에 辰戌丑未가 있는 사람은 심리구조도 복잡합니다.

36. 己亥

현실적이며 합리적인 성품과 균형 감각이 있으며 치밀하고 빈틈 없는 심리구조로서 자신에게 주어진 업무를 무리 없이 진행하는 전형적인 업무 스타일로 볼 수 있습니다.

〈참고〉庚金의 표면심리는 편관성이며 내면심리는 비견입니다.

庚金 일간의 기본적 특성은 강직하고 소신과 의리가 있으며 이성적 심리구조를 가지고 있으나 유연성이 부족한 점도 고려해야 합니다.

♣ 庚金의 표면심리는 편관성이며 내면심리는 비견입니다.

庚金 일간의 기본적 특성은 강직하고 소신과 의리가 있으며 이성적 심리구조를 가지고 있으나 유연성이 부족한 점도 고려해야 합니다.

37. 庚子

외형적으로는 고집스럽고 무뚝뚝한 기운이 엿보이지만 내면적으로는 자신의 기운을 발산하려는 심리와 임기응변이 강합니다. 이성적이지만 변화를 추구하는 성향을 보입니다. 재치가 있고 언변이 수려하여 사교적이며 타인을 설득하는 능력을 가지고 있습니다.

38. 庚寅

주관이 뚜렷하고 원칙주의자로서 배포가 있어 그릇이 크다고 하겠습니다. 자신의 의지대로 일을 밀고 나가려는 성향이 너무 강할 수도 있습니다.

자신이 최고라는 의식이 강하여 약한 모습을 보이지 않으려는 허세를 부리는 성향이 있지만 일간의 근이 있고 운이 받쳐 준다면 리더로서 큰 일을 할 수도 있습니다.

39. 庚辰

통찰력이 발달되어 있어 자신의 판단력을 과신할 수도 있습니다. 강한 보수주의자로 나타납니다만 때때로 현실의 벽에 부딪히게 되며 내면적으로 소유욕이 있습니다. 진토 편인속의 상관정재의 특성으로 이상과 현실과의 사이에서 갈등과 고민하는 모습을 보이게 됩니다.

40. 庚午

주관이 뚜렷하고 이성적이며 합리적인 성품으로 전형적인 관료적인 성향으로 나타납니다. 스스로의 통제력을 갖추고 있고 남을 배려하는 마음이 있어서 강한 외형과는 달리 따뜻한 마음을 보여 줍니다. 단지 소신을 밀어 붙이는 면이 부족하여 행동의 일관성이 떨어지기도 합니다.

41. 庚申

주체성이 아주 강해서 냉철하고 고집스럽다는 표현이 알맞습니다. 또한 한 방면으로 몰두해서 파고드는 성분이 있으며 추진력이 강합니다. 구조가 온기가 부족하고 차가운 기운으로만 형성되어 화기가 필요합니다. 관성의 적당한 제어가 있으면 배짱과 뚝심이 필요한 직업에서 능력을 발휘할 수 있습니다.

42. 庚戌

소신이 뚜렷한 원칙주의자로서 강한 통찰력을 갖추었으니 고집스럽게 보일 수 있으며 경쟁심도 있어 보입니다.

안정감이 있지만 가끔씩 잡념과 공상에 빠지거나 스스로 외로움에 젖어 무겁게 보일 수도 있습니다.

♣ 辛金의 표면심리는 정관성이고 내면심리는 겁재의 성분입니다. 辛金 일간의 기본적 특성은 야무지고 샤프한 폼생폼사 형입니다. 경쟁심이 강하고 은근히 자신을 알아주기 원하는 구조인데 강박관념이 있을 수 있습니다.

43. 辛丑

아주 냉정한 심리구조입니다. 일단 의문을 품으면 끝까지 파헤쳐서 해답을 얻고야 마는 성격입니다. 그러나 자신의 세계에 빠지게 되어 대인관계가 좁을 수 있고 사고의 폭이 한계에 있을 수 있습니다.

44. 辛卯

경쟁심이 강하며 공간개념이 발달되어 있습니다. 그리고 안정감이 다소 약한 심리구조로서 충동적인 사고와 강박관념이 보일 수 있습니다. 재물에 대한 과잉욕구로 투기성 사업을 할 수 있으나 운을 살펴야합니다.

45. 辛巳

경쟁심리가 작용하고 있지만 합리적이고 순수한 면이 있어서 공무원이나 교사 혹은 기업체 등에서 자신의 업무를 수행하는데 적합한 구조입니다. 조급한 심리가 나타나고 있는 점을 살펴야합니다.

46. 辛未

편인과 편인속의 편관으로 강박관념이 있지만 남을 배려하는 마음이 있습니다. 선비처럼 명분을 중요하게 생각하는 꼿꼿함을 가지고 있습니다.

47. 辛酉

겁재성향의 비견으로 인해 일등고집으로 자신의 주관대로 일 처리를 합니다. 남의 조언을 무시하고 대책 없는 고집으로 인식 될 수도 있습니다. 자신의 중심이 아주 강한 냉정한 사람입니다. 강한 소신은 강박관념으로 나타나서 어떤 일이든 몸을 돌보지 않고 몰입할 수 있으므로 건강을 살펴야합니다.

48. 辛亥

겁재가 상관을 봤으니 멋쟁이로 폼생폼사라고 하겠습니다. 변화를 원하지만 변덕스럽지는 않는 것은 상관이 임수이기 때문입니다.

자신에 대해서 남들이 어떻게 생각하는지에 대해서 신경을 쓰게 됩니다. 남들에게 자신을 나타내기 위해서 외적인면에 신경을 많이 쓰게 됩니다. 신약하면 자신의 능력을 과대평가하기도 합니다.

재능이 있고 논리 정연한 언변의 소유자로서 자신의 능력을 하나하나 펼쳐가는 형입니다.

♣ 壬水는 표면적으로 편인의 성분을 갖고 있지만 내면심리인 식신의 성분을 가지고 있습니다. 壬水 일간의 기본적 특성은 유연하고 대범하며 이성적이고 지혜롭지만 일방통행적 사고와 행동을 하는 성향도 있습니다.

49. 壬子

주체성이 강해서 고집으로 보이는데 성격에 유연성이 있어서 쉽게 고집을 알아차리기 어렵습니다. 그릇이 크고 포용력이 있지만 일방통행적인 사고와 행동이 강한 면을 가지고 있습니다.

지지 계수 겁재의 특성은 타협을 하여 환경에 친화력이 좋고 경쟁심까지 갖추고 있습니다.

50. 壬寅

임수의 소신과 식신의 탐구력을 바탕으로 한 학자적인 심리구조라고 합니다. 실제로 판단력과 탐구력 그리고 결과를 도출하는 능력과 여유로움을 갖추고 있어 전반적인 분야에서 능력을 발휘할 수 있는 구조입니다. 창의성이 돋보이는 구조이기도 합니다.

51. 壬辰

외형적으로는 편관으로 인해 책임감과 원칙주의적인 사고로 억압적인 심리가 있지만 지장간의 을목 상관에 의하여 내면에 도전적이고 변화를 원하는 심리구조를 가지고 있습니다.

52. 壬午

유연하고 재치 있는 특성을 가지고 있습니다. 丁壬合 특히 정재 합으로서 水氣와 火氣의 조화를 이루므로 섬세하고 현실적인 감각으로 업무처리를 잘 하는 구조로 보입니다. 때로는 소유욕과 재물욕으로 나타나게 되어 스스로 갈등을 하는 면두 있습니다.

53. 壬申

차갑고 냉정한 성향을 보이는 것은 강한 편인의 성분으로 너무 한 방향으로 치우친 구조를 이루고 있어서 부정적인 사고방식을 가질 수 있고 자신의 세계에 빠질 수 있지만 뛰어난 통찰력과 이지적인 사고력을 가지고 있습니다.

54. 壬戌

강한 편관의 작용으로 억압받는 심리구조이지만 내면에 이해력이나 상황인식을 꼼꼼하게 판단할 수 있지만 명분을 중요시하기 때문에 고집스러운 면이 강하게 나타납니다.

♣ 癸水의 표면심리는 정인이고 내면심리는 상관의 성분입니다. 癸水 일간의 기본적 특성은 명랑 사교형으로 응집력이 있어 대인관계가 좋습니다만 속내를 잘 알 수 없기도 합니다.

55. 癸丑

편관의 작용이 원활하지 못해서 일간의 뜻대로 밀고 나가는데 무리가 없어 보입니다. 명분을 중시하는 선비 같은 모습이 있어서 조직생활이나 공무원 등에서 자신의 능력을 펼쳐 나갈 수 있습니다.

56. 癸卯

사교적이고 창의성과 재능이 많아 자신의 능력을 발휘할 수 있는 구조입니다. 집중력이 대단히 강하여 자신에게 필요한 부분에서는 집요한 모습을 보이는데 자칫하면 너무 한 곳에 빠져서 외골수가 될 수도 있습니다.

57. 癸巳

계수가 품고 있는 상관 성분이 정재를 본 형태라서 소유욕이 있지만 병화 정재는 정밀하고 시시비비를 분명하게 가려야 하며 특히 한 포인트에 정확한 특성을 가지고 있습니다. 그리고 조급하고 안정감이 부족한 심리가 항상 따라 다닙니다.

58. 癸未

순간적 판단이 빠르고 재주는 많으나 강한 편관의 통제를 받아서 뜻을 펼치기가 쉽지 않아 갑갑해 보이는 구조입니다. 주어진 일에 최선을 다하며 내면에 자신의 재능을 응용하는 노력을 하는 구조입니다.

59. 癸酉

일간이 가지고 있는 상관성분이 강하게 표현 될 수 있으며 강한 편인의 작용으로 통찰력이 뛰어나 판단력이 돋보이는 구조입니다. 그러나 대범한 면이 부족하고 자기 확신에 너무 몰입하는 경향이 있습니다.

60. 癸亥

총명하지만 고집이 세게 보입니다.

일지가 임수 겁재의 영향으로 자신의 뜻대로 살려고 하는 심리구조가 있어서 일이 잘 안 풀리면 방황하게 되며 자신의 속내를 잘 드러내지 않는 특성도 있습니다.

공부의 POINT

◆ 일주의 심리와 지지3합의 접목

일주의 심리는 일간을 기준으로 일지의 오행적 특성과 십성적 특성을 적절하게 활용하며 분석하면 되는데 이때 일간이 일지에 대한 힘의 역학관계를 살필 때 지지3합은 아주 유용합니다. 즉 甲木 일간일 경우 木의 영역은 亥卯未가 되는데 이 木局이란 亥子丑寅卯辰巳午未를 의미하는데 亥水부터 辰土까지를 활용할 수 있는 영역으로 합니다. 그러므로 甲子 甲寅 甲辰 일주는 일간이 안정감을 가질 수 있으며 甲午 甲申 甲戌은 안정감이 떨어진다고 느끼면서 분석하시면 좋을 것입니다. 다른 일주의 심리도 이에 따른 원리를 적용하십시오.

◆ 일간의 표면심리와 내면심리

일간의 특성을 설명할 때 일간의 심리구조를 표면심리와 내면심리로 구분해서 살펴보면 좀 더 정확한 관찰을 할 수가 있습니다.

그리고 좀 더 확장해서 본다면 일간을 제외한 다른 십성의 특성을 볼 때에도 적용을 하면 상당히 유용한 자료가 될 것입니다.

▷ 표면심리

甲木 이라는 기준점을 두고 일간을 보았을 때를 말합니다. 甲木을 기준점으로 두는 이유는 木이 양의 출발과 더불어 자신의 기운을

밖으로 드러내기 시작하는 의미를 가지는데 甲木은 양으로서 외향을 상징하기 때문입니다. 다른 의미로 찾아본다면 甲木은 유년기 아이와 같아서 자신의 속내를 있는 그대로 표현하기 때문입니다.

즉, 甲木을 기준으로 甲木 일간은 비견이 되고 乙木 일간은 겁재가 됩니다. 丙火 일간은 식신이 되고 丁火 일간은 상관이 됩니다. 다른 일간들도 이와 같이 보면 됩니다.

▷내면심리

庚金이라는 기준점을 두고 일간을 보았을 때를 말합니다.

즉, 甲木 일간은 庚金을 기준으로 편재가 되며 乙木 일간은 정재가 됩니다. 丙火 일간은 편관이 되며 丁火 일간은 정관이 됩니다. 다른 일간들도 이와 같이 보면 됩니다.

庚金을 내면심리의 기준으로 보는 이유는 甲木이 감정형으로 매사 표현에 적극적이라면 이성형으로서 庚金은 甲木과 대칭점에 있기 때문입니다.

▷활용

양일간인 甲木 丙火 戊土 庚金 壬水는 표면심리 구조가 강하게 나타나고, 음일간인 乙木 丁火 己土 辛金 癸水 는 내면심리가 강하게 나타나게 된다는 점을 숙지해서 활용하면 좋을 것입니다.

공부의 POINT

◆ 월지와 일지의 해석 방법

일지와 월지는 궁합에서도 중요하지만 일간의 대외적 성향을 알 수도 있으며 일간의 힘을 알 수 있으므로 많은 생각을 해야 합니다. 일지가 식상이면 스스로에게 적극적이며 월지가 식상이면 대외적인 면에서 적극적입니다. 일지가 재성이면 스스로 하는 일에 자기 주도적이며 월지가 재성이면 대외적인 일에서 자기 주도적입니다. 일지가 관성이면 스스로를 다스리는 힘이 있으며 월지가 관성이면 대외적인 책임감이 강하게 나타납니다. 일지가 인성이면 내면적 자신감은 있지만 의존적이며 월지가 인성이면 환경에 적응하고 인내심이 있으나 대외적으로 소극적입니다. 일지가 비겁이면 자신감과 강한 추진력이 있으며 월지가 비겁이면 대외적으로 동료와 협력해서 일을 추진하려는 성향이 강합니다. 예를 들어 일지가 식상이고 월지가 인성이면 스스로 하는 일은 열정적이나 대외적인 일은 소극적 수동적 성향을 보이는 사람이라고 보면 되겠지요.

일지는 일간에게 직접 힘과 성향을 나타내는 자리이기 때문에 일지에 비겁이 있으면 어떤 일이든지 순간적인 추진력을 발휘하며 자신감이 넘치는 모습이고 월지는 전체의 십성들에게 환경적인 작용을 해서 일간이 그 결과를 받아 들이는 관계이므로 월지가 비겁이면 오랫동안 지치지 않고 일을 추진하는 모습으로 나타난다고 보면 되겠습니다.

◈ 일간을 중심으로 십성을 해석하는 방법

앞에서 일주의 심리를 설명하였습니다. 일주의 심리는 일간이 앉은 자리라고 불리는 일지의 특성을 전제로 일간과의 관계를 십성과 오행의 특성으로 설명하였습니다. 그리고 지지론에서 월(계절)의 특성과 일간과의 연계성을 설명하였습니다.

본 주제에서는 일지와 월지를 제외한 나머지 십성과의 관계를 연결해서 해석하는 방법을 설명합니다. 해석방법을 천간 중심으로 설명하였는데(예 : 천간의 辛) 지지는 지장의 본기(酉金 중의 辛)로 해석을 하면 되고 천간의 특성과 지지의 특성을 참고로 이해하면 됩니다.

이 십성의 활용 부분을 원리 중심으로 사고를 하며 공부하면 심리분석의 실력이 도약하는 기쁨을 누릴 수 있습니다.

▶십성의 활용 – 식신

식신은 어떤 일이던지 꾸준하게 반복하고 싫증 내지 않는 연구 탐구형 이지요.

甲木이 식신이면 일간이 壬水인데 차분한 壬水에 甲木의 식신이면 창의성과 역동성도 느끼고 밝은 모습을 보이게 됩니다. 집요한 식신이라기보다 매사에 자신감과 호탕함도 보이며 새로운 일에 호기심을 가지고 연구하는 형이겠지요. 순수함도 있고요.

乙木이 식신이면 일간은 癸水인데 癸水의 명랑 사교적이지만 얌전하고 소극적인 모습에 乙木의 현실감이 식신에 접목이 되어 주어진 일이나 관심분야에 남모르는 노력을 하여 목표를 달성하고야 마는 집중력을 보이겠지요.

丙火가 식신이면 일간은 甲木인데 甲木의 자신감과 창의성이 丙火의 순간 집중력이 접목되면 단기간에 아이디어를 내거나 학습효과를 올릴 수 있습니다.

丁火가 식신이면 일간은 乙木인데 乙木의 실속형과 현실감이 정화의 재치와 열정이 접목되어 자신이 해야 할 목표를 향해 열정을 쏟아 붓는 식신이 됩니다.

戊土가 식신이면 일간은 丙火인데 丙火의 열정이 戊土의 변함없는 묵묵함과 접목되어 뒷심 부족한 丙火이지만 한 곳에서 주어진 일에 푹 빠져 들 수 있습니다.

己土가 식신이면 일간은 丁火로서 丁火의 따뜻하고 밝은 성격에 己土의 측은지심과 현실감이 접목되면 자신과 타인을 함께 이롭게 하는 모습으로 어떤 일이든 싫증내지 않는 식신이 되겠습니다.

庚金이 식신이면 일간은 戊土로서 戊土의 우직하고 듬직한 모습이 庚金의 강하고 초지일관의 기세가 접목하여 어떠한 어려움이 있어도 포기하지 않고 언젠가는 이루고 마는 식신의 모습이 됩니다.

辛金이 식신이면 일간은 己土로서 己土의 성실함과 辛金의 강인함과 경쟁심이 결합하여 어떤 일에 집요한 집중력을 발휘하여 경쟁에서 이기고 마는 식신의 모습을 보입니다.

壬水가 식신이면 일간은 庚金으로서 庚金의 강한 자신감과 壬水의 대범함과 일방통행 적 기운이 접목하여 주변 환경이 어떤 경우가 되어도 자신이 가야 할 길을 차분하게 밀고 나가는 식신의 모습으로 나타납니다.

癸水가 식신이면 일간은 辛金이 되는데 辛金의 단호하고 은근한 자신감이 癸水의 사교적이지만 어디든 파고드는 기질이 접목하여 소극적이고 야심이 없어 보이지만 내면에는 자신의 목표를 향해 무서운 집념을 보이는 식신으로 보입니다.

▶십성의 활용 – 상관

상관은 자신의 재능이나 감정을 밖으로 적극적으로 표현하는 성분입니다. 그러므로 머리회전이 빠르고 언변이 논리적이지만 성급하고 도전적 특성으로 인해 지나친 승부욕이 발동하여 주변과의 마찰이 생길 수도 있습니다.

甲木이 상관이면 일간은 癸水인데 癸水의 사교성과 친화력에 甲木의 창의성과 결합하여 총명하고 적극적이지만 자신의 재능을 과신하는 경향이 있으며 거침없는 말투 때문에 주변사람을 자극할 수 있습니다.

乙木이 상관이면 일간은 壬水인데 壬水의 이성적이고 일방통행적 특성이 乙木의 적응력과 실속적인 면이 결합하여 주변과 다툼보다 자신의 목표를 향해 현실적 이익이 되는 방향으로 승부수를 생각하는 특성으로 보일 수도 있습니다.

丙火가 상관이면 일간은 乙木인데 乙木의 생동감과 적응력이 丙火의 열정과 사리분별력이 결합하여 주변과 친화적인 환경을 만들기 위해 신중하고 자신의 표정을 밝게 하고 자신의 생각을 적극적으로 표현하지만 옳고 그름을 따지는 성향으로 사소한 충돌이 발생할 수 있습니다.

丁火가 상관이면 일간이 甲木인데 甲木의 적극적이고 자신감 있는 행동양식에 결합하는 丁火의 소극적인 자기표현방식이 타인을 위한 배려로 나타나지만 甲木을 꺾으려는 주변의 도전에 대하여는 강력하게 저항을 하므로 주변사람이 적과 우군으로 양분되는 경우가 있습니다.

戊土가 상관이면 일간은 丁火인데 丁火의 배려심이 戊土의 무던하고 희생적인 특성과 결합하여 남을 배려하고 자신의 희생과 중립적인 성향은 주변을 위한 유머와 재치로 나타납니다.

己土가 상관이면 일간은 丙火인데 丙火의 열정과 직선적인 특성이 己土의 현실적이지만 속정이 깊은 성향이 결합하여 겉보기는 표현이 분명하고 까칠해 보이지만 약자를 배려하고 상관의 변화무쌍함 보다는 소유욕과 승부욕이 강합니다.

庚金이 상관이면 일간은 己土인데 己土의 성실하고 현실적인 특성이 庚金의 강직하고 냉철한 성향과 결합하여 자신의 의지를 분명하게 표시하고 자신의 말에 대한 자존심으로 인해 너무 강한 표현으로 상대에게 무시한다는 느낌을 줄 수 있습니다.

辛金이 상관이면 일간은 戊土 인데 戊土의 우직하고 신뢰할 수 있는 모습이 辛金의 단호하고 냉정한 성향과 결합하여 평소 무던한 모습에서 의외로 상대방에게 상처를 줄 수도 있는 도발적인 강한 멧세지를 던지는 경우가 있습니다.

壬水가 상관이면 일간이 辛金인데 辛金의 차갑고 내면의 은근한 자신감이 壬水의 균형감과 일방통행적 성향과 결합하여 자신의 의지를 부드럽지만 일방적으로 상대에게 전달하려는 모습을 보여 너무 냉정해 보일 수 있는데 식신으로 보이기도 합니다.

癸水가 상관이면 일간이 庚金인데 庚金의 강직하고 자신감 넘치는 기백과 癸水의 사교적이고 붙임성 좋은 특성이 결합하여 강하고 소신 있는 외형적 기운과는 달리 상대를 설득하는 부드럽지만 포기하지 않는 역량을 가진 재치를 보여 주기도 합니다.

▶십성의 활용 – 편재

편재는 숲을 보는 시각 즉, 공간과 전체를 보는 특성 그리고 즉흥성과 목표 지향적이고 자기 주도적 성격을 나타냅니다.

甲木이 편재이면 일간은 庚金인데 庚金의 강직하고 소신 있는 모습이 甲木편재의 최고기질과 상향지기가 더해져서 자신감에 의한 자기 주도적 성향과 자신을 과시하려고 무리한 추진을 할 수 있습니다.

乙木이 편재이면 일간은 辛金인데 辛金의 내성적이지만 은근한 자신감이 乙木편재를 만나면 편재이지만 공간개념과 소유욕으로 자신이 유리한 방향으로 이끌어 가려는 성향을 보이게 됩니다.

丙火가 편재이면 일간은 壬水인데 壬水의 이성적 균형 감각이 丙火편재의 공간 활용개념과 만나서 신속한 판단력은 있지만 병화의 열정 탓에 壬水의 차분함이 떨어지기도 합니다.

丁火가 편재이면 일간은 癸水인데 癸水의 친화력과 응집력이 丁火편재의 열기에 의해 덜렁대거나 상대를 압도하는 재치와 유머로 나타날 수 있습니다.

戊土가 편재이면 일간은 甲木인데 甲木의 미래지향적 1등 기질이

戊土편재의 공간개념을 만나므로 리더십과 원대한 목표 지향적 편재로 나타날 수 있습니다.

己土가 편재이면 일간은 乙木인데 乙木의 실속형과 적응력이 己土편재의 현실감과 결합하여 현재의 상황을 파악하는 공간감각과 조직생활과 대인관계가 좋습니다.

庚金이 편재이면 일간이 丙火인데 丙火의 열정과 의협심 그리고 사리분별력이 庚金편재의 강직함과 결합하면 조직생활에서 리더십과 일단 한 번 결정한 부분은 강하게 밀어 붙이는 강한 결단력으로 나타납니다.

辛金이 편재이면 일간이 丁火인데 丁火의 합리적이고 열정과 배려의 특성이 辛金편재를 만나면 강한 자기 확신으로 경쟁상대를 압도하거나 자신의 의지를 굽히지 않으려는 성향으로 나타납니다.

壬水가 편재이면 일간은 戊土인데 戊土의 신뢰성과 우직함이 壬水편재의 균형적 감각과 일방 통행적 성향으로 자신의 의지를 꾸준하고 천천히 펼쳐나가는 성향과 중재역할을 하는 리더십으로 나타납니다.

癸水가 편재이면 일간은 己土인데 己土는 성실함과 현실감각이 있고 癸水편재는 상황분석력이 좋아서 재무관리에 능한 특성이 있습니다.

▶십성의 활용 – 정재

정재는 현실성과 정밀성 그리고 소유욕으로 이해하면 됩니다.

甲木이 정재이면 일간은 辛金인데 辛金의 경쟁심과 내면적인 자부심이 甲木정재의 창의성과 편재기운이 결합하면 재화의 활용능력과 아이디어가 있고 소유욕이 강합니다.

乙木이 정재이면 일간이 庚金인데 庚金의 자신감과 냉철함이 乙木정재의 현실감과 실속적인 면이 결합하면 스스로 우월감과 그릇이 크고 과감한 추진력을 가진 庚金이 乙木의 영향으로 이상과 현실사이에 갈등하는 구조가 되어 의외로 소유욕이 강합니다.

丙火가 정재이면 일간이 癸水인데 癸水의 응집력과 환경적응력이 丙火정재의 직선적이고 빠르고 급한 성분이 결합하여 일처리를 정확하고 분명하게 하며 한 포인트에 정밀하게 집중하는 능력이 탁월합니다.

丁火가 정재이면 일간이 壬水인데 壬水의 이성적이고 균형감이 丁火정재의 상관성분과 결합하여 타인을 배려하는 정은 있지만 소유욕이 강합니다.

戊土가 정재이면 일간은 乙木인데 乙木의 순박하지만 실속과 적응력이 戊土의 신뢰와 우직함이 결합하여 현실에 충실하고 공평무사한 일처리를 합니다.

己土가 정재이면 일간은 甲木인데 甲木의 주체성과 활동력이 己土정재의 현실감과 희생적 성향이 결합하면 소유욕이 강하지만 심성이 부드러운 甲木과 己土의 측은지심으로 인해 손해를 보는 경우도 있습니다.

庚金이 정재이면 일간은 丁火인데 丁火의 배려심이 庚金정재의 냉철함과 단호함이 결합하여 어떤 일을 마무리하고 정리하는 능력을 가지고 있습니다.

辛金이 정재이면 일간은 丙火인데 丙火의 사리 분명함과 직선적인 면이 辛金정재의 강인하고 냉정한 판단력과 경쟁심이 결합하여 정확하고 빈틈없는 모습을 가지고 있으며 결과에 집착하는 성향도 있습니다.

壬水가 정재이면 일간은 己土인데 己土의 현실감과 성실함이 壬水정재의 균형감과 목표지향의 집중력이 결합하여 현실감과 이성적인 감각을 갖추고 세밀한 부분을 살피는 능력을 가지고 있습니다.

癸水가 정재이면 일간은 戊土인데 戊土의 신뢰성과 공평무사함이 癸水정재의 응집력과 결합하면 말없이 묵묵하게 주어진 일을 빈틈없이 완수하는 성향이지만 너무 사소한 것에 매달리는 경우도 있습니다.

▶십성의 활용 – 편관

편관은 원칙주의적 통제기능 입니다. 강한 억압심리와 그로 인해 주변에 자신을 노출시키지 않으려는 특성으로 스스로를 울타리 안에 묶어 두려는 성향으로 나타나게 되어 일간을 고집스럽게 보이게 하지만 어려운 환경을 버텨내는 인내심의 십성입니다.

甲木이 편관이면 일간은 戊土인데 戊土의 무던하고 변함없는 모습에 甲木편관이 작용하면 마치 어린 애가 고집을 부리는 듯해서 무토가 순수하지만 자기중심적으로 되기도 합니다.

乙木이 편관이면 일간은 己土인데 己土의 성실함에 乙木편관의 실속적이고 환경적응력의 모습이 결합하면 자신이 필요한 부분을 힘들더라도 참고 버티는 인내심의 모습으로 나타납니다.

丙火가 편관이면 일간이 庚金인데 庚金의 소신과 강직함이 丙火 편관의 직선적이고 사리분명한 성분이 결합하여 자신이 옳다고 믿는 부분에 대해서 결코 굽히지 않으려는 성향으로 나타납니다.

丁火가 편관이면 일간은 辛金인데 신금의 냉정하고 단호함이 丁火편관의 따뜻하고 배려하지만 강한 저항력과 결합하여 자신을 통제하려는 주변의 자극에 대하여 굽히지 않고 강한 반발을 하는 모습으로 나타납니다.

戊土가 편관이면 일간이 壬水인데 壬水의 유연하고 균형감 있지만 자기의 소신을 잃지 않으려는 성향에 戊土편관의 우직한 모습이 결합하여 사소한 것에 연연하지 않는 대범한 특성입니다.

己土가 편관이면 일간이 癸水인데 癸水의 응집력과 주변 환경에 동화되는 특성이 己土편관의 성실하고 현실적인 면과 결합하여 자신이 해야 할 일에 충실하고 본분을 지키려는 모습으로 나타납니다.

庚金이 편관이면 일간이 甲木인데 甲木의 1등 기질을 가진 미래지향적이고 순수하지만 여린 기질의 특성이 庚金편관의 강한 소신의 기운과 결합하여 甲木의 여린 모습이 庚金을 활용하여 강한 모습으로 비치며 자신의 고집을 꺾이지 않으려고 안간힘을 쓰는 모습으로 나타납니다.

辛金이 편관이면 일간이 乙木인데 乙木의 실속적이고 생명에 대한 애착(적응력)이 辛金편관의 냉정하고 날카로움이 결합하여 주어진 일에 순응하며 자신의 소신을 온전하게 지키려는 강박관념이 나타납니다.

壬水가 편관이면 일간이 丙火인데 丙火의 직선적이고 사리분별력이 壬水편관의 균형감과 일방통행적인 특성과 결합하여 자신이 옳다고 믿는 부분에 대하여 결코 타협하지 않고 지켜나가려는 완고한 고집으로 나타납니다.

癸水가 편관이면 일간은 丁火인데 丁火의 배려심과 폭발력이 癸水편관의 강한 응집력과 결합하여 남을 위해 배려하는 丁火가 스스로를 절제하고 인내하는 심리가 강하게 나타납니다.

▶십성의 활용 – 정관

정관은 합리적 통제기능으로 명예와 관련된 일들을 의미합니다. 명식에 정관이 있으면 스스로의 감정을 잘 조절하며 매사를 공평무사하게 처리하고 어려운 일을 만나도 슬기롭게 대처하는 특성이 되기도 합니다.

甲木이 정관이면 일간은 己土인데 己土의 현실적이고 성실함이 甲木의 창의성, 편재성향과 결합하여 사업적인 아이디어와 일간과 합이 되어 신중한 모습을 보이게 됩니다.

乙木이 정관이면 일간은 戊土인데 戊土의 무던하고 신뢰성 있는 특성이 乙木의 실속적이고 적응력 있는 기운과 결합하여 자신에게 주어진 여건에 잘 즉응하고 처신을 잘 하는 사람으로 평가 받을 수 있습니다.

丙火가 정관이면 일간은 辛金인데 辛金의 야무지고 단호함에 丙火의 옳고 그름이 분명함이 결합하여 책임감과 소신을 굽히지 않는 사람이지만 금기의 날카로움 속에 나름의 인간적인 정을 느낄 수 있습니다.

234

丁火가 정관이면 일간은 庚金인데 庚金의 강직하고 냉철하고 소신 있는 모습에 丁火의 따뜻하고 합리적 성품이 결합하여 강하고 고집스런 庚金이 의외로 합리적인 판단력과 속정이 깊은 모습을 보입니다.

戊土가 정관이면 일간은 癸水인데 癸水의 사교적이고 환경적응력이 뛰어난 특성이 戊土의 합리적이고 중립적인 모습과 결합하여 대인관계가 원만하고 한 쪽에 치우치지 않는 처신을 하게 됩니다.

己土가 정관이면 일간은 壬水인데 壬水의 유연하고 이성적인 균형감이 己土의 현실감과 결합하여 상황 대처능력이 좋고 목표를 향하여 추진하는 자신의 감정을 잘 컨트롤하는 모습을 보입니다.

庚金이 정관이면 일간은 乙木인데 乙木의 적응력이 庚金의 강하고 냉철함이 결합하여 자신의 감정을 잘 드러내지 않고 자기희생적인 처신을 합니다.

辛金이 정관이면 일간은 甲木인데 甲木의 미래지향적이고 천방지축 1등 기질이 辛金의 내면적 경쟁심과 결합하여 甲木의 덜렁대는 모습을 제어하고 목표를 향해 초심을 잃지 않으려는 모습을 보입니다.

壬水가 정관이면 일간이 丁火인데 丁火의 따뜻한 배려심이 壬水의 이성적이고 균형감의 특성과 결합하여 평정심을 잃지 않고 일관된 자기 처신으로 주변의 인정을 받을 수 있는 특성을 보입니다.

癸水가 정관이면 일간이 丙火인데 丙火의 열정과 성급한 판단력이 때로는 오판을 할 수 있는데 癸水의 지혜로운 이해력으로 인하여 정확한 판단력을 가질 수 있습니다.

▶십성의 활용 - 편인

　편인의 특성은 이면과 속성을 우선 생각하는 구조이기 때문에 일단 의문과 부정적 수용으로 자신의 관심분야 이외의 일반적인 것은 이해력이 늦습니다. 그러나 관심분야의 사안은 뛰어난 통찰력을 보입니다.

　甲木이 편인이면 일간은 丙火인데 丙火의 직선적이며 사리분별력에 의한 열정은 甲木편인의 창의성에 의한 뛰어난 통찰력으로 자기확신이 더욱 강한 성향으로 나타납니다.

　乙木이 편인이면 일간은 丁火인데 丁火의 배려심과 사교성이 乙木편인의 적응력, 정밀성과 결합하여 상황을 정확하게 인지하는 능력이 탁월하지만 자신의 생각에 집착하는 성향이 있습니다.

　丙火가 편인이면 일간은 戊土인데 戊土의 포용력과 신뢰성이 丙火편인의 정확한 사리판단력과 결합하여 자신이 확신을 갖는 부분에 대한 소신을 지킵니다. 다만 선악을 이분법적인 시각으로 판단할 위험이 있습니다.

　丁火가 편인이면 일간은 己土인데 己土의 측은지심과 희생적인 면이 丁火편인의 따뜻하고 배려하는 특성과 결합하여 다른 사람의 속마음이나 어려움을 잘 살펴주게 되는데 편파적 온정주의가 될 수 있습니다.

　戊土가 편인이면 일간은 庚金인데 庚金의 소신 있고 강직함이 戊土편인의 신뢰와 중립적 특성과 결합하면 여러 의견을 두루 수용하여 생각이 깊고 소신을 밀고나가는 리더다운 모습을 보입니다. 그러나 자신의 믿음을 너무 과신하는 특성이 있습니다.

己土가 편인이면 일간은 辛金인데 辛金의 단호하지만 합리적인 경쟁심이 己土편인의 섬세한 현실감과 결합하여 상황을 세심하게 살펴 자신의 처신을 현명하게 하게 됩니다.

庚金이 편인이면 일간은 壬水인데 壬水의 이성적이고 유연하지만 목표를 향한 추진력이 庚金편인의 경직된 특성으로 다소 시간이 걸리지만 일단 마음속에서 결정이 내려지면 번복하지 않는 자기 확신이 대단히 강합니다.

辛金이 편인이면 일간은 癸水인데 癸水가 사교적이고 뛰어난 환경적응력을 보이지만 辛金편인으로 인해서 자신이 마음을 열지 않는 부분은 좀처럼 받아들이지 못하는 모습을 보입니다.

壬水가 편인이면 甲木이 일간인데 甲木의 창의성이 壬水편인의 균형감과 유연성으로 인해 뛰어난 통찰력을 보이지만 자신의 관심 분야 외에는 무관심해 버리므로 통찰력의 범위가 좁은 면이 있습니다.

癸水가 편인이면 일간은 乙木인데 乙木의 실속적인 환경적응력이 癸水편인의 응집력과 결합하면 자신이 필요한 부분은 그 내면의 특성까지도 받아들여 자신의 것으로 만들어 버립니다. 너무 처신을 잘 해 주변에서 시기의 눈총을 받을 수 있습니다.

▶십성의 활용 – 정인

정인은 긍정적 수용 그리고 순수하고 빠른 이해력으로 기억을 해야 합니다.그러나 단순한 사고력으로 다양한 생각을 하는 점은 부족합니다.

甲木이 정인이면 일간은 丁火인데 丁火의 열정과 배려하는 마음에 甲木정인의 순수하고 창의적인 부분이 결합하면 정이 많아서 누구와도 친하게 지내며 아이디어가 많고 열정적인 삶을 살지만 사고의 깊이가 얕아서 주변의 꼬임에 쉽게 빠질 수 있습니다.

乙木이 정인이면 일간은 丙火인데 丙火의 빠른 판단력에 乙木정인의 적응력과 현실성이 만나 주변상황 인식이 빠르지만 자신의 이익에 민감할 수 있습니다.

丙火가 정인이면 일간은 己土인데 己土의 성실함과 현실성이 丙火정인의 사리분별력과 만나 자신이 옳다고 생각하는 일에 이해력이 빠르지만 자신과 생각이 다른 것은 받아 들이지 않으려는 성향이 있습니다.

丁火가 정인이면 일간은 戊土인데 戊土의 무던하고 신뢰성 있는 모습에 丁火정인의 배려와 열정이 결합하여 속이 깊고 많은 정보에 귀를 기울이며 잘 수용하지만 한 번 신뢰가 무너지면 받아 들이지 않고 강한 거부감을 표출합니다.

戊土가 정인이면 일간은 辛金인데 辛金의 내면적 경쟁심과 강인함이 戊土정인의 중립적이고 깊은 사고력과 만나서 신중합니다.

己土가 정인이면 일간은 庚金인데 庚金의 강건하고 호기 넘치고 의리를 중시하는 모습 내면에 己土정인의 깊고 섬세한 판단력과 다른 사람의 어려움을 생각하는 정이 있습니다.

庚金이 정인이면 일간이 癸水인데 癸水의 사교적이고 주변여건에 적응하는 유연함 뒤에 庚金정인이 긍정적 수용을 하지만 이해를 하는 데는 시간이 걸리는데 자아의식이 너무 강한 탓입니다.

辛金이 정인이면 일간은 壬水인데 壬水의 유연하고 균형감이 辛金정인의 내면적 경쟁심과 합리적인 판단력으로 부드럽지만 소신 있는 판단을 하지만 외부의 의견을 잘 안 받아 들이려는 경향이 있는데 주변에서 자신을 인정해 주는데 민감합니다.

壬水가 정인이면 일간은 乙木인데 乙木의 적응력과 내면적 욕심이 壬水정인의 유연함과 통찰력으로 생각이 깊고 주어진 상황을 잘 받아 들이지만 자신만의 방식을 고집할 수가 있습니다.

癸水가 정인이면 일간은 甲木인데 창의성이 돋보이는 甲木의 순수하고 미래지향적인 모습이 癸水정인의 응집력과 빠른 적응력의 결합으로 이해력이 빠르고 호기심이 많아 학습능력이 탁월하지만 신중하지 못하고 서둘러 결정하는 경향이 있습니다.

사주랑 궁합이랑!!

우리는 흔히 궁합이란 말을 자주 듣게 됩니다.

동양학에서는 서로의 氣가 잘 통하여 어울리는 것을 궁합이라고 하는 것입니다. 부부나 연인 사이의 이성관계에 주로 사용하지만 실제로는 우주 삼라만상에는 어디든지 궁합이라는게 있기 마련입니다.

여기서는 부부 혹은 연인사이의 궁합에 대하여 얘기하고자 합니다. 사람은 각자 운명을 관장하는 사주팔자가 있어 독립적으로 작용을 하지만 부부는 오랜 시간 가까이에서 함께 밀착된 생활을 하기 때문에 서로간의 영향력이 강하게 작용합니다.

예로부터 혼인에는 거의 대부분 궁합에 의존도가 높았습니다. 혼인상대에 대한 정보부족과 이성에 대한 폐쇄적인 사회 문화적인 특성 탓이기도 합니다.

궁합이란 궁(宮)이 합(合)한다는 말입니다.

사주팔자의 8글자는 제각각 이름의 궁(宮)이라고 명명(命名)하고 있는데 그중에 배우자궁의 길흉을 따져 보는 것을 궁합이라고 얘기하고 있습니다.

간단하게 이 부부궁이 상생이면 좋고 상극이면 부부사이가 나쁘다고 볼 수가 있습니다.

지금까지 주로 사용되어온 궁합법은 12지지를 12동물과 연계를 한, 나이(띠)와 월(계절)에 의한 궁합법 이었습니다.

예를 들면 <뱀띠, 말띠, 개띠는 서로 잘 화합하며 몇 월생은 몇 월 생과 좋으며, 뱀띠와 개띠, 용띠와 돼지띠는 원진살이라서 혼인하지 않는다> 주로 이런 식입니다.

이것은 납음오행법에 의한 궁합법으로 아주 원시적인 궁합법인데 위험천만이라고 먼저 애기를 해 두겠습니다.

저 수풍정이 주로 감정해 본 결과 큰 의미를 가지지 못하였습니다. 주변에 살펴보면 쉽게 느낄 수가 있을 것입니다.

연지(띠)에 의한 상생상극 합충에 의한 궁합판단은 아주 오래전 음양오행론이 정립될 초기에 사용되던 방법으로 그 정확도에서 신뢰할만한 수준이 못되고 미신에 가까운 이론으로 전문가들은 이미 오래전부터 사용하지 않고 있습니다.

부부문제에서 궁합은 정말 중요합니다.

불과 20년 전만 하더라도 이혼이란 낯설고 어색한 말이었습니다. 사회적 환경이 여성들로 하여금 결혼생활에서 무조건적인 인내를 강요하는 분위기였기 때문이었다고 봅니다.

현대는 개인의 인권신장과 남녀평등 의식, 강한 자아개념 때문에 이제는 남녀 어느 쪽이든 일방적으로 불리한 혹은 불합리한 결혼 생활을 하지 않으려고 합니다.

이혼율이 높아지게 된 것은 자연스러운 일인지도 모르겠습니다.

그러나 일반적인 인간관계나 거래관계는 서로가 불리하면 취소하고 다시 출발하면 되지만, 부부문제는 정리하고 새로 출발하는 그 자체에 이미 큰 짐을 지고 시작하기 때문에 더 어려운 경우가 많습니다. 재혼 성공률이 10%가 되지 않는 것이 이를 증명해 주고 있습니다.

동양학의 가장 큰 매력이 중용의 진리입니다.

남녀 즉, 음양이 만나면 항상 대립과 갈등이 존재하기 마련입니다. 동양사상은 이러한 갈등과 대립구조를 조화롭게 연결해 주는 역할을 해 줍니다. 그런 의미에서 궁합론은 동양학의 진수일 것 같다는 것이 저 수풍정의 생각입니다.

<심리사주학에서 궁합법>은 먼저 태어난 날의 기운을 따져 서로 상생 하는지 혹은 상극 하는지를 살피고 난 다음, 부부궁에 의한 심리구조를 파악하고, 부부간의 기(氣)의 흐름의 방향과 강약을 바탕으로 부부간의 대립이 있다면 그 해결책을 두 사람의 사주 안에서 찾아 낼 수 있는 분석방법인데, 다소 복잡한 절차를 거쳐 분석을 해야 하지만 그 정확성은 놀라울 정도인 <오행심리궁합법>입니다.

<오행심리궁합법>은 띠궁합이 아닌, 부부간의 연결고리의 기운인 오행의 생극관계와 부부간의 타고난 <성격심리>를 조화시켜 갈등관계를 해소하는 점에 중심을 두고 있습니다.

때때로 부부문제로 고민하는 상담자 분께서 부부관계를 좋아지게 하는 부적을 부탁하는 경우가 있습니다. 저 수풍정은 <부적은 써 드릴 수 있지만, 그 부적의 힘이 과연 얼마나 당신 부부문제를 해 줄 수 있을 것 같으냐? 오히려 해결책은 본인과 배우자의 성격을 정확하게 알고, 서로 상대방의 심정을 어느 정도 진실로 이해를 하느냐가

보다 합리적인 문제 해결책이 아니겠습니까?>고 답변을 해 드립니다. 그리고 부부가 함께 와서 상담하기를 권합니다. 그리고 일체유심조(一切唯心造)란 말을 꼭 해 드립니다.

궁합론

인간사에서 음양오행 이치가 가장 잘 적용되는 부분이 부부궁합이 아닌가 합니다. 사주에서도 운세의 길흉 못지않게 중요하고 관심이 많은 궁합론은 오랜 시간 동안 우리 가정생활에 깊이 뿌리를 내리고 있습니다.

지금까지 주로 통용되는 궁합론은 나이(띠)와 월 그리고 일지간의 합충과 신살(원진살 등)법 등으로 남녀간의 결혼예식에 필수적인 절차였습니다.

여기서는 배우자에 대한 심리적인 요소를 적용하여 궁합론을 설명하고자 합니다.

▷배우자 궁(宮)
남자는 일지, 여자는 월지를 배우자궁으로 봅니다.

▷배우자 성(星)
남자는 재성, 여자는 관성을 배우자성으로 봅니다.

◆ 궁합을 분석하는 방법

1. 일간 대 일간의 생극을 살펴야 합니다.
일간의 생극은 배우자에 대한 인연의 강약을 알 수가 있습니다.
①女生男 ②男生女 ③동일오행 ④男剋女 ⑤女剋男 등으로 볼수
있습니다.

2. 배우자 性(재성 혹은 관성)을 중심으로 주변 오행과의 생극관계
의 흐름과 그 결과를 세심하게 살펴야 합니다.
예를 들어 남편궁이 정관이라고 하더라도 일지에 상관이 있어서
상관견관의 형태가 되어있으면 남편을 공경하다가도 간간히 남편
을 자극하는 말이나 행동을 보이게 됩니다. 남자의 경우에는 배우자
성보다는 배우자 궁의 상황에 비중을 더 두는 것이 중요합니다. 즉
남편의 일지 배우자궁이 극 받으면 배우자인 아내의 입장은 갑갑하
거나 남편의 말이나 행동이 짜증스럽게 느껴지게 됩니다.

3. 배우자궁으로 본 상대에 대한 기대심리구조를 분석해야 합니
다. 배우자궁의 십성의 심리에서는 부부간의 성격적인 결합과 대립
관계를 알 수 있으므로 실제로 살아 가는 모습을 볼 수가 있습니다.

배우자궁 십성의 심리구조를 정확하게 분석하면 부부갈등 문제를 풀어 갈 수 있는 해결책을 제시 해 줄 수 있습니다.

<뒷면 도표 : 배우자궁의 심리구조 분석표 참조>

4. 배우자 성과 배우자 궁에 대한 희용기구한의 의미를 부여해서 설명해야 하는데 남자는 배우자 궁에 대한 희용기구한, 여자는 배우자 性에 대한 희용기구한의 의미를 대입하여 설명해야 합니다.

5. 부부의 각 개인의 전체적인 성격을 살피는 것도 중요합니다. 예를 들면 일간 대 일간, 부부궁의 심리구조가 서로 보완이 된다고 하더라도 둘 다 인성이 없는 경우 수용력이 부족해 잘 다투게 되거나 식상이 서로 강하면 충돌할 수 있는 확률이 높아집니다. 수용궁(시간)에 경금 신금 임수 등이 있는 경우 상대의 애기를 잘 수용하지 않으므로 배우자를 갑갑하게 만들게 됩니다.

부부문제를 상담할 때는 여러 가지 요소를 종합해서 판단을 해야 하며, 대안과 해결책을 제시할 때는 두 사람의 직업, 학력, 성장과정의 가정환경까지도 참고를 해서 상담을 하는 것이 필요하다고 봅니다.

위의 요소들을 중심으로 여러 가지 형태의 부부심리를 분석해 보면 궁합의 상황과 실제의 상황을 좀 더 근접하여 문제의 원인을 밝혀내고 그 해결책을 알게 됩니다.

246

그리고 무엇보다도 중요한 것은 부부들이 자신들의 문제점을 어떻게 풀어갈 것인가를 명확하게 제시를 해 줘야 하는데, 특별한 경우 외에는 이혼은 답이 아니라는 점을 인식 시켜줘야 합니다.

때로는 자녀들이 어느 정도 성장하여 부모의 이혼을 이해한다고 하나 그 자녀들이 결혼하여 그들의 자녀가 생겼을 때 부모의 이혼을 보는 시각이 달라진다는 것을 알아야 하기 때문입니다.

◆ 배우자 궁의 심리구조 분석표

십성	처 궁 (일 지)	남 편 궁 (월 지)
비견	친구같이 부담 없고 대화의 상대가 될 수 있는 아내를 원합니다. 남편은 군림하지 않고 평등하게 대하지만 배우자를 내 중심으로 맞추게 하려는 면이 있습니다.	친구처럼 서로 터놓고 마음을 주고 받으며 편한 대화를 할 수 있는 남편을 원합니다. 지나친 간섭이나 통제를 거부합니다.
겁재	친구같이 부담 없고 대화의 상대가 될 수 있는 아내를 원합니다. 남편은 평등하게 대하지만 때로는 상대에게 한 발 물러서 양보 하는 경우도 있습니다.	친구처럼 서로 터놓고 마음을 주고 받으며 편한 대화를 할 수 있는 남편을 원합니다. 양보할 수 있어서 부부간의 화합은 무난합니다.

십성	처 궁 (일 지)	남 편 궁 (월 지)
식신	아내에게 딸처럼 자상하게 잘 해 주려고 하는 성향입니다. 생동감 있고 얼굴이 예쁜 여성을 선호하는데 여성의 사회활동을 못마땅하게 봅니다.	남편을 아들처럼 챙겨주는 형이지만 참견하거나 자신의 관심 범위 내에 두려고 하여 때로는 남편이 부담을 느낄 수 있는 형입니다.
상관	여성의 입장을 우선으로 배려하지만 여성의 간섭을 싫어하며 억세게 보이는 여자를 부담스러워합니다.	자아실현 형이라서 집에서 살림살이 보다 사회활동이나 취미활동 등에 관심이 많아서 남편을 자극하거나 무시하는 아내로 보일 수도 있습니다.
편재	모든 일을 자기 주도하므로 순종형의 아내를 원합니다. 아내 입장에서는 상대하기 힘든 남편 이지만 상대에 따라서 박력 있는 남성의 매력이 있기도 합니다.	스케일이 커서 여장부 심리구조를 가지고 있습니다. 자신의 의견을 관철시키려 하거나 남편을 리더하려는 형이므로 남편입장에서 부담스러우나 궁극적으로 남편에게 도움을 줄 수 있습니다.
정재	여성의 마음을 잘 알고 대하는 애처가형입니다. 간혹 여자문제가 생길 수 있습니다.	매사에 일처리가 분명한 알뜰주부입니다. 따라서 남편도 능력이 있는 사람을 원하며 남편에게 힘이 되어 줄 수 있습니다.
편관	아내를 부담스러워 하는 형으로 늦게 결혼하는 경우가 많습니다. 아내에게 책임감은 강하지만 아내를 리드하는 면은 부족합니다.	불만이 있어도 남편의 뜻을 따라주는 형으로 남편 입장에서는 편하겠지만 여성의 입장에서 보면 답답하게 살 수도 있습니다.

십성	처 궁 (일 지)	남 편 궁 (월 지)
정관	합리적인 성품으로 아내의 입장을 이해하고 수용하는 남편이지만 개성이 없어 재미없는 사람으로 보일 수 있습니다.	남편의 그늘에서 안주하려는 아내형 입니다. 그러나 남편을 잘 내조해서 성공 시킬 수 있는 현모양처입니다.
편인	아내에게서 어머니의 역할을 기대하는 남편형으로 자신이 아내를 주도하기는 어렵습니다. 때때로 아내의 잔소리를 듣게 될 일을 하기도 합니다.	남편이 따뜻하게 대해주고 도와주기를 기대하지만 표현을 하지 못하고 마음속으로만 바랄뿐이므로 불만이 있어도 표현하지 못하고 혼자 고독해합니다.
정인	어머니 같은 아내를 원합니다. 아내와 여러 가지 일을 의논하고 싶어하며 때로는 응석받이가 되고 싶어합니다.	모든 것을 남편에 의지하고 싶어하며 항상 따뜻하게 대해주기를 원하며 어리광을 피울 수 있습니다. 남편이 자상하지 않으면 환경에 수용하며 살아가게 됩니다.

◆ 궁합론에서 참고사항

▶ 흔히 사주상담을 하러 가면 남자사주에 재성이 없거나 여자 사주에 관성이 없으면 배우자가 없다는 얘기를 하거나 관성이 많아 혹은 재성이 많아 여러 번 결혼한다거나 하여 청춘남녀에게 겁을 주거나, 늦게 결혼하라고 해서 애꿎은 노총각 노처녀를 만드는 경우를 볼 수 있습니다.

별로 근거도 없고 논리성도 없어 보이는 말입니다. 재성이나 관성이 없어도 일찍 결혼하여 아들 딸 많이 낳고 백년해로 하는 경우를 많이 볼 수가 있습니다.

그래도 찜찜하면 재성이나 관성의 해에 결혼하라고 일러 주면 좋을 것 같습니다.

▶ 일반적으로 언제 결혼을 하면 좋을 것인지의 판단은 가급적 희용신에 해당되는 해가 좋을 것이지만 더 중요한 것이 상대가 누구냐 하는 것입니다.

남녀궁합은 신중하게 살펴야 합니다.

개인의 운명은 선천적으로 부여 받은 것이라서 스스로 바꿀 수가 없는 부분이지만 배우자는 선택의 결과에 따라서 살아 가는 모습이 달라지기 때문입니다.

사주를 감정하면서 사람의 운명에 대하여 유일하게 사람이 개입을 할 수 있는 부분이므로 호기심도 생기고 재미있는 부분도 느껴집니다.

그리고 책임감도 많이 느껴지기도 합니다.

▶ 월지를 사회궁으로 또한 여명(女命)에서 사회궁을 남편궁으로
　보는 이유

월지는 계절을 상징하는데 계절이란 환경의 의미를 가지고 있습니다. 사람에게서 환경이란 자연의 환경도 있지만 사회적 환경도 중요한 역할을 하게 됩니다.

그러므로 월지는 사주전체에 영향을 미치는 계절을 의미하고 있는데 그것을 인간사에 대입하면 사회궁으로 의미를 부여할 수 있는데 월지를 통하여 그 사람이 가지고 있는 사회적 역할을 위한 심리구조를 알 수 있다고 하겠습니다.

남자인 경우에 일지는 자신(일간)의 뿌리가 되어 직접 생극작용 즉, 일간의 기(氣)를 직접 강약으로 조절 할 수 있다는 점에서 처궁으로 보는데 무리가 없어 보입니다. 여자의 경우에는 남편이 내 기운의 밑받침이 된다는 것보다 남편을 통해서 자신의 기운(혹은 입지)을 강화시키려는 성향이 강하다고 볼 때 간접적이지만 폭넓은 기운을 제공하는 월지를 남편궁으로 보는 것이 효율성이 있다고 하겠습니다.

▶ 궁합을 대입하는 방법

1. 궁합은 가장 먼저 일간 대 일간을 살펴야 합니다. 일간의 생극은 서로 기운의 끌림 현상을 알 수 있기 때문에 부부간의 결합력의 강약을 판단할 수 있습니다.(주의 : 일간 대 일간의 합은 극으로 봐야 합니다.)

2. 각 배우자 궁의 십성적 특성과 방향성을 통하여 배우자와의 성격적 소통을 알아 내고 일간의 생극과 함께 판단을 할 수가 있습니다.

방향성이란 식상과 재성은 기운이 상대를 향한 전달 방향 이라면 관성과 인성은 기운이 상대로부터 자신을 향한 수용 방향이라고 하겠습니다.

일간 대 일간이 서로 극이라도 배우자궁의 방향성이 일간이 극하는 쪽으로 배우자궁의 방향이 극하는 사람이 기운의 전달(주는) 방향이고 극 받는 쪽이 수용(받는) 방향이라면 궁합은 문제가 없다고 하겠습니다.

3. 남자는 처궁의 생극을 살펴서 처에게 도움이 되는지 힘들게 하는지 살펴야 하며, 여자는 관성이 주변에서 재성으로부터 도움을 받는지 식상으로부터 극을 받아 상관견관 하는지를 살펴 판단해야 합니다.

4. 전체의 명식 특성과 심리구조를 서로 비교하여 조화를 이루는지를 살펴야 합니다.

따라서 궁합은 어떤 단편적인 면만 가지고 판단하면 안 되고 종합적으로 살펴야 하는데 이것은 부부간의 문제가 여러 가지 인간사의 복잡한 내용과 각자 성격이 어우러져 좋아지거나 다투게 되는 것과 같은 이치라고 하겠습니다.

저 수풍정은 학당에서 교육을 하면서 궁합론을 이해하는 정도에 따라서 학생의 공부 깊이를 가늠해 보기도 합니다.

▶ 궁합의 실제 분석 사례

사례1〉

　　乙己丙甲 (남)　　　　乙丁丁甲 (여)
　　亥酉寅午　　　　　　巳亥亥午

앞의 두 명식을 살펴보면 남자는 일간이 己土이고 여자는 丁火로서 남생녀가 되어 서로 끌림이 좋다고 하겠으며 배우자궁을 보면 남자는 식신으로 아내를 잘 챙겨주는 형이고 배우자궁을 극하지 않으며 여자는 정관으로 남편을 잘 따르고 희생하는 형인데 관성을 극하는 상황이 아닙니다.

남자의 기(氣)가 약하고 여자는 기(氣)가 강하여 남자 입장에서 부담스럽지만 여자 명식에 식상이 없어서 큰 문제가 되지 않는 점도 좋으니 이 두 사람의 궁합은 상당히 좋다고 하겠습니다.

사례2〉

辛壬戊壬 (남)　　丁甲辛丙 (여)
亥寅申寅　　　卯午丑午

위의 두 명식은 남자의 일간 壬水와 여자의 일간 甲木은 서로 생으로 서로 끌림 현상은 좋으나 남자의 처궁 식신으로 잘 챙겨주는 형이지만 여성의 배우자궁 정재로서 남편의 능력을 원하고 남편에게 여러 가지 조언을 해주려고 하는 형입니다. 이 경우 식신과 정재는 서로 기운을 상대에게 주려고 하는 구조이기 때문에 충돌할 확률이 높아지게 되는데 남자의 일지가 월지로부터 극을 받으므로 아내 입장에서는 갑갑한 구조가 됩니다.

이 경우는 서로 궁합이 좋지 않다고 판단할 수 있습니다.

사례3〉

　　　癸癸壬己 (남)　　　戊己戊庚 (여)
　　　未丑午巳　　　　　寅未子申

　위의 두 명식은 남자의 일간 癸水와 여자의 일간 己土는 극관계입니다만 남자의 처궁이 편관으로서 아내의 얘기를 잘 듣는 구조이고 여자의 배우자궁이 편재로서 남편을 리더하는 형입니다. 방향성이 일간 대 일간 그리고 배우자궁의 방향성이 모두 여자에서 남자로 흘러가고 있으며 남자의 배우자궁과 여자의 관성이 극 받고 있지 않으므로 이 두 명식의 커플은 충돌 없이 무난하게 살 수 있는 좋은 궁합이라고 판단을 하게 됩니다.

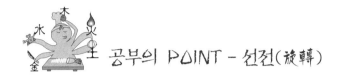

공부의 POINT - 선전(旋轉)

사주로 알 수 있는 정신적 문제 !!

사주를 통하여 알 수 있는 중요한 것 중에서 심리구조를 우선으로 보는 것은 심리구조에 따라서 행동하게 되고 그 행동의 결과에 따라서 인생이 결정되기 때문입니다.

심리구조 중에서 정신적인 면 혹은 사고적인 면은 행동양식의 바탕이 되기 때문에 섬세하게 분석해야 됩니다.

먼저 인성의 문제를 살펴야 하는데 인성이 충극을 받는 경우를 생각할 수 있습니다. 인성이 충극을 받으면 스트레스에 민감한 반응을 하게 되는 예민한 성격이 됩니다.

그리고 일지가 충극을 받는 경우입니다. 일지는 앉은 자리로서 그 사람을 떠받치고 있는 중심축이라고 보는데 그것이 흔들리게 되므로 심리적 안정감이 떨어지게 됩니다.

마지막으로 살펴야 되는 것이 선전(旋轉)입니다. 선전은 천간과 지지가 반대로 흘러가는 방향성을 말하는데 그 글자의 흐름에 따라 1~3급 정도로 분류해 볼 수 있습니다.

(예) 丙 己 壬 庚
　　 寅 亥 午 申

위의 명식에서 연주와 월주가 2급선전에 해당됩니다. 즉 壬庚은 순행으로 2칸 午申은 역행으로 2칸이 되는 것입니다.

선전을 가지고 있는 사람은 역발상하는 특성으로서 엉뚱한 면에서 두뇌회전이 빠른 반면에 돌발적인 사고와 행동을 할 수가 있습니다. 선전도 일간의 강약이나 구조에 따라 차이가 있습니다. 그리고 선전에 포함되어 있는 십성이 무엇인가에 따라 선전의 특성이 다르게 나타납니다.

 공부의 POINT

◆ 지지 토(辰戌丑未)에 대한 연구

  지지 토를 공부하기 전에 子水에서 亥水까지의 12지지가 모두 토 (땅)의 의미를 가지고 있다고 봐야 합니다. 즉 지지 子水는 땅 중에서 水氣가 엄청 강한 토(땅)이라고 생각을 해야 한다는 겁니다. 그러면 지지의 辰戌丑未의 토는 뭐냐고 하면 중립적 의미에서 土이며 생지 왕지의 기운이 한 풀 꺾이게 하는 의미를 가진 土이지만 그 속에는 앞의 지지 중에서 왕지의 기운을 가지고 있다고 봐야 하지요.
  즉, 辰戌丑未는 오행을 설명 할 때는 土로서 만일 일간이 甲木 혹은 乙木인 경우 모두 재성이 됩니다. 그러나 일간이 木일 경우 丑土는 외형상 목극토 이지만 丑土는 여기가 癸水이므로 木의 뿌리가 된다고 판단해야 한다는 것입니다.

1. 천간 목화금수의 입장에서 보는 지지 토와의 根 관계
  지지토를 이해해야만 뿌리의 강약을 알고 간지간의 균형을 판단할 수 있으며 용신분석에서 신강신약의 판단이 정확해 집니다.
  먼저 지지 삼합의 원리에 의해 천간의 각 오행과 지지 토와의 관계를 살펴봐야 합니다.
  木은 丑土에서 안정과 힘을 얻고 辰土에서 자신감과 저력을 가지게 됩니다. 그러나 未土에서는 조급할 뿐 힘을 얻을 수 없으며 戌土

에서는 억압에 의한 성급한 기운으로 힘을 얻지 못합니다.

火는 辰土에서 힘을 얻기 시작하지만 습토라서 활력을 찾으려면 목의 도움이 필요하고 오히려 未土는 火를 보호하고 火가 버틸 수 있는 힘을 줍니다. 그러나 戌土에서는 火氣는 은근히 힘을 설기하여 火의 열정이 약하게 할 수도 있으며 丑土는 火의 기운을 꼼짝 못하게 하는 데는 金의 원한 관계도 한 몫 한다고 하겠습니다.

土는 辰土에서 희망은 느끼지만 아직 木 기운이 강한 辰土의 도움을 기대하기 어렵고 未土에서 강한 도움을 받아 우직한 토 구실을 하겠습니다. 그러나 戌土는 토에 대해 큰 도움을 줄 마음이 없어 土로서는 애만 태울 것 같습니다. 丑土는 비겁의 의미 이외에 토의 뿌리는 전혀 되지 않습니다.

金은 未土에서는 큰 도움을 기대하지도 않지만 심리적으로 안도감은 충분하며 戌土는 金에게 큰 힘이 되어 주는 든든한 우군 입니다. 그러나 丑土는 이름만 土이지 金을 외면하고 오히려 金을 힘들게 하겠으며 辰土는 서로 다투지 않는 선을 유지하는 사이로 지내지만 金은 辰土의 도움을 기대하지도 않을 것 같습니다.

水는 戌土가 무뚝뚝해서 별로 반갑지 않게 생각하지만 뜻하지 않은 도움을 주는 우군이 되기도 하며 丑土는 아예 토극수는 시늉만이고 토생수를 하게 됩니다. 그러나 辰土는 힘 빠진 水에게 습토로서 약만 오르게 할 뿐 도움이 되지 못하고 여전히 水를 힘들게 하며 未土는 水에게 너무나 부담이 큰 土라서 웬만한 水는 未土를 보면 벌벌 떨고 있을 것입니다.

2. 지지토의 입장에서 천간과의 관계

辰土는 3월의 土라는 점을 생각하고 또 辰土는 봄의 끝자락이라는 점을 그리고 습토라는 점을 항상 염두에 두어야 합니다. 辰土는 봄이 기운을 다하고 물러나는 의미이지만 木에게 버틸 수 있는 저력을 줄 수 있습니다. 辰土는 월로 쓰일 때 명식 전체에 따뜻한 분위기는 만들어 주지만 火와 바로 옆에서 직접 화생토 관계가 있다면 火氣를 설기하는 역할을 하므로 생각을 하고 살펴야 합니다.

辰土는 봄의 기운이 남아 있는 土라서 같은 土와는 외형상 비겁으로 힘을 모으려는 모습을 보이나 내심은 오히려 土를 어렵게 합니다. 金에게 辰土는 木의 기운으로 인해 겉으로는 마지못해 토생금하지만 내면에는 金을 외면하는데 금극목의 원한이 있다고 볼까요? 辰土가 월에 있다면 절대로 金에게 협조하지 않겠지요.

辰土와 水의 관계는 토극수로 보는 것이 일단 타당합니다. 水는 申月에 잉태하여 辰月에 완전히 소멸을 하는 의미를 가졌기 때문이지요. 지장간에 癸水가 있어 水의 근이 된다는 책들이 있는데 뿌리라기보다는 습토이므로 전체 분위기에서 오히려 火氣를 줄이는 용도로 사용되는 점이 크지요. 다만 월로 사용될 때는 水가 주변의 火나 다른 土에 의해 기운이 소멸되는 부분에 대하여 약간의 방어막은 된다고 보면 될 것 같습니다.

戌土는 9월의 土이며 차갑고 건조한 土라는 점을 먼저 인식하여야 합니다. 또한 지장간의 辛금의 작용을 염두에 두어야 합니다.

木에게 戌土는 목극토이지만 호락호락하지는 않을 것인데 이는 戌土속에 힘이 남아 있는 辛金의 영향력 때문이며, 戌月에 木이라면 이미 힘이 빠진 木이 오히려 戌土가 부담스러울 것입니다.

火에게 戌土는 건토라서 급격한 火의 힘을 설기하지는 않겠지만 차가운 기운이 부담스러운 것은 어쩔 수 없습니다. 戌土 속의 辛金 역시 土의 지원을 업고 火에게 저항을 할 것입니다.

土에게 戌土는 외형상 비겁으로서의 역할은 하겠지만 근으로서 역할은 생각을 해 봐야 합니다. 土는 기본적으로 火를 좋아하는데 화기는 未月을 고비로 급격히 떨어져 가을의 끝자락에 있는 戌土에 화기가 약하므로 戌土가 토의 큰 뿌리가 되기에는 부족하다고 하겠습니다.

金에게 戌土는 인성과 비겁의 기운이 함께하는 강한 응원군입니다. 戌土의 지원을 받는 金은 상당한 힘을 가지게 됩니다.

水에게 戌土는 애매한 관계를 보입니다. 외형상 토극수 이지만 내면에 辛金이 금생수 하기 때문에 어느 정도 水의 뿌리가 되기 때문입니다. 따라서 바로 옆에서 水를 볼 경우는 토극수를 고려해야 하지만 떨어져 있거나 戌月에 水라면 근으로서 역할을 간과할 수 없습니다.

丑土는 12월의 土이며 한습한 土로서 지장간 속에 水 기운이 강한 土라는 인식을 가지고 봐야 합니다.

木에게 丑土는 겨울의 끝자락으로서 봄을 맞을 준비하는 계절을 의미하므로 水의 기운이 안정감을 주고 辛金이 木을 살짝 자극하여 木을 잠에서 깨어나게 하는 느낌을 받을 수 있습니다.

火에게 丑土는 정반대편의 계절로서 水의 기운이 곧 끝나고 봄을 기다리고 있는 火에게 강한 심술을 부리는 듯한 기운으로 느껴집니다. 土에게 丑土는 무늬만 형제이며 내실은 남보다두 못한 관계를 가지고 있는 인간관계와 같이 보여 지는데 그 丑土를 형제라고 소개는 해야 하는 土의 마음이 안타깝게 느껴집니다.

金에게 丑土는 겨울의 차가움 속에 동면해온 金에게 내가 너 많이 생각하고 있다고 넌지시 립서비스만 하는 모양새라서 金이 약만 오를 것 같습니다.

水에게 丑土는 겉으로는 압박하지만 속으로는 슬쩍슬쩍 도와주니 모종의 뒷거래를 하는 사이 같습니다. 아무튼 水의 입장에서는 기분이 나쁘지는 않습니다.

未土는 여름의 끝자락에 와 있는 건조하고 열기를 담고 있는 기운을 느껴야 하겠습니다.

木에게 未土는 지치게 하여 조급하게 만들어 木의 기운을 막다른 곳으로 몰아 붙이는 모습입니다.

火에게 未土는 火를 더 활성화는 못하지만 보호하고 기운을 유지하도록 하는 고마운 역할을 합니다.

土에게 未土는 火氣를 머금고 지원을 해 주니 더 없이 반가워 힘이 넘쳐날 것 같습니다.

金에게 未土는 안도감을 주는 정도의 역할만 기대하는 것이 좋을 것 같습니다. 金 입장에서도 그다지 지원을 바라지는 않습니다.

水에게 未土는 아주 껄거러운 상대입니다. 水가 未土를 만나면 부딪히지 않고 피해갈 것만 같습니다.

◆ 사주원국 분석 방법과 실제

명식을 분석할 때 심리분석으로 접근하는 것은 여러 가지 유용한 점이 있습니다.

1. 사람의 심리구조를 강점과 보완점으로 설명하게 되면 자신이 어떤 사람인지를 제대로 알게 되고 재능과 적성에 맞는 직업을 선택하는 자료가 된다는 것입니다.

2. 상담고객들이 심리사주의 정확성을 공감하게 되고 신뢰성을 갖게 해 줍니다.

3. 원국의 생극제화를 정밀하게 분석하는 능력이 생기게 되어 사주명식이 가지고 있는 여러 가지 특성을 정확하게 알 수가 있습니다.

4. 원국의 구조를 제대로 이해하게 되면 운세대입을 정확하게 할 수가 있습니다.

심리분석과 관련된 단원을 마치면서 실제 명식을 어떻게 읽고 통변을 하게 되는지 사례를 통하여 분석의 순서와 해석방법을 설명하겠습니다.

1. 일간의 설명

일간은 그 사람의 가장 기본적인 특성인데 월지(계절)나 일지(氣

의 힘)를 참고로 하여 설명을 합니다.

－이 명식은 갑목으로서 호기심이 많고 활동력이 있으며 미래지향적인 모습으로서 주변의 관심을 받고 싶지만 자존심이 꺾이는 것을 싫어합니다. 일의 시작은 좋으나 마무리가 부족한 점이 아쉽습니다.

2. 강점의 설명

강점은 일반적으로 명식에 드러난 십성을 애기하면 됩니다. 강점은 잘 활용하면 장점으로 발전할 수 있는 십성입니다. 주로 강하게 나타나는 십성부터 설명하고 표현궁이나 일지의 특성이 우선적으로 드러나는 경우가 많습니다.

－庚金 편관(2개)의 원칙주의로서 자신의 소신을 고수할 수 있지만 유연성이 부족하고 고집이 세게 비칠 수 있습니다. 壬水 편인(2개)은 공상 잡념이 많고 자신만의 정신세계에 몰입하기 때문에 강한 통찰력이나 균형감은 있지만 자신과 코드가 맞지 않으면 받아들이지 않는 면이 있습니다.

午火 상관은 변화를 추구하며 임기응변이 발달되어 있지만 반복을 싫어하는 특성입니다.

戊土 편재는 목표 지향적이고 즉흥적인 성분인데 월지에 있을 때는 결과에 성급한 특성으로 나타나게 됩니다.

寅木 비견은 연지에 있어서 강한 뿌리로서는 부족하고 비견으로서 주체성과 꺾이지 않으려는 자존심으로 나타납니다.

3. 보완점 설명

보완점은 명식에 나타나지 않거나 너무 많아서 문제가 되는 십성과 극 받고 있는 십성이 주로 보완점이 됩니다. 그리고 나이나 직업 등에 따라 보완점으로 사용되는 십성도 있습니다.

−양팔통으로서 활동적이지만 사람들과 빨리 친해지지 못하여 대인관계에 유연성이 부족합니다.

약한 일간에 월지가 편재이므로 꼼꼼하지 못하고 목표 지향적이지만 결과에 성급하게 행동을 하게 됩니다.

일간 甲木의 앉은 자리가 건조한 땅이므로 조급하고 다혈질 적인 모습을 보이게 됩니다.

4. 심리적 특성

심리적 특성은 십성간의 생극에서 오는 십성들의 원래 기능에서 변화를 가져와서 개인이 가지게 되는 재능이나 성격의 특이성을 알 수 있는데 주로 직업선택에 활용하면 유용합니다.

−일지 午火와 월지 戊土의 식상생재는 재능을 크게 펼치고 싶은 욕망이 있으며 무엇인가를 계속 시도를 하는 것 같습니다.

壬水 편인과 庚金 편관은 명분과 자기세계의 확신으로 스스로를 가두어 놓고 자신의 의지를 밖으로 펼치기 어려운 족쇄 역할을 하기도 합니다.

庚金 편관과 戊土 편재는 주어진 틀에서 크게 벗어나지 못하며 관성(慣性)의 법칙과 같은 환경을 고수하여 유연성이 부족합니다.

일주 시주의 2급 선전은 역발상하는 특성인데 상관견관 하여 돌발적이고 극단적인 생각을 많이 하지만 관인상생이 강하여 행동으로 옮기기보다 머릿속에서 맴도는 복잡한 사고력의 소유자로 볼 수 있습니다.

5. 진로 & 직업 적성

일지 상관과 월지 편재는 역발상으로 만들어진 재능을 펼칠 수 있는 수완이 있고 월지 편재가 목표 지향적이어서 사업을 할 수 있는 구조이나 일간의 뿌리가 약하고 천간의 편인태과와 관인상생으로 실행력이 부족하기 때문에 사업은 어렵습니다.

관인생생과 재생관 그리고 양팔동은 주어진 자신의 영역에서 선전의 창의적 아이디어를 만들 수 있어서 전략을 구상하는 참모의 역할이나 사학자 국문학자 철학자 같은 인문학 방면의 연구가 혹은 한의사 같은 직업에 적합합니다.

6. 배우자 관계

일지가 상관이라서 아내에게 잘해주는 형이지만 상관견관 하고 표현궁이 庚金이라서 가끔 일지 午火가 폭발을 하면 아내에게 자극적이고 공격적인 말을 쏟아낼 수 있습니다.

위의 내용은 음양론부터 60갑자 그리고 궁합론을 마치고 용신과 운세분석을 제외한 사주원국을 분석하는 방법과 순서를 사례를 통하여 정리를 해봤습니다.

이러한 방식으로 사주원국을 분석하고 나면 그 다음은 고객의 질문에 답변하는데 바탕이 되는 자료가 됩니다.

　본인의 명식과 주변의 지인들의 명식을 분석하고 정리를 해보면 실력향상이 배가 될 것으로 확신합니다.

용신과 운세론

　노자의 道德經(도덕경)은 원래 道經과 德經이 있는데 이것을 합하여 도덕경이라고 합니다. 道는 진리를 의미하는데 이는 사람이 살아 갈 방향을 말하는 것으로 精神의 문제이고, 德은 사람이 살아가는 道理를 의미하는 것으로 道를 활용하는 行動의 문제인데 이것은 陰陽의 이치와도 같은 것입니다.

　命理 또한 命과 運으로 구분되어 있는데 命은 사람의 精神의 문제로 각자의 모습이 있고 가야 할 방향을 제시하고 있으며, 運은 때(時期) 의미하고 있는데 사람이 行動해야 하는데 있어서 나아감과 물러서는 것이나 일하고 쉬어야 할 때(時期)를 말해 주고 있는 것입니다.

　運중에서 강약은 길흉이며 십성은 방향인데 길흉은 精神의 문제이고 십성은 行動의 문제입니다.

　또한 大運은 주어진 精神의 흐름으로 道와 같은 것이고 世運은 사람의 行動과 道理를 제시하는 것이므로 德과 같은 것입니다.

　道德經은 사람이 마땅히 행하면 불행을 예방할 수 있는 지혜를 가르쳐 주는 학문이고 命理는 한 개인이 마땅히 행하면 불행을 예방하는 지혜를 가르쳐 주는 학문입니다.

용신론(用神論)

　사주명리학을 공부하면서 가장 어려운 부분이 용신이라고 하는 사람이 많습니다. 실제로 용신은 그 만큼 어렵고 중요한 것이 사실입니다.

　사주구조 즉 원국을 분석하면 그 사람의 성격과 기질 그리고 살아가는 모습을 알 수가 있습니다.

　그러나 그 사람이 어떤 일을 하면서 언제 일어서고 언제 어려움을 겪게 되는지를 예측해 보려면 용신이 필요하게 됩니다.

　농경시대에는 직업의 종류가 비교적 단순하고 또 같은 직업군에 속하는 사람의 생활 패턴이 비슷하므로 그 사람의 사주원국은 그 사람의 살아가는 유형을 알 수 있기 때문에 중요하지만, 현대사회는 아주 복잡하고 다양한 직업군들이 있으며, 직업에 종사하는 개인은 개성적인 특성을 살리기 보다는 그 직종이나 직업이 갖고 있는 시스템의 일원으로서 역할을 하고 있는 경우가 대부분이므로, 개인의 타고난 능력보다는 운세의 영향을 더 받는 다는 것을 고려 할 때 용신은 현대 사주학의 흐름에서 그 중요성이 강조되어야 하겠습니다.

▶ 용신이란 무엇인가?

용신이 무엇인지에 대하여 한 마디로 정의하자면 '운세를 분석하는 기준점 내지 잣대가 되는 오행'을 말합니다.

동양학의 핵심이 중용이라고 합니다. 사주를 분석 할 때도 흔히 좋은 사주란 중화된 사주를 말한다고 합니다. 즉 한 쪽으로 치우치지 않고 음양오행이 골고루 분포된 사주명식을 상격으로 봅니다.

간단하게 설명하면 용신이란 사주를 균형을 잡아 주고 중화시키는데 핵심적인 역할을 하는 오행을 말합니다.

또한 균형과 소통이란 표현으로도 용신의 의미를 설명할 수 있습니다.

어떤 사람의 명식이라도 정확하게 균형을 이루고 있지는 못합니다. 이 균형을 이루지 못한 사주명식을 균형을 이루게 할 수 있는 어떤 오행을 용신으로 보면 되겠습니다. 즉 용신은 사주의 눈이라고도 하겠습니다.

흔히 「용신을 정한다.」고 표현하는 사람이 있는데, 정확하게는 「용신을 찾는다.」라고 하는 것이 맞습니다. 왜냐하면 용신은 사주를 감정하는 사람이 일방적으로 정하는 것이 아니라 사주원국에 존재하고 있는 용신을 찾아 내는 것이기 때문입니다.

▶ 사주분석과 용신

사주를 분석하는 방법은, 일간을 중심으로 나머지 7오행과 일간과의 관계를 규명해 가는 과정입니다.

명식을 볼 때 가장 먼저 일간의 상태를 살펴야 합니다. 일간이 지지에 뿌리를 잘 내리고 있는지 유무가 그 사람의 기본적인 기운의 강약을 나타내기 때문이며 그것은 직업적성을 판단 할 때도 큰 영향을 미칩니다.

그 다음으로 용신의 상태입니다. 용신이 뚜렷하고 힘이 있을 때 그 사람의 활동력을 가늠해 볼 수 있습니다.

용신이 힘이 있으면 살아 가는 모습에서 어떤 일을 쉽고 효율적으로 풀어 가는데 비하여 용신이 힘이 부실한 사람은 모든 일을 내가 책임지고 해결해 나가거나 어려운 방향으로 진행을 하며 풀어 가는 모습을 보이게 됩니다.

그리고 대운에서 흐름이 용신방향(특히 지지)이라면 삶이 평탄하고 그 반대 방향으로 흐른다면 삶의 어려움에 시달리는 것을 볼 때, 용신은 정말 중요한 부분이고 그렇기 때문에 용신을 찾는 것에 신중을 기해서 오류가 없도록 해야 하겠습니다.

▶ 용신의 종류

여러 서적을 보면 용신에 대한 언급이 많고 또 여러 학설이 많은 만큼 용신을 바라보는 시각도 달라서 그 종류도 여러 가지가 소개되고 있는 것 같습니다.

▷ 억부용신

가장 많이 활용되는 용신법으로 사주명식의 강약을 기준으로 『강하면 눌러 주고 약하면 도와주는 원리』를 말합니다. 대부분의 명식은 억부용신으로 설명이 가능하다고 봅니다.

고서(古書) 중에서 비교적 근대에 저술된 「적천수」를 보면 용신은 웬만하면 원국에서 생극제화의 흐름과 억부 용신으로서 판단이 가능하다고 서술하고 있습니다.

저 수풍정의 견해는 명식의 균형과 소통에 무게를 두고 있기 때문에 억부용신을 기본으로 두고 있습니다.

▷ 조후용신

고서(古書) 난강망 혹은 궁통보감에서 활용되는 원리를 활용한 이론으로서 계절에 대한 일간의 상태를 적용한 용신법입니다. 예를 들어 "겨울에는 불이 필요하고, 여름에는 물이 필요하다"라고 이해를 하시면 되겠습니다. 명리가 자연의 변화와 기운을 사람에게 대입한 학문으로 본다면 조후용신처럼 자연의 상황을 관찰하며 공부하는 것이 학문의 깊이를 더 해 주는 좋은 방법이긴 하지만 오행의 생극제화와 억부를 이해하지 못하고 조후에 치중하다 보면 모든 명식을 단순하게 계절에 대한 일간의 상태 위주로 해석을 해 버리는 오류가 발생할 수 있으므로 기본을 충분히 공부한 다음에 조후(궁통보감)를 공부하시는 것이 좋을 듯합니다.

특히 조후를 볼 때는 명식 전체를 염두에 두며 살펴야지 월에만 조후의 의미를 부여한다면 명식을 보는 시야가 좁아 집니다.

특히 조후를 볼 때는 명식 전체를 염두에 두며 살펴야지 월에만 조후의 의미를 부여한다면 명식을 보는 시야가 좁아집니다.

▷ 병약용신

일간이 병들었을 때 그 병을 치료할 수 있는 약과 같은 오행을 용신으로 보는 방법입니다. 억부용신과 결과가 중복되므로 의미만 알고 활용하면 좋을 것 같습니다.

▷ 통관용신

두 세력이 대립을 하면 유통시켜주는 오행을 용신이라고 보는 방법입니다. 억부용신과 결과가 중복되므로 의미만 알고 활용하면 좋을 것 같습니다.

▷ 종격용신

외격(外格)이라고 하며 어느 한 쪽의 오행이 아주 강한 세력을 형성하고 있다면 일간은 그 강한 오행을 따라 가게 되고 따라서 용신은 그 강한 오행이 되는 용신법입니다.

특히 종격은 아주 완벽한 종격을 이루지 않으면 종으로 속단하지 말고 세심하게 살펴보실 것을 권합니다.

종격을 아주 중요하게 다루는 분들도 있지만 저는 명식을 생극제화의 변화만으로 충분히 해석을 한다고 생각하고 지지6합 지지3합 형충파해 등을 적용하지 않기 때문에 종격용신으로 봐야 할 명식은 극히 일부이므로 원리만을 간단히 설명하는 것이 공부하시는 분들의 혼란을 줄이게 된다고 판단을 하고 있습니다.

♧종격용신의 적용

종격은 원국이 심한 불균형을 이루고 있어서 억부용신으로는 균형을 이루어 낼 수 없어서 그 불균형을 인정하는 용신법이라고 이해를 해야 합니다.

종격의 종류는 억부의 시각에서 신강의 종격과 신약의 종격으로 나누고 신강의 종격은 종왕격과 종강격 신약은 종아격 종재격 종관격으로 나누는데 그 이름이 그렇게 중요한 것은 아닙니다.

종왕격과 종강격은 인성과 비겁의 태과라서 식재관이 없거나 역할을 전혀 할 수 없을 때인데 용신은 종왕격은 비겁이 용신 인성이 희신이고 종강격은 인성이 용신 희신은 관성이 됩니다.

신약의 종격 3가지는 모두 명식에 인성과 비겁이 전혀 없을 때(지지 토중의 지장간 여기(餘氣)까지인데 용신은 식상 재성 관성 중에서 보면 되는데 이 경우에는 모두 운에서 인성과 비겁이 오면 어렵다고 판단을 하면 됩니다.

다시 한 번 당부 드리지만 종격은 흔치 않으니 웬만하면 억부용신을 생각하시기 바랍니다.

♧ 조후용신의 적용

조후용신은 계절과 일간과의 관계를 설명할 때 계절에 따른 강약이나 변화의 정도에서 벗어나 일간이 절박한 상황에 처하여 억부용신으로서는 역할을 할 수 없는 부분을 조후용신으로 하는데 2부분만 적용하면 됩니다.

금수상관(金水傷官) 목화상관(木火傷官) 즉, 겨울의 金과 여름의 木의 경우에 조후용신을 주로 고려하여 각각 火와 水를 용신으로 합니다. 단 火氣가 엄청 강한 金이나 水氣가 엄청 강한 木인 경우에는 주변 상황을 고려해야 합니다.

그리고 조후용신은 아니지만 억부용신에서 그 힘의 균형을 논할 때 한난조습(寒暖燥濕)을 고려하여야 섬세한 판단을 할 수가 있습니다.

♣ 조후용신에서 운세 대입법

억부용신법에 익숙해져 있으면 조후용신을 설정하고도 고민을 하게 되는 부분이 있습니다.

다름 아니라 여름의 木이라서 水를 용신으로 정했는데 억부로 보면 신약인 명식이라서 木운을 어떻게 볼 것인가와 겨울의 金이라서 용신을 火로 정해 놓고도 억부법으로 볼 때 신약이라서 비겁과 인성운을 어떻게 볼 것인가 고민하게 됩니다.

조후용신법은 억부로 해결을 할 수 없기 때문에 특별히 적용되는 부분이기 때문에 원국에서 여름의 木은 水 겨울의 金은 火가 좋아질 때만 희용신운으로 생각하면 되고 나머지 운은 좋은 것이 없을 거라고 생각하면 됩니다.

조후용신에서 원국에 火 혹은 水가 없어도 용신으로 사용해야 하는데 원국에 용신이 있으면 살아 가면서 일이 원활하게 풀리는 장점과 운을 적용할 때 유리한 면이 있습니다.

즉 겨울의 金에서 용신 火가 원국에 없으면 운에서 火운만 좋고 木운이 올 때는 발복하기 어렵지만 원국에 火가 있으면 木운과 火운에 모두 발복할 수 있다는 것입니다.

이 곳에서는 억부용신법을 기본으로 적용하고 일부 조후용신과 종격을 예외로 적용을 하고자 합니다.

▷ 격국용신을 배제하는 이유

우리나라에서 전통적인 용신분석 방법이 주로 격국용신을 사용해 왔다고 봅니다. 학문은 원래 본질이 중요하지만 시대의 흐름과 문화를 반영하는 건 어쩔 수 없다고 봅니다. 고대에서 근대에 이르기까지 이 땅에는 유교적 특성이 강하게 뿌리를 내리고 있었습니다. 유교적 사회에서는 사람의 됨됨이와 그릇을 중요한 덕목으로 여깁니다. 사주에서도 역시 격국이란 그 사주 주인의 그릇과 큰 틀을 관찰하는 것이라 봅니다. 그러나 현대는 복잡하고 내면적 그릇의 크기보다는 외면적인 재능과 능력에 따라 인생이 좌우되는 것이 현실입니다. 그렇게 볼 때 격국용신보다 억부용신이 대운과 세운의 흐름을 판단하고 삶의 길흉을 판단하는데 효용성이 더 나은 것으로 판단했습니다.

▶ 용신분석 <억부용신법>

앞에서 잠시 언급을 했지만 억부용신은 일간이 신약할 때는 일간을 도와 주는 인성이나 비겁이 용신이 되며, 일간이 신강 할 때는 일간의 힘을 억제해 주는 식상, 재성, 관성 중에서 용신이 됩니다.

용신에서 억부용신을 기본으로 하는데 잘못 이해하면 水가 많으니 土로서 다스려야 하지 않을까 생각하기 쉽습니다. 억부용신은 일간을 중심으로 균형을 맞추는 잣대는 맞습니다. 그런데 그 균형이 일간을 중심으로 인겁 대 식재관의 균형점을 찾는 것이 가장 기본입니다. 이 때 득령과 득지의 여부가 기준이 되어야 합니다. 그리고 일간을 중심으로 인겁과 식재관이 잘 연결되어 흘러가고 있는지도 살펴야하고 습한지 건조한지의 균형도 살펴야 합니다. 그 다음에는 지지의 土를 판단해서 土들이 어떤 오행의 근이 되는지도 판단해야 하고 또 월지는 계절의 의미를 먼저 생각하고 월지가 다른 십성들에게 미치는 영향도 생각해야 합니다.

이 때 월지가 생지인지 왕지인지도 생각을 해야 계절의 힘을 알 수가 있습니다.

명식을 보면 신강신약을 먼저 판단하는 훈련을 하면 일간을 중심으로 십성들의 생극이 서로 얽혀 있는 것을 하나하나 풀어 가는 능력이 생기게 될 것입니다.

▷ 월지(월령)과 일지의 역할에 대하여

월령은 계절적인 의미를 가지고 있으며 월령의 상황은 일간 뿐만 아니라 명식 전체 오행에 영향을 미치기 때문에 아주 중요한 의미를 부여 할 수 있습니다. 예를 들어 辰月의 木일간 주변에 金이 있다면, 이 金은 申金 酉金 戌土 등이 있어서 뿌리가 있지 않으면 일간에 강한 위협을 주기 어렵다고 인식을 해야 됩니다.

　월령은 전반적으로 일간의 활동력을 제공하기 위한 환경적인 면에서 살펴봐야 할 것입니다.

　즉, 일간의 기운을 얼마만큼 활성화 할 수 있는 공간을 갖추고 있는지를 알 수가 있는 것입니다.

　일지는 일간의 앉은 자리로서 일간의 실질적인 기운의 강약을 표현하며, 주로 일간에 영향력을 행사한다는 의미로 생각 할 수 있습니다.(물론 다른 십성에게도 뿌리나 세력의 역할을 할 수 있습니다.)

　즉, 일간의 추진력을 알 수 있습니다. 일간이 앉은 자리인 일지에 뿌리를 내리고 있다면 일간의 기운도 강하고 추진력 또한 상당하다고 하겠습니다.

　그래서 원국의 신강 신약을 판단할 때 일간이 월령과 일지에서 어떤 상황이 되어 있느냐, 즉 인성과 비겁이 포진하고 있느냐를 먼저 살펴야 하겠습니다.

▶ 신강의 조건 [1]

　신강의 조건을 설명하면서 기본적인 것은 일단은 공식화된 듯한 설명을 하겠습니다만, 공부가 깊어 가면 공식화된 틀에서 벗어 나서 원국의 전체를 보면서 응용해서 살펴야 하겠습니다.

註) 1) 박주현 <마음을 읽는 사주학>참조

여러 가지 방법과 많은 명식들을 접목해 봤을 때 필자가 상당한 부분의 공감대를 확보할 수 있었습니다.

물론 기계적인 대입은 오류가 많으므로 감각을 키워야 한다는 점을 전제로 해둡니다.

▷ 득령

월지에 인성이나 비겁이 있으면 득령을 했다고 합니다. 이 때 힘의 크기에 3의 비중을 둘 수 있습니다.

▷ 득지

일지에 인성이나 비겁이 있으면 득지했다고 합니다. 이 때 힘의 크기에 2의 비중을 둘 수 있습니다.

▷ 득세

일간과 일지 월지를 제외하고 인성과 비겁이 있으면 득세를 했다고 합니다. 이 때 힘의 크기에 1의 비중을 둘 수 있습니다.

이렇게 가정을 하면 득령과 득지를 합한 힘은 나머지 5개 세력의 합한 힘과 5 : 5로 거의 균형을 이룬다고 보면 됩니다.

▶ 신강의 영역

☞ 득령 + 득지 (변수)

☞ 득령 + 득세 2개(변수)

☞ 득지 + 득세 3개(변수)

☞ 득세 5개(변수)

▶ 신약의 영역

위 신강의 조건에 부합되지 않으면 일단 신약으로 간주해야 하겠습니다.

이 때 변수는 주변 여건을 살펴 신강으로 볼 수도 있으며 때로는 신약으로 볼 수가 있는 것을 의미합니다.

변수가 되는 것은 월령의 특성과 지지 부분이 생지 왕지 고지 중에 어디에 해당 되는가 그리고 辰戌丑未는 어떤 오행의 뿌리역할을 하는가와 득세 십성이 일간과의 거리를 판단해서 결정을 해야 합니다.

▶신약 명식에서 용신

원국이 신약으로 판단되면 용신은 인성이 아니면 비겁이 됩니다. 신약 명식에서 용신은 인성을 우선으로 하는데 그 이유는 인성은 에너지를 공급하는 오행이고 기운에 있어서는 버티는 힘이기 때문입니다. 인성은 일단 원국에게 안정감을 주며 내실을 다지는 십성이므로 용신에서 우선권을 갖게 되는데 원국에 인성이 밖으로 드러나 있지 않으면 비겁을 대신 사용하게 됩니다.

원국에서 재성이 많은 경우에는 인성으로 균형을 맞추기 어려우므로 추진력이 강한 비겁이 재성을 조절할 수 있으니 재성을 우선으로 용신으로 사용하게 되는데 이 경우에도 원국에 비겁이 외부에 없으면 인성으로 용신을 사용하게 됩니다.

▶ 신강 명식에서 용신

원국이 신강으로 판단되면 용신은 식 · 재 · 관에서 찾아야 하는데 일단 인성이 많아서 신강한 명식은 재성을 우선 용신으로 사용해야 합니다.

그 다음 비겁이 너무 강한 구조라서 관성으로 조절하기 어려운 상황이면 식상으로 설기해서 비켜 나가는 것이 순리입니다. 만일 인성과 비겁의 세력이 비슷하다면 원국의 구조를 보면서 식상이나 관성 중에서 선택을 해야 합니다.

만일 신약일 경우에 원국에 인성 혹은 비겁이 지장간에서까지 전혀 없어도 종격이 아니라면 인성과 비겁을 용신으로 사용해야 하는데 원국에 용신이 있으면 살아 가면서 일이 원활하게 풀리는 장점과 운을 적용할 때 유리한 면이 있습니다. 즉 운을 받을 때 원국에 인성이나 비겁이 있을 때 운에서 인성이나 비겁 운이 올 때 훨씬 강한 운을 받을 수 있다는 것입니다.

▶ 희용기구한을 표현

용신을 찾았으면 일간과 용신에게 직간접으로 도움을 주는 오행을 희신『喜神』이라고 하는데 희신은 용신을 보호하는 오행중에서 됩니다. 또한 용신을 극하는 오행을 기신『忌神』이라고 하며, 희신을 극하는 오행을 구신『仇神』이라고 하며, 나머지 한 개의 오행을 한신『閑神』이라고 합니다.

이런 用 喜 忌 仇 閑은 대운의 길흉을 판단하는 기준이 되는 점에서 아주 중요합니다. 즉 오행이 용신인 경우는 아주 좋음, 희신인 경우는 좋음, 기신인 경우는 아주 나쁨, 구신인 경우는 나쁨, 한신인 경우는 보통으로 그 운을 진단해 보는 것입니다.

 운세분석을 위해 <용희기구한>을 구성할 때 가급적 원국에 있어야 하지만(지장간 포함) 나머지 <희기구한>은 용신을 기준으로 의미 부여한 등급으로 봐야 하니 원국에 없어도 됩니다. 그리고 용신은 가급적 지장간보다는 원국에 나타나 있는 오행을 사용하는 것이 맞고 원국의 흐름을 살펴서 어느 오행이 원국이나 운에서 나타날 때 균형을 잡는 역할을 할까 생각해서 결정하면 됩니다.
 희신이 애매하여 고민하는 경우가 많은데 희신은 일단 용신과 생관계에 무게를 두고 운의 실질적 희기는 원국과 대입해서 판단해야 하므로 희신이 한신급이 되고 혹은 구신급이 되어도 고민 할 필요가 없습니다.

▷ 희신을 찾는 방법

 희신을 찾는 부분이 초급과정에서 어려운 부분이기도 한데 개념을 잘 이해하면 쉽게 풀 수 있습니다. 고서에 보면 희신은 용신을 돕는 것이라고 되어 있는데, 이 <돕는다>를 용신을 생 해 주는 것으로 단정해서 해석하는 사람이 의외로 많습니다. 심지어 아주 유명한 명리선생님들도 마찬가지입니다. 생각해 볼까요, 배고픈 사람은 먹여 주는 것이 도우는 거지만 이미 배가 부른 사람은 오히려 일을 시키거나 운동을 시키는 것이 도와 주는 것이겠지요.
 예를 들어 신약명에서 희신은 용신을 생하는 것이 아니라 용신과 생 관계이면서 용신이 힘이 약하면 용신을 생 해 주는 관성이 희신,

용신이 이미 힘이 있으면 용신을 설기해 주는 비겁이 희신이 되는 것으로 이해해야 합니다.

용신을 찾을 때 균형이 중요하다는 말씀을 드렸는데 그러다 보니 수가 많으니 토가 용신 혹은 신약인 경우에도 식상이 많으니 식상의 힘을 설기하는 재성이 용신이라는 분이 종종 있습니다.

희신을 찾는 방법은 신약 명식에서 용신이 인성일 경우 용신이 약하면 인성을 생하는 관성이 희신이며 용신이 근이 있어 힘이 있을 경우는 용신의 힘을 설기하고 약한 일간을 돕는 비겁이 희신이 됩니다.

▷ 용·희신을 찾는 순서와 감각

첫째, 조후인가(겨울의 금, 여름의 목)를 살펴봐야 합니다.

둘째, 일간의 근을 봐서 종격이 되는 지를 판단해 봐야 합니다.

셋째, 그 다음 억부용신으로 봐서 신강신약을 판단해야 하는데 반드시 득령, 득지, 득세의 힘을 기본으로 해야 합니다.

희신의 문제는 신약의 경우에는 용신이 약하면 용신을 생 해 주는 오행이, 희신, 용신이 강하면 용신을 설기해 주는 오행이 희신이 됩니다.

신강의 경우 희신은 용신을 중심으로 혹은 용신과 협력해서 일간이나 인성의 힘을 약화시킬 수 있는 오행이 됩니다.

신강신약을 판단 할 때 지지의 힘이 얼마나 일간에게 영향을 미치는가를 가늠해 봐야 하는데 이 때 지난 번에 설명한 지지의 土, 즉 辰戌丑未가 어떤 작용을 하는가 하는 점이 중요합니다. 그 다음 월령의 계절적인 관점에서 나머지 십성들에게 어떤 영향을 미치는 지도 섬세하게 살펴야 합니다.

　용신에서 억부용신을 기본으로 하는데 때로는 잘못 이해하는 경우 水가 많으니 土로서 다스려야 하지 않을까 생각하기 쉽습니다. 억부용신은 일간을 중심으로 균형을 맞추는 잣대는 맞습니다. 그런데 그 균형이 일간을 중심으로 인성과 비겁 대 식재관의 균형점을 찾는 것이 가장 기본입니다. 이 때 득령과 득지의 여부가 기준이 되어야 합니다. 그리고 일간을 중심으로 인겁과 식재관이 잘 연결되어 흘러 가고 있는지도 살펴야 하고 습한지 건조한 것인지의 균형도 살펴야 합니다. 그 다음에는 지지의 土를 판단해서 土들이 어떤 오행의 근이 되는지도 판단해야 하고 또 월지는 계절의 의미를 먼저 생각하고 월지가 다른 십성들에게 미치는 영향도 생각해야 합니다. 이때 월지가 생지인지 왕지인지도 생각을 해야 계절의 힘을 알 수가 있습니다.

　명식을 보면 신강신약을 먼저 판단하는 훈련을 하면 일간을 중심으로 십성들의 생극이 서로 얽혀 있는 것을 하나하나 풀어 가는 능력이 생기게 될 것입니다.

　☞ 식상이 용신이면　희신은 재성
　☞ 관성이 용신이면　희신은 재성
　☞ 재성이 용신이면　희신은 관성 혹은 식상
　☞ 인성이 용신이면　희신은 관성 혹은 비겁

☞ 비겁이 용신이면 희신은 인성으로 보면서 살펴야합니다.
단순히 외우지 마시고 원리를 이해해야 합니다.

▶ 용신이 강건하려면

☞ 용신이 천간에 있으며 가급적 일간 근처에 있으면 용신이
   소임을 잘 하므로 일간이 편안하며 일의 진행이 신속하게
   됩니다.

☞용신이 지지에 근(根)을 두고 있으며 그 근이 손상되지 않아야
   하겠습니다.

☞용신이 지지에 있고 천간에서 덮어 주고 있거나 옆에서 보호
   받고 있어서 힘이 있으면 어려움을 잘 견디고 극복하는
   명식으로 판단하면 됩니다.

▶ 용신의 상태로 본 명식의 특성

☞ 용신이 암장되어 있거나 미약하면 활동력의 폭에서 문제점이
   있으며 스스로 짊의 무게를 감당하며 살아야 합니다.

☞용신이 다자(多字)이면 방향 설정이 잘 안되어 한 곳에 기운을
   집중하는 역량이 떨어집니다.

☞용신이 합이 되면 활동력이 떨어지게 되어 일간은 매사에
   불만이 쌓이게 됩니다.

☞용신이 충극을 받으면 일하는데 장애물이 많아 항상 애로점이
   많습니다.

정리하면 용신이 부실하면 살아 가는 모습이 힘들게 보이는데 이

것은 모든 것을 내가 책임지고 해야 하므로 내 몸이 고단한 상황으로 이해해야 합니다. 주의해야 할 것은 용신이 약하다고 해서 경제적으로 잘 살고 못 사는 것과는 무관하다고 하겠습니다.

 공부의 POINT

▶ 용신론에 대한 수풍정의 견해

용신에 관하여 많은 이론이 있습니다.

그러나 어떤 이론이 정답이라고 결론을 내리기가 참 어렵습니다. 동양학의 특성이기도 합니다. 여러 이론을 접해보면 나름대로의 타당성을 갖추었기 때문에 초학 분들이 갈등을 하게 되어 있습니다. 수풍정이 감정을 하면서 강약이 분명한 것은 일단은 억부용신을 적용하면서 다 해결 하였습니다.

그러나 아리송한 것(중화된 명식)은 그 사람의 살아온 과정을 물어서 대운과 대입을 해 보시기를 권합니다. 그러면 족집게는 못되어도 엉터리 감정은 면할 수 있습니다.

그리고 운세를 대입할 때 용신 운이었는데도 그때가 어려웠다는 애기를 듣게 되면 용신을 잘못 찾았다고 생각하거나 심지어 그런 경우가 여러 차례 반복된다면 용신 무용론에 빠지게 됩니다.

이러한 경우 먼저 세운을 찾아서 대운과 함께 대입을 해 봐야 합니다. 대운이 희용신이라도 세운이 기구신이면 어려울 수 있습니다.

그리고 용신 운이 반드시 좋고 기구신이 반드시 나쁘다고 단정하여 판단하면 안 됩니다. 희신 용신 기신 구신 한신 이라는 것은 명식이 신강인지 신약인지 판단한 결과에 의한 기본적 의미 분석일 뿐, 실제로 희용신 운에서 발복하려면 사주원국이 운에서 들어오는 희·용신 운을 수용하고 원국과 작용력이 좋아야 합니다.

286

용신을 찾는 이유는 용신을 살펴 보면 살아 가는 모습을 알 수가 있고 용신을 기준으로 운세를 분석하기 위함인데 운세의 흐름이 원국의 기운에 따라 좋고 나쁨이 편차를 가지고 있다는 것도 명심해야 합니다.

요즘 주변에 보면 용신 무용론을 거론 하시는 분들이 있습니다. 일부분 운세 대입시 잘 맞지 않는다고 그런 얘기를 하는지 모르겠습니다만 용신은 원국 자체에서 사주 주인의 생활패턴을 알 수 있고 특히 역경에 대응하는 모습을 알 수 있으므로 그 사람의 직업적성을 분석하는데 중요한 기초자료가 되고, 또한 용신은 운을 분석하는 기본적인 근거가 되는 것이므로 아주 중요하다고 하겠습니다.

사주를 통하여 아주 세세한 부분까지 알아 보려고 하다 보니, 용신보다는 원국 분석을 통하여 그 사람의 길흉을 알아 맞추려는 욕심 때문이라고 하겠습니다.

필자는 사람의 특성은 약60~70%는 유전인자와 환경적 특성이 지배를 하며 개인이 타고난 특성 즉 사주에 의한 의미는 30~40% 정도를 알 수 있다고 봅니다.

이 30% 만 잘 활용한다고 해도 인생에 있어서 사주는 유용하고 가치 있는 학문이 될 수 있다고 봅니다.

공부의 POINT(중요)

▶ 신강 신약과 강약의 의미?

흔히 용신을 공부하면서 신강 신약을 애기하게 되는데 한자로 身強 身弱으로 대부분의 책에서 표시하고 있습니다.

그렇다면 그냥 강약으로 표현하면 되지 않을까요?

신강 신약이 그냥 강약과 다르기 때문에 표현한다면 辛強 辛弱이 맞다고 봅니다. 즉 신강 신약은 억부용신에서 균형의 문제로 볼 때 표현하는 용어입니다. 그러나 일반적으로 강약으로 표현하면 사주의 힘을 의미하는 근(根)의 강약을 애기하는 것으로 봐야 합니다.

신약한 사주이지만 강한 경우도 있고 신강한 사주이지만 근이 인성에만 의지하고 비겁이 미미하다면 약하다고 판단해야 하는 것입니다.

앞으로 이 부분을 잘 생각해서 명식을 설명해야 할 것입니다.

아울러 항상 명식을 분석하려면 신강 신약과 강약을 구분하는 훈련을 통하여 감각을 길러야 하겠습니다.

▶ 신강 신약을 혼동하게 만드는 土에 대한 해설

앞에서 地支 土에 대해 상세하게 설명 했지만 土를 이해하면 실력이 한층 더 향상되므로 한 번 더 설명 합니다. 辰 戌 丑 未 土를 이해

288

하려면 먼저 지지삼합의 범위에서 토의 위치를 파악해야 합니다.

辰土는 火의 영역에서는 활성영역이라서 辰月의 火는 힘을 얻을 수 있습니다. 그러나 地支의 火와의 작용을 습토로서 火의 기운을 설기하는 것으로 봐야 하겠지요. 木의 영역에서는 목의 기운이 한 풀 꺾이는 자리라서 강한 영향력은 어렵지만 안정적인 지원은 기대할 수 있습니다. 水의 영역에서는 그 氣가 소멸되는 위치라서 水의 뿌리로 서는 거의 기대하기 어렵습니다. 金의 영역에서는 아예 빠져 있으므로 뿌리라 할 수가 없습니다. 辰土는 상당부분의 木기운 즉 봄의 끝자락이라서 土의 근으로 쓰기가 어렵습니다.

戌土는 火의 영역에서는 火 기운이 소멸되는 자리라서 뿌리로서 기대하기 어렵습니다. 木의 영역에서는 아예 빠져 있으므로 뿌리가 될 수 없습니다. 水의 영역에서는 활성영역이라 비록 土剋水이나 水의 뿌리가 된다고 하겠습니다. 金의 영역에서는 金이 한 풀 꺾이는 자리이지만, 土生金의 지원이 있어 강한 힘의 원천이 된다고 하겠습니다. 戌土는 土가 근으로 쓰는 여름을 한 참 지난 지점에 있기 때문에 토의 근으로는 무기력하지만 건토(乾土)이므로 약간의 안정감은 기대할 수 있습니다.

丑土는 火의 영역에서는 아예 빠져 있어 뿌리가 될 수 없으며 비록 설기하나 습토라서 土剋火의 치명상을 입히게 됩니다. 木의 영역에서는 활성영역으로서 木의 강한 뿌리가 됩니다. 水의 영역에서는 水가 한 풀 꺾이는 자리라서 어느 정도의 뿌리는 되지만 土剋水의 영향을 참고로 해야 합니다. 金의 영역에서는 그 기의 소멸하는 자리라서 뿌리로 기대하기 어렵습니다. 丑土는 土가 반가워하는 火 즉 여름과는 정 반대의 계절에 있으므로 土의 근(根)으로 볼 수 없는 것을 잊지 말아야 합니다.

未土는 火의 영역에서는 火가 한 풀 꺾이는 자리이며 火의 기운을 설기하지만 水의 공격으로부터 火를 보호하고 조열한 土라서 어느 정도 火의 뿌리가 됩니다. 木의 영역에서는 그 기가 소멸하는 자리라 뿌리로서 역할을 기대하기 어렵습니다. 水의 영역에서는 빠져있고 건조한 土로서 土剋水를 하니 치명적입니다. 金의 영역에서는 활성영역이지만 火剋金의 계절이라 지원은 어렵습니다. 未土는 여름의 土이므로 土의 根으로는 가장 강한 역할을 합니다.

辰土나 丑土는 土의 根이나 金의 根으로는 기대하기 무리지만 각각 비겁과 인성으로의 특성은 설명이 되어야 합니다.

억부용신을 공부하는데 가장 애를 먹는 부분이 土를 어떻게 판단하느냐에 있습니다.

위의 내용을 지지삼합의 원리와 함께 생각하면 해결이 될 수 있습니다.

용신론을 정리하면서

용신 공부는 사주공부의 핵심라고 할 만큼 중요합니다. 사주를 통해서 결국은 사람의 장래를 예견하고자 하는 것이기 때문입니다.

용신은 가급적이면 원국의 간지에 있는 것이 좋고 어쩔 수 없이 지장간의 오행에서 찾을 수 밖에 없기도 합니다. **용신을 지장간에서 찾을 때에는 생지(寅巳申亥)는 중기를 쓸 수 있으나 뿌리로는 미약하며 여기(餘氣)는 안되며 고지(辰戌丑未)에서는 여기는 쓸 수 있으나 중기는 쓸 수 없다는 점을 반드시 명심해야 합니다.**

대부분의 명식은 신약 신강이 쉽게 보일 때도 있지만 중화된 사주는 신약 신강을 가늠하기 어려울 때가 종종 있습니다.

열심히 공부하고 실제로 임상을 하면서 감각의 실력을 늘여 가는 수 밖에 없다는 말씀을 드립니다.

용신이 중요하다는 말을 많이 듣다 보면 모든 것을 용신에 얽매이는 오류를 범하게 되고 때로는 오히려 용신의 작용과 용신운의 무기력함에 실망하여 급기야 용신 무용론에 빠지기도 합니다.

명식에서 용신의 용도와 용신을 통하여 얻을 수 있는 정보가 무엇인지를 명확하게 정리하고 용신을 공부해야 하겠습니다.

특히 기초과정에 충실하기 위하여 용신부분 중의 종격(從格)은 깊이 다루지를 않았습니다. 혼란이 있을 수 있고 또 실제로 임상을 해 보면, 웬만한 것은 종격보다는 억부용신을 대입하는 것이 정확할 때가 많기 때문입니다.

▶ 실전에서 용신 찾기

아래의 명식들은 미리 운세검증을 하여 그 결과가 입증된 실제 인물의 용신입니다.

辛　乙　丙　己
巳　卯　子　未

이 명식은 子月의 乙木 일간이 득령 득지만 하고 세력에서 받쳐 주지 않으니 신약으로 보입니다. 그렇지만 이렇게 생각을 해 보면 어떨까요? 木이 가장 음기가 강한 子月(왕지)에 속해 있고 일지가 왕지인 卯木에 앉아 있습니다. 뿌리 깊은 잔디가 겨울의 음기를 충분히 축적하고 있고 하늘에 햇볕이 있어 맑은 날의 연속이니 자신의 역량을 충분하게 펼칠 수 있지 않을까 합니다. 득령 득지를 살필 때 생왕고의 힘을 다시 한 번 더 살펴보십시오. 신강에 용신은 火 희신은 土로 보겠습니다.

庚　壬　丁　壬
戌　子　未　戌

이 명식은 未月의 壬水 일간이 득지와 천간의 庚金 壬水를 세력으로 하고 있어서 신약해 보입니다.

그러나 지지의 戌土는 壬水 일간의 뿌리가 되므로 월주 丁未 외에는 모두 일간의 뿌리가 되므로 신강 명식이 됩니다.

용신은 천간의 火 밖에는 쓸 수가 없겠지요. 희신은 木이 됩니다.

丁 丁 癸 乙
未 未 未 丑

이 명식은 未月의 丁火 일간이 득령 득지를 못하고 천간 丁火 乙木 두 세력에 의지하는 신약한 명식으로 보입니다.

그러나 지지의 未土는 모두 일간의 뿌리가 되므로 癸水와 丑土 외에는 모두 세력을 형성하게 되니 신강 명식으로 보고 용신은 水 희신은 金이 됩니다.

庚 辛 乙 癸
寅 亥 丑 亥

이 명식은 丑月의 辛金 일간인데 조후용신은 해월과 자월만 보라고 설명을 했지요. 丑月은 겨울의 기운이 이미 끝나는 시점이므로 조후가 아니라고 설명한 얘기가 기억나시는 가요. 그런데 이 명식은 丑月이지만 양쪽 옆이 모두 水의 기운이라서 차가운 느낌이 강합니다. 乙木과 寅木을 제외하면 모두 냉습하지요 그래서 조후용신 火를 써야 할 것 같습니다. 용신은 火 희신은 木으로 하겠습니다.

庚 庚 丁 己
辰 子 丑 未

이 명식은 丑月의 庚金 일간으로서 위의 명식과 비슷한 조후용신로 보입니다. 그렇지만 지지의 未土나 辰土는 따뜻한 기운의 土이며 천간의 丁火와 己土 역시 차갑지 않습니다.

조후용신을 살필 때 중요한 것이 하나 있는데 실제로 이 사람의 생년월일시를 보면 입춘을 불과 6일 앞두고 있다는 것입니다. 그래서 신약 명식으로 보고 용신은 土 희신은 金으로 하겠습니다.

甲 甲 戊 丙
子 寅 戌 辰

이 명식은 戊月의 甲木 일간이 득지를 하고 천간의 甲木 지지의 子水의 세력을 가진 신약한 명식으로 보입니다.

그러나 연지의 辰土가 있어서 지지는 월지 외에는 모두 뿌리가 되므로 신강한 명식이 됩니다. 이때 木에게 辰土는 상당한 힘이 되어준다는 것을 기억해야 합니다.

용신은 火 희신은 土가 되겠습니다.

甲 戊 丁 戊
寅 子 巳 申

이 명식은 巳月의 戊土 일간이 득령은 했지만 巳月은 생지이고 세력은 천간의 丁火와 戊土만 있어서 신약해 보입니다. 천간에 어느 정도 비겁의 힘을 가지 戊土는 火의 지원이 필요한데 巳火는 생지라서 지원이 부족할 수 있지만 월주가 간지통 되어 힘이 있습니다.

신강 명식으로 판단되며 용신은 水 희신은 金이 되겠습니다.

庚 壬 戊 庚
戌 申 寅 申

이 명식은 寅月의 壬水 일간이 득지와 인성 세력 3개를 두고 있으

나 인성인 금이 인월의 금이라 힘이 없고 관성이 천간과 지지에 있
어서 신약해 보이는 명식이지만 戊土가 일간과 인성의 뿌리가 되므
로 신강한 명식이 됩니다. 그렇지만 비겁이 없어서 기질은 약한 명
식으로 봐야 합니다.

용신은 木, 희신은 火가 되는데 관성은 인성이 천간 지지에 있어서
작용력이 떨어지기 때문에 용신으로 쓰기는 어렵습니다.

己 戊 丙 乙
未 子 戌 丑

이 명식은 戌月의 戊土 일간이 4개의 비겁과 丙火 인성이 있어서
아주 신강한 명식으로 보입니다.

그러나 戌土와 丑土는 일간에게 뿌리가 될 수 없어서 신약한 명식
이 되어 용신은 火, 희신은 土와 木이 됩니다.

이 명식은 기질만은 상당히 강하여 고집이 있다고 해석해야 합니
다.

乙 癸 丙 甲
卯 卯 寅 午

이 명식은 寅月의 癸水 일간이 뿌리가 되는 인성과 비겁이 지장간
에도 안 보이는데, 일간은 의지처가 전혀 없어서 종격(종재격)으로
용신을 봐야 합니다.

용신은 火, 희신은 木이 됩니다.

족집게 도사 가능한가?

고대사회에서 사람들은 그 지혜로서 자연의 현상들을 이해하지 못하는 상황이었고 따라서 자연의 큰 변화들은 두려움의 대상으로 보였다고 하겠습니다.

사람들은 그들의 나약한 능력의 한계로 볼 때는 거대한 자연의 힘 속에서 신비한 기운의 존재를 느끼게 되었고 그 신비한 힘을 숭배하거나 의지해 보려는 시도를 하게 되었다고 봅니다.

고대 중국의 현자 중의 한 분인 순자는 이미 자연의 변화를 일정한 법칙에 의해서 움직이는 것으로 해석을 하려고 하였습니다.

당시의 사람들이 이해하기 어려운 자연의 현상이 나타나면 이는 곧 하늘의 의지가 나타나는 것이라고 생각하였던 사람들에게 순자는 "별이 떨어지거나 나무가 소리 내어 울면 모두 두려워서 어쩔 줄 모르지만 그것은 전혀 이상한 일이 아니다. 이는 다만 천지의 변화이며 음양의 조화이며 어쩌다 일어나는 자연의 현상일 뿐이다."라고 하였습니다.

그리고 인간의 기도나 소망에 자연은 감응하지 않고 자연은 스스로의 법칙에 따라 움직일 뿐이라고 판단하였습니다. 그는 "기우제를 지낸다고 해서 하늘에서 비를 내려 주지 않는다."고 하니 주변에서 "기우제를 지냈더니 비가 오는 것은 어쩐 일입니까?"하고 물었습니다. 그는 "그것은 기우제를 안 지냈는데도 비가 오는 것과 같을 뿐이다."라고 말 하였습니다.

　사람은 자연의 일부입니다. 과학이 발달된 현대사회에서도 우주자연의 신비를 다 알 수 없듯이 사람의 능력으로 한 사람의 특성과 길흉화복을 다 알아낼 수 없는 것입니다.

　동양학의 특성이 유연하고 포괄적인 학문입니다. 그러다 보니 자칫하면 신비주의 속에 빠져들 수 있습니다. 그러므로 동양학을 공부하는 기본적인 자세만큼은 합리적인 생각과 더불어 논리적인 접근방법의 틀을 가져야 하겠으며 실제로 이론적인 부분에 있어서는 유연한 사고력과 포괄적인 인과관계를 살피면서 공부를 해야 하겠습니다.

　그것이 한 쪽으로 치우치지 않고 중용의 진리를 찾아 가는 동양학의 본질에 접근 할 수가 있기 때문입니다.

대운분석

    용신을 찾았다면 희용기구한을 활용하여 대운을 분석해야 합니다. 대운은 그 사람이 살아 가면서 전반적인 운세의 흐름을 살피는데 아주 유용한 정보를 제공하는 구조입니다.

    10년 단위의 대운의 영향력은 기본적으로는 사주원국이 활동하는 환경을 설명하게 됩니다.

    또한 대운과 사주원국과의 영향력은 천간은 천간과 지지는 지지와 작용력을 기본적으로 가진다고 봅니다.

    물론 지지의 운이 원국의 천간에, 그리고 천간의 운이 원국의 지지에 작용력이 없다고는 할 수 없으나 섬세하게 다루어야 할 부분입니다.

    그리고 천간은 하늘의 기운이라서 변화가 빠르고 외형적이라서 그 작용력의 효과를 빨리 느낄 수 있으며, 지지는 땅의 기운이라서 변화의 속도는 느리지만 지구력이 있어 그 영향력이 오래 갑니다.

〈적천수〉에서 지지의 운을 강조한 것을 미루어 운의 성패는 지지에 많은 영향을 받는 다고 하겠습니다.

▶ 대운분석의 방법론

대운 10년에서 천간지지의 작용관계를 먼저 살펴서 대운을 원국에 대입을 해야 합니다.

▷ 개두(蓋頭)

개두란 천간에서 지지를 극하는 것을 말합니다.(예 : 庚寅, 丙申 등) 개두가 되면 지지가 희용신이라도 그 길함이 반감되며, 지지가 기구신에 해당되어도 그 흉함이 반감됩니다.

▷ 절각(切刻)

절각이란 지지가 천간을 극하는 것을 말 합니다.(예: 乙酉, 丙子 등) 절각이 되면 천간이 희용신이라도 그 길함이 반감되며, 천간이 기구신에 해당되어도 그 흉함이 반감됩니다.

▷ 간지생(干支生)

천간과 지지가 生작용을 하는 것으로(예 : 甲午, 己酉, 乙亥 등) 천간이 지지를 생하면 지지의 역량이 증가되고, 지지가 천간을 생하면 천간의 역량이 증가됩니다.

▷ 간지통(干支通)

천간과 지지가 같은 오행을 말합니다.(예. 甲寅, 乙卯, 丙午 등)가장 강력한 운의 영향력을 발휘하며 원국에도 강한 작용을 하게 됩니다.

▷ 천간합(天干合)

운에서 들어 오는 천간의 합은 강력하게 작용하므로 합이 되면 묶여서 꼼짝 못하기 때문에 두 십성이 다른 십성에게 생극의 영향력을 행사하지 못하게 됩니다. 그러므로 기구신이 합으로 묶이면 좋게 되고, 희용신이 합으로 묶이면 좋은 일이 엉뚱한 결과를 초래한다고 봅니다. 합의 분리는 합중의 양간이 충극을 받을 때 합의 효력이 일시적으로 합의 역할이 소멸될 수 있다고 하겠습니다.

▷ 지지암합(暗合)

지지의 암합은 표면으로는 극을 하는 모습이지만 실제로 지장간에서 암합을 하고 있으므로 극의 효과는 그다지 없다고 보여지므로 두 오행간의 작용을 세심하게 살펴야 합니다.
(寅丑, 寅未, 子辰, 子戌, 卯申, 亥午, 巳酉)

▷ 간지암합(暗合)

천간과 지지의 지장간 중에서 본기와 합을 하는 것을 간지 암합이라고 하는데 작용정지는 아니고 간지간의 극의 작용력이 거의 없거나 현저히 떨어 진다고 보면 됩니다.

(壬午, 丁亥, 戊子, 辛巳)

▷ 통관작용

  통관이란 극관계에 있는 두 오행 간에 다른 오행이 들어 가서 3개의 오행이 생으로 흘러 가게 하는 것을 말합니다.

  원국에서 두 십성이 극이 형성되어 있는 경우 대운에서 통관해 주는 오행이 들어 올 때는 극의 피해가 어느 정도 해소됩니다.

  특히 통관해 주는 오행이 희 용신에 해당된다면 운세가 비약적인 발전을 하게 됩니다.

  또한 운에서 원국을 극 한다고 해도 원국에 통관해 주는 오행이 있다면 극의 피해는 현저히 줄어 든다고 봅니다.

▶ **대운(大運) 분석 핵심**

  운세를 분석 할 때는 천간은 천간에 우선, 지지는 지지에 우선을 두면서 여러 가지 상황을 종합적으로 살펴야 합니다. 특히 천간에 대입시에는 절대로 일간에 운을 직접 대입하지 말 것을 권합니다. 예를 들면 일간이 甲木일때 운에서 庚金이 온다면 편관 운으로 봐서 환경이 어려워진다고 하면 되는데 굳이 庚金이 甲木을 극한다고 하지 않아도 되며 戊土가 오면 편재 운으로 봐서 금전적 손실이나 이익을 설명하면 되는데 甲木에게 극을 받는다고 하지 말라는 것입니다. 같은 말 같지만 섬세하게 살펴보면 상당한 차이가 있습니다.

  그리고 사주원국에서 표시되어 있는 8글자의 기운은 그 사람의 몸속에서 심리적 작용을 하고 있고 세운은 1년간 우주에 흐르고 있는 기운이지만 대운은 현재 우주에 흐르고 있는 일반적 기운이 아니라 개인에게 한정된 가상적이고 상징적인 기운을 의미하고 있으므로 직접 길흉을 작용하는 점은 세운에 비하여 약하다고 할 수 있습니다. 그러므로 대운은 전체의 흐름으로 봐야 하며 개인이 느끼는 운의 환경이라고 봐야 하겠습니다. 따라서 대운으로는 정확하게 길흉을 예측하기 어렵고 10년 이상 대운의 흐름을 가지고 길흉의 환경을 논하여야 하겠습니다.

▶ 세운(歲運) 분석

세운은 해 마다 찾아 오는 1년간의 운세인데 사주원국에 작용하여 그 해의 운의 길흉을 나타내게 됩니다.

세운을 분석하는 방법은 천간 운은 심리적인 문제 혹은 표면적으로 보이는 문제로 인식하거나 일의 진행과정을 설명할 수 있으며 지지 운은 눈에 보이거나 피부로 느끼는 사건이나 현실적인 문제와 사건의 결과물로 인식을 해 볼 수 있습니다.

▶대운(大運)과 세운(歲運)과의 관계

대운은 개인에게 부여된 기운의 환경적 흐름이라면 세운은 누구에게나 적용되는 한 해의 운을 의미합니다. 그래서 대운을 개인이 입는 계절에 따른 옷이라고 생각을 하며 세운을 날씨라고 관계를 설정해 볼 수 있겠습니다. 그래서 세운인 날씨는 각 개인이 입고 있는 계절에 따른 옷을 통과(작용)하고 피부에 와 닿게 되는 것과 같은 이치라고 하겠습니다. 날씨가 추울 때는 두꺼운 옷이 비바람을 막아 주는 작용도 하겠지만 날씨가 더울 때는 갑갑할 것이고 추울 때 얇은 옷은 몸을 상하게 하지만 더운 날씨에는 오히려 바람을 통과하여 오히려 시원하게 해 주는 경우가 되기도 합니다. 이러한 관계를 잘 생각하여 대운과 세운의 작용결과가 각자에게 실제로 영향을 미치는 운의 결과를 예측해 볼 수 있습니다.

운을 논할 때 실질적인 사건이나 일의 길흉은 세운이 더 중요하다고 생각하지만 대운의 도움을 얻지 못하는 세운은 큰 역할을 하지 못하기도 합니다.

세운을 운세분석의 핵심으로 본다면 천간의 희용신운이 4/10(10년 중의 4년) 지지의 희용신운이 4~5/12(12년 중의 4~5년) 적용되므로 운은 누구에게나 기본적으로 공평하게 온다는 얘기가 되겠고 원국의 불리함으로 인해 인생이 불리함을 느낀다면 노력으로 극복을 할 수 있습니다. 아무튼 운세를 대입할 때 세운을 섬세하게 살펴야 하겠습니다.

▶대운(大運)과 세운(歲運)의 활용

대운은 태어날 때 부여된 사주와 함께 개인에게 적용되는 고유한 운의 체계이고 세운은 해(年)운으로 누구에게나 공통으로 적용되는 운이므로 그 쓰임새가 다른 운입니다.

대운은 10년간 나와 함께 있으니 마치 내 몸과 같으므로 4주와 어울려 5주의 개념으로 접근해야 합니다. 대운은 심리구조에 영향을 미치고 주변의 환경을 만들어 주는 운으로 분류를 해야 하기 때문입니다.

반면에 세운은 현재 주변에 흐르고 있는 활성화 된 기운이므로 그 작용력이 사주에 직접 작용하여 길흉을 발생시킬 수 있는 힘을 가진 운입니다.

따라서 대운이 좋으면 전체의 삶이 윤택해 지며 세운이 좋으면 현재 당면한 문제를 해결할 수 있다고 하겠습니다.

대운이 좋으면 약10~20년 동안 주변 환경이 좋고 더불어 심리적으로 자신감이 생기니 이때 세운이 좋으면 원하는 바를 성취할 수 있습니다. 대운이 좋지 않은데 세운이 좋다면 여건이 좋지 않은 상황 하에서 일정부분의 일이 좋게 이루어지는 운 정도로 봐야 합니다. 대운과 세운은 각자 역할이 다르고 또 서로 유기적으로 작용하므로 어느 한 쪽 만으로 판단해서는 안됩니다.

대운은 세운과 원국의 사이에서 중간역할을 하여 세운이 원국에 좋게 작용하려면 대운의 도움이 필요하기 때문입니다.

때로는 대운이 원국에 별로 도움이 되지 않은 경우이지만 그 대운의 10년 기간 내에 세운이 올 때 대운이 세운을 돕게 되는 경우라면 그 대운은 좋은 역할로 소임을 다하는 경우가 되기도 합니다. 반대로 비록 대운이 좋을지라도 그 기간에 오는 좋은 세운을 충극한다면 그 대운을 좋다고 할 수 없다는 것이 대운과 세운의 관계입니다.

▶운세 대입의 방법<중요함>

운세대입은 명리학도들의 영원한 숙제입니다. 저도 운세 대입은 항상 신중해지며 아직 해결하지 못하고 있는 부분도 많습니다. 거의 10여년 이상을 운세대입에 집중하며 어느 정도 해결책이 보이기 시작 했습니다. 선생님들은 저의 경험을 바탕으로 연구하시면 빠른 시간 내에 수준에 이를 것 같습니다.

운세 대입은 용신을 분석하고 나서 기본적인 시선을 대운의 지지 운이 어느 곳으로 흘러 가는지를 보고 큰 흐름을 잡아야 합니다. 그 다음 원국의 용신을 봐야 합니다. 예를 들어 지지 운이 좋아도 원국 의 천간에 있는 용신이 깨어지면 뜻을 이루기 어렵습니다. 반대로 지지 운이 좋지 않아도 천간에 있는 용신이 좋다면 일이 이루어진 다고 보면 됩니다.

용신을 최우선으로 봐야 하며 원국의 용신이 좋은 상황으로 바뀌 면 일의 해결이라고 봐야 하며 원국의 용신과 관계없는 용신 운 혹 은 신약 명식에서 지지에서 근이 되거나 신강 명식에서 십성들이 전체적인 소통이 되면 그 당시 환경이나 여건이 좋아 지는 것으로 판단해야 합니다.

정리하면 운에서 오는 십성(오행)이 원국에 있는 용신이 활성화 되면 실질적으로 좋은 일이 이루어지고 운에서 오는 십성(오행)이 희 용신 운이 아니더라도 희 용신 역할을 한다면 주변여건이나 환 경이 나아지는 정도로 봐야 합니다. 이런 경우에도 운의 천간 지지 에서 그 역할에 대해서도 참고해야 하는 것을 잊지 말아야 합니다.

대운분석에 있어서 10년을 천간 운은 정신적인 면과 사건의 진행 과정 그리고 지지 운은 물질적인 면과 사건의 결과를 의미한다고 보고 그 희기를 설명하면 됩니다.

운의 강도는 천간이든 지지든지 간에 용신이 좋아지거나 어려울 때가 강한 작용력이 있으며 그 다음 지지에 희용신운이 어떻게 흘러가느냐를 보고 현시점 운에서 희기를 판단하면 됩니다.

예를 들어 천간 운이 기신이고 지지 운이 용신이면 일의 진행은 어려우나 결과는 좋게 나타날 것으로 예측하면 됩니다.

그 운의 내용은 그 십성의 의미를 적용하면 됩니다.

◆ 실전에서 운세 대입하는 방법

용신은 신강 신약만 정확하게 구분하면 큰 어려움이 없지만 운세 대입은 기초 이론이 탄탄해야 되고 그 다음 상당한 사고력을 요구하게 되는 분야가 되기도 합니다.

운세 대입을 하기 위해서는 사주원국의 구조를 제대로 파악을 한 다음에 희용기구한을 대입하면서 어떤 경우에 운의 작용력이 강하게 작용하는가를 판단해야 합니다.

아래 예를 보면서 설명을 하겠습니다.

壬 甲 庚 壬
申 午 戌 寅

丁 丙 乙 甲 癸 壬 辛
巳 辰 卯 寅 丑 子 亥

이 명식을 분석해보면 먼저 戌月의 甲木 일간이 지지에 연지의 寅木과 천간의 壬水에 의지하는 신약한 명식입니다.

戌月의 甲木은 허약하기 때문에 지지의 일정한 습기가 필요한데 지지가 너무 건조하다는 사실과 천간의 壬水는 날씨가 흐리거나 비가 부슬부슬 내리는 모습을 연상해 본다면 木 일간을 가지고 태어난 이 명식 주인은 뭔가 시도하기 어렵고 자꾸 시간을 보내며 기다리는 사람이라고 하겠습니다.

더구나 천간의 庚金은 주변 환경을 더욱 열악하게 하여 甲木의 미래지향적인 뜻을 펼치기 위해 일어서려고 하는 그 의지마저 꺾어 놓으니 엄청 조급한 마음만 간직하게 됩니다.

이때 천간의 庚金 편관은 일간 옆에서 위협하는 기신으로 제어 되어야할 대상이지만 지지의 申金 편관은 유용한 용신인 시간 임수의 뿌리가 되므로 깨어지면 안 된다는 점을 인지해야 합니다.

또한 천간의 용신은 뿌리가 있어서 튼튼해 보이는데 좋은 점은 살아가는데 큰 어려움을 겪는 부분은 없겠지만 천간의 용신 水운이 와도 큰 도움이 될까 하는 의문을 갖게 됩니다.

지지는 희신에 해당되는 寅木이 있어서 용신 운인 水가 온다면 자신감을 갖게 되는 점이 있지만 지지 子水 운이 온다면 일지 午火를 극하게 되는데 일지가 흔들리면 기운이 약한 이명식의 주인은 중심이 흔들려서 스트레스에 노출되는 문제점이 발생하게 됩니다.

(이때 寅午戌 화국으로 보는 우를 절대로 범해서는 안 됩니다.)

이런 정도의 원국 분석이 이루어지고 난후에 운세대입은 기본적으로 희용기구한에 의해서 水 木 운은 좋으며 火 土 金운은 좋지 않은 것으로 생각을 하게 됩니다.

그 다음에 원국 구조에 운을 대입하면서 판단을 하게 되는데 천간의 水운은 나쁘지는 않지만 원국에 水기운이 넘치고 있기 때문에 그다지 좋은 역할을 하지 못하게 됩니다. 다만 庚金의 살(殺)을 어느 정도 완화시키는 역할은 기대 합니다. 지지 水운에서 子水 운은 일지를 흔들게 되므로 좋은 운이 반감되는데 지지의 亥水는 좋은 운이라고 하겠습니다.

천간의 木운은 좋은데 乙木은 庚金을 합살(合殺)하므로 일간으로 하여금 안정감을 갖도록 해 주며 甲木은 庚金에 대항하여 일간을 보호하므로 어려움에 맞서서 일간의 신념을 밀고 나가는 운으로 보면 되는데 나쁘지는 않습니다. 물론 庚金의 극을 壬水가 통관시켜주는 것도 참고를 해야 합니다.

　지지의 木 운은 기본적으로 일간의 강한 뿌리가 됩니다. 寅木 운은 재성을 제어하지만 일지 午火를 생하게 되어 일지가 더욱 조열해져서 초조함에 의해 안정감이 떨어지고 寅木의 생을 받은 午火는 용신의 뿌리인 申金을 극하게 되어 용신이 하는 일이 방해를 받게 되고 동시에 寅木 운은 申金의 극을 받게 되므로 비견의 자신감 부분에 문제점이 생기게 됩니다. 반면 지지 卯木 운은 재성을 잘 제어하고 午火를 덜 생하며 申金과 암합으로 충돌하지 않으니 寅木 운 보다는 안정적인 운이 됩니다.

　천간의 火운은 한신이지만 강한 편관 庚金을 제어할 수 있으므로 전화위복 되는 좋은 운으로 봐야 하는데 戌月이라는 계절과 천간이 너무 습하다는 점을 고려 할 때 따뜻한 온도로서도 일간에 도움이 되는데 활동력의 증가를 기대할 수 있습니다.

　丙火는 강한 제살(制殺)의 효과와 木에게 햇볕의 중요성을 참고할 수 있습니다.

　丁火는 용신 壬水와 합(合)을 하게 되는데 庚金을 제살하는 부분은 약하지만 천간에 포근한 온도를 생각해 볼 수 있습니다. 오행 중에서 木은 계절이나 온도에 민감하게 반응하는 특성을 고려해야 합니다.

　지지 火운은 원국을 조열하게 만들어서 일간이 안정감이 떨어지고 寅木이 재성 戌土를 제어하고 있는 부분에 통관작용을 하여 지나친 소비나 금전적 손실을 가져오게 됩니다. 또한 지지 申金을 극하여 용신의 뿌리를 흔들게 되어 하는 일에 어려움을 예상해 볼 수 있는데 巳火나 午火 둘 다 어렵게 보입니다.

천간의 土운은 재성 운으로서 기본적으로 금전손실이 예상되며 壬水를 극하고 庚金을 생하여 스트레스와 주변 여건이 어려움을 겪게 되는데 새로운 아이디어 창출의 긍정적 효과도 있습니다. 戊土나 己土 운의 차이는 크게 고려하지 않아도 됩니다.

지지의 土운은 다양하게 봐야 하는데 재성 운으로서 일이나 목표에 대한 욕심이 생기는 심리적 공통점은 있지만 작용력은 모두 다르게 봐야 합니다.

辰土는 일간의 뿌리가 되며 午火를 설기하여 일간의 안정감을 가져 오게 되고 寅木의 뿌리가 되어 자신감으로 추진력이 생기고 여유로움을 제공해 주는 좋은 역할을 합니다.

戊土는 건조한 土라서 일간에게 부담을 주고 寅木에게도 성급한 편재의 기운이 강화 되어 손실을 예상하는 운이지만 午火와 申金 사이 통관작용을 하여 하는 일에는 안정감을 주는 긍정적인 면을 참고할 수 있습니다.

丑土는 일간의 뿌리가 되며 午火를 설기하여 일간의 안정감을 가져오게 되고 寅木의 뿌리가 되는 점은 辰土와 비슷하지만 다른 점은 추진력 보다는 에너지를 축적하여 내실을 다지는 것입니다.

未土는 午火를 더욱 강한 작용을 하도록 부추기고 申金이나 寅木에게도 부담을 주게 되므로 금전 손실이나 욕심으로 일이 잘 풀리지 않는 역할을 하게 됩니다.

천간의 金운은 원국의 庚金과 합세하여 일간을 위협하는 억압과
장애물을 만나는 운이 되는데 인성이 설기를 하므로 최악의 상황은
면할 수 있다고 하겠습니다. 庚金, 辛金 운의 큰 차이를 고려하지 않
아도 됩니다.

지지의 金운은 戊土의 생을 받아서 힘이 강화되어 寅木을 극하게
되니 추진력에 문제가 생기게 되고 申金과 합세하여 午火에 대항하
는 상관견관으로 시끄럽거나 주변과의 충돌이나 뜻하지 않은 장애
물을 만날 수 있습니다.

왕초보를 위한 공부 POINT

▶운세의 통변술

대운을 전반적인 환경이나 여건의 문제로 인식을 하고, 세운을 실질적인 활동의 상황이나 결과로 보면서 운세를 바라본다면 운세의 흐름을 예측하는데 좀 더 접근을 하리라 생각합니다.

항상 대운을 전제로 하고 세운을 살펴야 합니다.

즉 대운이 좋을 때 세운은 약하고, 대운은 약한데 세운은 좋고 등의 관계를 살피고 또한 대운과 세운의 관계에서도 상호간의 생극제화 혹은 합충관계 등을 살펴야 하기 때문에 운세통변이 간단하지 않습니다. 이런 이유에서 사주명리학을 독학으로 공부하기 어렵다고 하기도 합니다.

사주명리학을 몇 년씩 공부하신 분들 중에 가끔씩 공부를 더 하시려고 하면서 이곳저곳 학당을 찾아다니는데 '무엇을 더 배우려고 하느냐'고 물어 보면 '통변이 잘 안 되서 그런다'고 합니다. 또 어떤 교육하는 곳에서는 통변 비법을 가르쳐 준다고 하기도 합니다.

통변의 비법은 없다고 생각합니다. 방법은 배울 수 있으나 본인이 훈련하여 본인에게 알맞은 기법을 개발 하는 것이 중요합니다.

현장에서 상담하고 있는 역술인들을 보면 각자 자기만의 독특한 화술이 있습니다. 그것을 그대로 배운다고 해도 내가 해 보면 남의 옷을 입고 있는 형상이 되고 맙니다.

처음부터 너무 명확한 통변을 하려고 하면 더욱 마음이 조급하고 답답해질 수도 있습니다. 공부한 만큼 꾸준히 활용하면 점점 통변 실력이 늘어 가게 됩니다.

참고로 월우과 일우(일진)에 대한 관심이 많은데 이론적으로는 대입이 가능하지만 실제로 적용을 했을 때 그 결과에 대한 신뢰도를 장담할 수가 없다고 봅니다.

▶운세 대입 연구

사주를 공부하는 많은 분들의 고민이며 가장 어렵다고 생각하는 부분이 운세 대입인 것 같습니다.

운세 대입은 민감할 수 밖에 없는 것이 사주 원국의 구성요소들 간에도 서로 상호 작용으로 인하여 복잡한 상황인데 거기에 운이 가세하여 일어나는 오행간의 변화를 읽어낸다는 것이 어려운 일입니다. 운세를 분석하기 위해서는 먼저 용신을 찾아 희용기구한의 의미를 부여한 다음 사주원국의 상호간 작용과 흐름을 읽어야 합니다. 그 다음 대운이 가세를 하여 상호간 생극작용에 어떤 역할을 하는지 그리고 통관 혹은 보호 작용 그리고 합충의 변화를 살펴서 최종적으로 그 운세가 길흉 작용을 하는지 판단을 해야 합니다.

그리고 운의 작용이 사주원국 속의 용신과 작용할 때 가장 민감하게 반응을 하게 됩니다. 용신과의 작용이 아닌 경우에는 희용기구한의 의미가 원국에서 실제작용을 할 때 그대로 반영하지 않는다는 것입니다.

이 말은 비록 용신 운이라도 원국의 용신과 직접 작용하지 않는 상황이라면 원국에서 그렇게 좋은 작용을 하지 않는 경우가 다반사입니다.

사주는 지식적 암기나 공식을 만들어 내는 단편적인 접근으로는 그 해답을 찾아 내기가 어렵습니다.

동양학은 포괄적 개념으로 사물을 바라보고 또 그 사물의 속성을 관찰하는 마음의 여유가 필요합니다.

사주 교육의 현장에서 실제로 운을 원국에 대입하는 감각 훈련을 꾸준히 했을 때 운세 대입의 정확도가 높아 가는 학생들을 배출할 수 있었습니다.

◆ 운세대입 할 때 일간에 직접 대입하지 않는 이유

저 수풍정은 운세 대입시에 운을 일간에 직접 대입하여 생극의 결과를 논해서는 안 된다고 확신을 하며 강조합니다.

명식의 8글자가 같아 보이지만 일간은 특별한 존재입니다. 송나라 서자평 선생으로부터 일간 중심으로 명리의 해석이 시작되면서 일간을 제외한 7글자의 의미가 십성 혹은 육친으로 설명되어지는데 그것들은 항상 일간을 기준으로 규정되어 집니다. 이러하듯이 일간은 사주의 주인이고 중심입니다. 이러한 일간이 다른 7글자와 분명 중요성과 격이 다른데 똑같이 취급되어서야 되겠습니까?

무릇 전쟁에 포위되어도 왕은 목을 베지 않고 장기판 대장말도 직접 잡지는 않습니다. 이치는 같은 것이지요.

314

그러므로 운은 다른 7개의 십성들과 작용하여 그 결과가 최종적으로 일간에게 영향을 미치게 된다고 해석해야 합니다.

만일 신약명에 천간에 인성 운이 온다면 주변에서 일간을 도우려는 분위기가 형성된다고 보고 관성 운이라면 일간에게 위협을 하는 분위기가 만들어져 있다고 보면 됩니다. 이때 일간 역시 다른 7개의 십성들이 상호 생극 작용하는데 관여하지 않고 운과도 생극 작용하지 않으며 다만 그 결과에 대하여 책임을 진다고 보면 정확합니다.

이 부분은 아주 중요한 부분이며 운세 분석의 키워드라고 생각하고 숙지해야 합니다.

▶ 운세대입 및 사주명리 공부 방법

대부분의 명리교육원에서 강사가 유명인의 사주를 풀어 주면서 교육하는데 큰 실효성이 없습니다. 유명인 사생활을 그 다지 깊이까지 가르치는 사람이나 배우는 사람이나 모두 잘 알 수가 없기 때문에 결국 큰 사건중심으로 짜 맞추는 공부밖에 되지 않습니다. 그리고 강의를 늘 듣기만 하는 공부는 큰 성과가 없습니다. 강의실에서는 이해가 되는데 집에 가면 캄캄합니다. 자신의 능력에 자괴감이 들기도 하고 때로는 "사주명리 공부는 심오한 것이라서 몇 년은 걸린다고 하니 참자!"하고 또 열심히 해봅니다.

사주명리공부는 지식을 쌓아 가는 것이 아니라 원리를 바탕으로 이치를 채득(採得) 하는 공부라고 생각합니다.

그래서 저 수풍정은 기본원리만 어느 정도 이해하는 수준이 되면 자신의 명식과 가족이나 지인들의 명식을 가지고 훈련을 하며 매주 과제를 부여하고 과제를 동료들 앞에서 발표를 하게 했는데 상당한 성과를 거두고 있습니다.

　주변사람의 명식을 분석하고 실제로 살아온 모습과 운세대입의 원리를 적용하고 때로는 오류를 발견하면서 실력이 발전해 나가는 모습을 보고 있습니다.

운에서 십성의 길흉작용

실제로 사주와 운세를 분석을 하면서 사주의 구성이 좋고 일간과 용신이 강건하고 뚜렷하면 살아 가는 모습과 성격 기질을 대입해 보면 사주명리학의 타당성에 점점 매료되어 가게 됩니다.

사주를 공부하는 목적이 스스로를 수양하고자 함도 있겠지만 대부분 공부를 하면서 다른 사람의 명식을 분석해 보고 싶은 마음이 생기고, 그러다 보면 어느새 직업으로 변해 버리는 경우가 많다고 합니다.

복잡한 현대사회에서 항상 내일이 불안한 삶을 살아 가고 있는 사람들이 대부분이라서 마음이 답답할 때는 호기심 반, 하소연 반으로 역술인(혹은 무속인)을 찾게 되는 것인가 봅니다.

상담을 하면서 보면, 대부분의 사람들이 궁금해 하는 것이 '앞으로 하는 일이 잘 풀릴까? 아니면 당장 어떤 일이 생길 것이며 그것이 어떻게 될 것인가?' 인 것 같습니다.

그 문제에 대한 해답이 십성의 길흉작용에 의해서 예측이 가능합니다. 십성의 속성을 잘 살펴서 대입을 하면 만족할 만한 결과를 가져다 주리라고 생각합니다.

심리사주학 입장에서 보면 사주는 십성의 속성을 정확하게 인지를 하고 여러 각도에서 기능과 특성을 살피는 문제와 용신을 제대로 찾아서 대운과 세운을 대입하여 운세의 흐름을 분석하는 일이 전부라고 하겠습니다.

이것만 제대로 활용해도 사주명리학이 삶을 지혜롭게 살아 가는 데 큰 도움을 주는, 인생항로의 등대와 같은 구실을 하게 된다고 확신합니다.

◆ 십성의 기본적인 특성과 인생사(人生事)와의 대입

☞비견 : 주체성으로서 축적된 에너지로서 추진력을 의미합니다.
　　　　형제, 동료, 동업자 등을 의미합니다.
☞겁재 : 경쟁성으로서 축적된 에너지의 합리적 사용을 의미합니다.
　　　　형제, 동료, 동업자, 그리고 경쟁자를 의미합니다.
☞식신 : 탐구성으로서 자신의 능력이나 활동력을 의미합니다.
　　　　여자에게는 자녀를 의미하기도 합니다.
☞상관 : 창의성으로서 자신의 재능이나 능력을 극대화하는 특성을
　　　　가집니다. 특히 언변의 논리성이 돋보입니다. 여자에게는
　　　　자녀를 의미하기도 합니다.
☞편재 : 결단성으로서 즉흥적이고 스케일이 크며 공간 개념을 가집

니다. 재화의 투자에 능력을 가지고 있기도 합니다.

아버지를 의미하며 남자에게는 여자를 의미합니다.

☞정재 : 계획성으로서 현실적이며 재화의 분석과 축적에 능력을 가지고 있습니다. 남자에게는 여자를 의미합니다.

☞편관 : 원칙성으로서 직업 직장상사 혹은 공공기관을 의미하며, 억압이나 장애물을 의미하기도 합니다. 남자에게는 자녀, 여자에게는 남자를 의미하기도 합니다.

☞정관 : 합리성으로서 직업 혹은 공공기관을 의미하며 명예를 의미하기도 합니다.

남자에게는 자녀, 여자에게는 남자를 의미하기도 합니다.

☞편인 : 통찰력으로서 윗 사람, 어머니를 의미하며 공문서, 자격증 등을 의미하기도 합니다.

☞정인 : 이해력으로서 윗 사람, 어머니를 의미하며 문서, 자격증 등을 의미하기도 합니다.

▶십성을 가족관계와 대입을 흔히 육친이라고 하는데 사주는 개인의 타고난 기질을 알 수 있는 요소이므로 큰 비중을 둘 필요는 없다는 것이 저 수풍정의 생각입니다. 육친이란 십성을 설명하기 위해서 필요적절하게 쓰면 좋은데 그 자체를 운용한다면 명리의 본래 목적과는 다소 거리가 멀어질지도 모릅니다. (예를 들면 인성은 어머니라는 그 자체보다는 어머니 같은 역할을 하는 십성으로 이해를 해야 합니다.)

◆ 운에서 오는 십성의 길흉에 대한 통변

▶ 비겁의 길 작용

운에서 비겁 운은 일간에 힘을 실어 주는 운입니다. 신약에서 비겁 운은 길 작용으로 자신감이 생기고 추진력이 강화되는데 스스로의 기운이 강화되는 면도 있지만 주변에서 그러한 분위기를 만들어 주기도 한다고 보면 됩니다.

1. 직장인은 승진하여 직급이 상승되거나 직업 외의 부분에서 재화의 증식 혹은 노력에 대한 좋은 결실을 가져오거나 무거운 짐을 벗어 버리는 운으로 보면 됩니다.
2. 사업하는 부분은 재산의 증식 운으로 부의 축적이 비겁 운에 가장 유리합니다.
3. 학생들도 자신감이 생겨 공부를 잘하거나 노력의 결실을 기대할 수 있습니다.

기본적으로 비겁 운은 위와 같은 길 작용을 하지만 원국의 여러 십성과 작용을 하면서 조금씩 차이를 느끼게 됩니다.

즉 비겁 운이 와서 원국의 재성을 제어할 때 그 효과나 작용력이 더 좋아집니다. 재성을 제어하면 노력의 결실을 얻을 수 있고 그에 따른 금전적 수익을 기대할 수 있습니다.

이때 재성 옆에 식상이나 관성이 있으면 비겁의 작용력이 떨어지는 것도 참고해야 합니다.

비겁 운이 와서 원국의 관성과 작용한다면 비겁이 일간을 대신해서 관의 극을 받는 경우이므로 어려움으로부터 누군가 대신 해결을 해 주는 의미를 생각할 수 있습니다.

이때 관성 주변에 식상이나 인성이 있으면 비겁의 작용력은 더욱 좋아집니다.

비겁 운이 와서 식상을 생하는 구조라면 약한 일간을 대신해서 식상의 활동력을 뒷받침 해 주는 역할을 합니다. 이때 일간의 힘에 비해 식상이 너무 강한 구조라면 비겁은 식상의 장난에 놀아 나게 되어 더욱 일간을 어렵게 하는 경우도 있습니다.

비겁 운이 와서 원국의 인성의 도움을 받는 다면 비겁의 추체성이나 추진력이 더욱 여유롭게 진행된다고 봐야 합니다. 비겁이 좋은 역할을 하려고 하나 원국의 구조들이 비겁 운을 강하게 거부하거나 방해를 한다면 그 뜻을 제대로 일간에 전할 수가 없는데 이 때 인성이 있어 비겁의 길을 열어 준다면 금상첨화입니다.

그러나 신약이지만 원국에 비겁이 다소 있고 하나 밖에 없는 인성을 운에서 오는 비겁이 설기한다면 오히려 비겁 운은 인성부분에 문제가 발생할 수도 있습니다.다른 십성의 길흉작용을 판단할 때도 이와 같이 여러 가지 경우의 수를 생각하며 사고해 보십시오. 그리고 의문점은 망설임 없이 문의하여 해소하여야 실력이 향상됩니다.

용기 있는 분이 명리공부 잘 합니다.

☞ 그러나 남자의 경우 신약 명식이라도 비겁이 이미 강한 경우
　 이거나 재성이 이미 원국에서 통제할 수 있을 정도로 그 힘이

미미한데 비겁 운이 재성을 극한다면 비록 희용기구한에서 비겁이 길 작용이라 할지라도 배우자와 불화를 예견해 볼 수 있으며 군겁쟁재(群劫爭財 : 비겁의 무리가 약한 재성을 두고 다투는 현상)가 되면 오히려 재물의 손실을 살펴야 합니다. 여자라도 군겁쟁재는 어려운 상황이 됩니다.

▶ 비겁의 흉 작용

비겁이 흉작용을 한다면 신강한 경우이며 신약이라도 비겁이 원국에서 아주 강한 경우를 말하는데 이러한 경우 운에서 비겁이 들어오면 원국에서 재성이 있을 때는 재성을 힘들게 할 수밖에 없는 것입니다. 특히 일지에 재성이 있고 통관해 주는 오행이 없는데 운에서 비겁이 흉작용을 하게 되면 본인 스스로는 물론 남자인 경우에 처와의 충돌이나 분쟁이 일어나는 경우가 많습니다. 또한 강한 비겁의 기운으로 인해 과도한 욕심이 생길 수 있고 무리한 일을 추진하게 되어 손실을 입기도 합니다.

1. 직장인은 상사와의 충돌이나 무리하게 과외 수익에 욕심을 내다가 금전적 손실을 입을 수 있습니다. 자신감과 재물욕심으로 창업을 할 수 있습니다.
2. 사업가는 무리한 추진으로 금전손실을 입거나 동료에 의하여 재산상 손실을 당할 수 있습니다.
3. 학생은 공부가 하기 싫어집니다. 단 통관해 주는 식상이 원국에 있을 때는 예외로 볼 수 있습니다.

신강 명식에서 비겁은 일간에게 힘을 과잉 공급하게 되어 일간이 무리한 일을 추진하거나 주변에서 부추김을 하여 자신의 올바른 판단력을 잃게 될 수도 있습니다.

운에서 비겁이 올 때 작용하는 십성에 따라 내용을 달리 해석할 수 있습니다.

즉 비겁 운이 와서 관성과 대응할 때 비겁이 너무 강하면 관을 무시하게 되어 불법을 저지를 수 있으며 아주 강하지 않을 경우에는 관성의 제어로 비겁의 흉이 반감되는데 직장이나 나보다 윗 사람의 도움으로 위기를 모면할 수 있다고 판단해도 됩니다.

비겁 운이 와서 재성을 극하게 되면 금전적 손실과 건강의 위험이 있으며 남자인 경우 배우자와 불화를 가져오게 됩니다.

운에서 오는 비겁이 원국의 식상과 작용하는 경우는 비겁이 과한 생을 하면 식상의 역할인 재능이 오히려 막히게 되지만 식상이 인성에 의해 고립된 상황이라면 비겁은 흉이지만 좋은 역할을 할 수도 있습니다.

비겁 운이 와서 인성의 생을 받으면 올바른 판단이 더욱 어려워 일을 하는데 있어 진퇴를 명확하게 하지 못합니다. 그러나 인성이 많아 신강해진 명에서는 어떤 부분에서는 비겁이 인성을 설기하는 좋은 역할도 생각을 해야 합니다.

▶ 식상의 길 작용

식상은 자신의 재능이나 에너지를 밖으로 드러내어 활동력이 증가되는 운이라고 하겠습니다. 식상이 길 작용 하려면 먼저 일간이 비겁의 협조를 받아 기운이 신강한 경우라야 가능합니다. 인성이 강해서 신강해진 명식은 식상의 작용을 인성이 방해를 하기 때문에 비록 식상이 희용신이라도 식상의 길작용을 크게 기대할 수 없습니다.

1. 직장인은 식상 운에 활동영역이 넓어지는 승진이나 영전을 기대할 수 있습니다.
2. 사업하는 사람은 사업의 확장이 잘 되는 해입니다.
3. 학생은 적극적으로 자신의 능력을 발휘하려고 합니다.

식상 운이 오면 적극적이고 활동력의 증가로 자신의 능력을 발휘해 보고 싶은 심리가 강하게 작용합니다.

식상 운이 와서 재성과 작용을 하면 재능이 목표를 향하게 되므로 순조롭고 식상 운의 효과를 극대화 시킬 수 있어서 그 결과가 목전에 보이게 됩니다.

식상 운이 와서 비겁을 만나면 자신의 능력을 발휘하는데 자신감이 생기고 지속적인 활동이 가능하게 됩니다.

식상 운이 와서 관성을 만나면 강한 변화에 직면을 하거나 도전적인 자세가 되는데 식상이 관성을 극하면 노력이 물거품이 되고 오히려 명예를 잃어 버리는 수가 있습니다. 이때 재성이 통관해 주면 피해 가겠지요.

식상 운이 와서 인성을 만나면 재능을 발휘하는데 주변의 방해나 스스로의 욕심으로 뜻을 제대로 펼칠 수 없는 상황이 되기도 합니다. 이때 식상이 상관이면 오히려 나아지는 경우도 있습니다.

☞ 신약의 경우에도 식상이 순 작용 하는데 식상이 殺을 공격하는 식상제살의 경우가 됩니다. 이 때는 전화위복의 결과를 기대합니다. 다만 이 경우 일간이 지지에 根이 있어 힘이 있어야 하는데 일간이 아주 약할 경우 식상견관으로 흐른다면 극설교가(克洩交加)현상이 일어나 더욱 힘들고 어려움에 처하게 됩니다.

▶ 식상의 흉 작용

식상이 흉 작용을 하는 경우는 일간의 기운이 신약한 경우가 되는데 자신의 기운을 과잉 발산으로 활동량은 증가하나 그로 인해 기운이 쇠약해져서 한 곳에 집중하는 것이 부족하므로 이것저것 시도를 하지만 성과는 없어 업무에서 실패를 하거나 건강에 문제를 가져올 수 있으므로 무리하지 말고 내실을 다지면서 인내하여 활동량을 줄여야 합니다.

1. 직장인의 경우 실직 퇴직 창업 등이 예상되는데 직장에서 분쟁이 발생되어 어려운 국면이 될 수 있으니 설화(舌禍)를 주의해야합니다.
2. 사업가는 지나친 활동력이 오히려 화를 부르는 형상인데 무리한 확장에 주의해야 합니다.
3. 학생의 경우 산만하여 공부에 집중이 어려워집니다.

신약 명에서 식상은 일간의 의지를 밖으로 드러내지만 기력이 약해져 목표를 달성할 수 없는 상황이 됩니다.

식상이 너무 강하면 건강까지 생각해야 할 만큼 어렵습니다. 그런데 식상 운에 가만있지 못하고 활동하려는 충동이 일어나게 되는데 이것은 의욕과 뭔가 좋은 결과가 있을 것 같은 기분이 들어 무리한 활동을 하게 되는 것입니다.

식상 운이 와서 비겁을 만나면 식상의 활동력은 강해지는데 기운이 약한 비겁이라면 건강문제가 생기거나 이것저것 일을 시도하지만 허송세월을 보내는 것이 됩니다. 만일 일간에게 어느 정도의 힘이 있는 경우라면 당장은 흉이지만 새로운 일을 시도해서 그 결과가 나중에 인성 비겁 운에 거둘 수 있는 것이라면 나쁘게 볼 필요가 없을 수도 있습니다.

식상 운이 와서 재성을 만나면 불필요한 활동의 결과가 일간에게 짐이나 물질적 손실을 가져올 수 있습니다.

식상 운이 와서 관성과 만나면 새로운 일에 도전하여 변화를 추구하게 되는데 일간의 힘이 있는 경우에는 우여곡절을 겪더라도 전화위복이 될 수 있지만 일간의 힘이 약한 경우에는 뭔가를 시도하지만 계속 어려움이 더해지는 결과를 초래할 수 있습니다.

▶ 재성의 길 작용

신강의 경우에 재성은 수익이나 재물에 대입할 수 있지만 신약의 경우에는 재성은 빚이라고 생각하며 대입을 하면 됩니다.

신강의 경우 부의 축적은 거의 재성 운에서 유리합니다. 단, 신약일 경우에는 재성이 원국에 있고 비겁의 운에서 재성을 제어할 때 재물을 모을 수 있습니다.

정재는 재물의 현실적 축적에 유리하며 또한 투자 자체를 눈에 보이는 안전한 곳에 하려고 하는 성향이 강합니다.

반면에 편재의 운은 경제 활동력의 증가나 재물 축적의 환경과 공간이 마련되는 것으로 판단해야 하며 또한 가능성에 승부를 걸며 버는 것만큼 써야 하는 경우가 생기게 됩니다.

재성은 결실을 의미하기 때문에 하는 업무에 좋은 결과를 기대할 수 있습니다.

1. 직장인의 경우 재성 운에서는 승진하거나 봉급 외에 수입이 생기게 됩니다.
2. 사업가는 부를 축적하거나 일의 진행에 좋은 결과를 기대할 수 있습니다.
3. 학생은 재성 운에 공부에 집중하기 어렵지만 노력에 대한 결과는 좋습니다.

부의 축적의 크기는 원국에서 재성이 얼마나 잘 보호되어 있는지, 운에서 오는 재성이 원국에서 보호가 잘 되는지에 따라 차이가 날 것입니다

재성 운이라도 원국의 십성과 생극을 대입하고 주변 여건에 따라 다르게 표현을 해야 합니다.

재성 운이 와서 비겁을 만나면 내가 노력한 결과의 몫이 비겁에 의

해 반감되므로 주변 사람들과 지나친 유대는 주의해야 합니다.

재성 운이 와서 식상을 만나면 일자리가 만들어 져서 자신의 재능을 발휘할 기회가 생기게 되어 수익이나 업무에 있어서 좋은 결과를 가질 수 있게 됩니다.

재성 운이 와서 관성을 만나면 일자리가 만들어져 안정적 수익을 가져 오는데 그로 인하여 명예나 문서 서류 등에서 좋은 결과를 기대할 수 있습니다.

재성 운이 와서 인성을 만나면 노력의 결실에 의해서 그동안 고민하던 문제나 스트레스 등 정신적인 압박에서 벗어 나게 됩니다.

▶ 재성의 흉 작용

비겁이 흉 작용을 할 때는 욕심에 의하여 투자를 하거나 뜻하지 않은 외부 요인에 의하여 손실을 보게 되는 일이 발생하게 됩니다.

1. 사업에서 욕심으로 투자를 하여 손해를 보게 됩니다.
2. 직장인은 무리한 욕심으로 일을 그르치게 되고 사업욕심으로 직장을 그만 두거나 투자로 손해를 볼 수 있습니다.
3. 학생은 공부에 집중을 하기 어렵고 시험의 결과도 좋지 않습니다.

재성은 신강에서는 길 작용으로 재화가 되지만 신약에서는 과도한 업무 혹은 빚으로 봐야 합니다. 재성은 자신의 신체, 남자에게는 여자의 의미가 있으니 생극을 잘 살펴야 하겠습니다. 재성 운이 비겁을 만나면 금전적 손실이 발생하지만 주변의 도움으로 벗어 난다고도 할 수 있으며, 비겁이 재성을 충분히 감당할 수 있으면 투자 운으로 볼 수도 있습니다.

재성 운이 식상을 만나면 흉작용 하는 재성이 식상에 의해 더욱 세력이 커지게 되는데 마치 빚을 짊어져야 할 마당이 펼쳐 지는 곳으로 달려 가는 모습이라고 하겠습니다.

재성 운이 관성을 만나면 금전적 손실이나 수익의 감소가 또 다른 장애물을 만들어 억압으로 고통을 받는 상황이 됩니다.

재성 운이 인성을 만나면 금전적 손실과 함께 서류 문서 등에도 제동이 걸리며 스트레스에 노출되는 상황이 만들어집니다.

▶ 관성의 길 작용

관성은 일간이나 비겁을 통제하는 역할을 하게 되는데 적절한 통제는 명예가 되고 너무 과한 통제는 억압이 되어 장애물이 됩니다. 주로 신강에서는 명예, 신약에서는 장애물이라고 하겠습니다.

신강에서는 관성의 통제가 명예 서류 문서 자격증 시험 등에서 유리하며 직장에서는 승진, 사업장에서는 계약 등이 원활합니다.

1. 직장인은 영전 승진 훈장의 명예가 따르게 됩니다.
2. 사업가는 계약 등이 원활하고 공공기관에 관한(소송, 허가 등) 일이 순조롭게 해결되며 실직자 및 무직자는 직장을 얻게 됩니다.
3. 학생은 뜻하는 바를 성취하고 각종 시험에서 좋은 결실을 거둘 수 있습니다.

관성을 다룰 때는 항상 일간을 조절하는지 일간을 억압하는지 살펴야 합니다. 신강일 때는 일단 관성이 길 작용하므로 일간을 조절하여 명예를 가져다 준다고 볼 수 있습니다. 편관이라도 일간이 약하지 않으면 명예의 의미로 봐야 하며 신강이라도 일간이 힘에 비하여 편관이 너무 강하다면 명예이지만 본인이 감당하기 어려운 짐을 지는 것과 같습니다.

관성 운이 비겁을 만나면 무리하지 않고 합리적으로 일처리를 하게 되므로 명예와 관계되는 일들이 순조롭게 된다.

관성 운이 식상을 만나면 식상의 지나친 의욕이 오히려 명예를 손상시키는 형상이니 서류 계약 등이 뜻대로 되지 않거나 중도에 좌절될 수 있습니다. 이 때 만일 식상을 제어하는 인성이 있다면 식제관의 좋지 않은 부분이 해소될 수 있습니다.

관성 운이 재성을 만나면 노력의 결과물로부터 지원을 받는 관성이 되므로 운의 효과를 확실하게 보장을 받을 수 있습니다.

관성 운이 인성을 만나면 관성의 명예에 관련된 기운이 비겁으로 향하지 않고 중간에 인성이 가로채는 것이므로 인성의 욕심이 오히려 명예의 손상이 될 수 있습니다. 이 때 재성이 인성을 제어하면 어느 정도 완화됩니다.

▶ 관성의 흉 작용

관성이 흉 작용하게 되면 하는 일이 장애물을 만나 순조롭게 풀리지 않으며 심리적으로는 스스로 억압 받고 얽매이며 부담을 가지게 됩니다. 물론 서류 문서 시험 등의 결과도 뜻 대로 잘 풀리지 않습니다.

1. 직장인은 실직, 좌천이나 사고 등 뜻하지 않은 어려움을 겪게 됩니다.
2. 사업자는 부도 사업실패 송사 등으로부터 피해를 입게 됩니다.
3. 학생은 억압심리로 인해 공부를 제대로 할 수가 없어 시험에서 좋지 않은 결과를 가져올 수 있습니다.

　이러한 현상들은 명식에 일간을 보호하거나 뿌리가 되는 비겁을 관성이 극을 할 때 강하게 나타납니다.

　관성 운이 비겁을 만나면 어려운 일을 만나 고통을 받게 되고 주변과 대인관계가 원활하지 못하는 현상이 발생 됩니다. 다만 비겁이나 일간 옆에 인성이 있으면 어려움을 어느 정도 비켜나갈 수 있습니다.

　관성 운이 식상을 만나면 식상의 돌발적이고 의도하지 않았던 행동이 오히려 전화위복되어 장애물이나 어려움을 극복하게 됩니다. 이때 일간이 뿌리나 힘이 있어야 가능한데 만일 일간의 힘이 허약하다면 오히려 좌충우돌하여 더욱 어려운 상황이 되고 맙니다.

　관성 운이 재성을 만나면 재성의 불필요한 욕심 때문에 더욱 어려운 상황을 맞게 되는데 예를 들어 투자를 하여 실패하고 경제적으로 어려운 상황에 내몰리는 경우에 해당되기도 합니다.

　관성 운이 인성을 만나면 관성의 어려운 상황을 맞게 되지만 주변의 도움이나 스스로의 현명한 판단으로 그 어려움으로부터 비켜나갈 수 있는 운의 흐름으로 판단할 수 있습니다.

▶ **인성의 길 작용**

　인성이란 수용기능을 의미하는 십성으로서 사고력 문제와 살아
가기 위한 에너지(보급품)의 충전 역할을 생각해 볼 수 있습니다.
길 작용에서는 심리적 안정감과 현명한 판단, 주변의 우호적인 도움
이나 살아 가면서 삶을 윤택하게 하는 서류 문서 자격증 등을 의미
합니다.

　　1. 직장인은 승진이나 시험 상사들의 도움 등을 기대할 수 있으며
　　　여러 가지 서류 문서에 관한 일들이 원활합니다.
　　2. 사업자는 각종 문서와 관계되는 관인허가 매매계약 등이
　　　순조롭게 해결됩니다.
　　3. 학생의 경우 학업능률이 좋아집니다.

　비겁을 군사력에 비유하자면 인성은 각종 보급물자로 생각해 보
면 이해가 쉬워집니다.
　신약에서 비겁 운은 군사력이 보충되므로 힘이 생겨서 적을 공격
하여 영토를 넓히게 되는 것인데 그 영토는 바로 재성입니다. 인성
운은 보급품이 공급되는 것이므로 성(城)안에서 안정적으로 오랜
시간을 보낼 수 있으니 구태여 외부로 공격을 할 필요가 없는 것이
지요.
　인성 운이 비겁을 만나면 주변의 도움이나 서류 문서 시험 등이 좋
아져서 일간은 에너지 충전이 된 비겁의 힘으로 자신감 있게 일을
추진할 수 있습니다.

인성 운이 식상을 만나면 여러 가지로 안정적인 상황이 만들어지므로 구태여 불필요한 활동을 할 필요가 없어 이것 저것 벌여 놓은 일들이 정리가 된다고 보면 됩니다.

인성 운이 재성을 만나면 기본적으로 좋은 환경이 만들어지지만 내면의 욕심 때문에 길 작용이 반감되거나 오히려 어려워질 수 있습니다.

인성 운이 관성을 만나면 억압된 심리구조 때문에 자신감이 부족했던 부분이 해소되어 심리적 안정감이 생기고 어려운 환경에서 벗어나게 되는데 특히 서류 문서 시험 등에 유리합니다.

▶ 인성의 흉 작용

신강하여 인성이 흉 작용을 하게 되면 남에게 잘 속거나 불필요한 욕심으로 판단력이 흐려지는 경우가 되어 강한 비겁을 선동하여 무리한 일을 벌이게 됩니다. 또한 신강에서 인성이 강해지면 심리적으로는 잡념 공상 등으로 머리가 복잡해져 판단력이 흐려지거나 스트레스에 시달리게 됩니다.

1. 직장인은 주변의 부추김이나 스스로의 욕심으로 사업을 시도하거나 주식 부동산 등의 투자에 참여하여 실패할 수 있습니다.
2. 사업자는 판단착오나 욕심 등으로 무리한 일 추진으로 실패를 할 수 있는데 서류 문서 등이 모두 어렵습니다.
3. 학생은 잡념이 많아서 공부하기 어렵고 시험 결과도 좋지 않습니다.

신강 명에서는 인성은 기본적으로 흉이지만 인성의 많고 적음과 인성의 위치가 어디인가에 따라서 섬세하게 관찰해 볼 필요가 있습니다.

인성 운이 비겁과 만나면 인성의 욕심이나 주변에서 제공되는 옳지 않은 정보에 의해 흐려진 판단력이 비겁을 선동하여 무리한 일을 벌여서 실패를 하게 됩니다.

인성 운이 식상을 만나면 식상을 통하여 자신의 능력을 발휘하는 것에 제동이 걸리게 되는데 이것 역시 불필요한 욕심 등이 작용하는 것으로 보면 됩니다.

인성 운이 재성을 만나면 잘못된 판단으로 일이 어렵게 되지만 그동안 내가 쌓아 놓았던 인맥이나 업적 등으로 인하여 심각한 상황에서 어느 정도 비켜갈 수 있습니다.

인성 운이 관성을 만나면 관성이 일간이나 비겁을 잘 제어하여 무리하지 않게 자신을 다스리게 되는데 인성이 방해를 하게 되므로 일간은 관을 이용해서 자기 욕심을 채우려고 하는 현상이 발생하게 됩니다. 그래서 법규나 절차를 무시하거나 지나친 명예욕으로 진퇴를 구분하지 못하는 오류를 범할 수 있습니다.

지금까지 십성의 길흉을 판단할 때는 운과 원국의 십성간의 작용력에 대하여 설명을 했습니다. 이 부분은 기본적인 현상을 얘기한 것이고 실전에서는 주변에 있는 십성의 작용도 함께 이해를 해야 합니다.

예를 들면 신강에서 재성 운이 원국의 인성을 극하여 고민을 해결한다고 앞에서 설명을 했는데 만일 인성 옆에 관성이 있다면 재생관 관인상생이 되어서 재성이 인성을 제대로 제어하지 못하게 되는 점을 봐야 한다는 것입니다.

이 단원 <십성의 길흉작용>은 신강 신약을 구분하는 것 다음으로 중요하므로 여러 번 반복해서 공부를 해야 되는데 세부적인 것을 암기하기보다 전체 운의 대입방법에 대한 흐름을 이해하시기를 당부 드립니다.

사주분석의 방법 및 순서

1. 용신을 찾는 일

명식을 세우고 나면 가장 먼저 용신을 찾는 일을 해야 합니다. 그것은 사주의 전체 구조를 파악한다는 의미도 있기 때문입니다. 그러기 위해서는 음양오행의 흐름과 생극제화를 살피고 일간의 상황(월지, 일지 중심)을 분석해서 용신을 찾으며 아울러 그 명식이 가지고 있는 특징을 살펴야 하겠습니다.

특히 월령은 명식의 전반적인 배경과 힘의 원천을 알 수 있으며 일간의 기운과 심리적 특성을 파악할 수 있는 곳이므로 주의해서 살펴야 하는데 지지삼합의 원리와 지장간의 구조를 이해하면서 월령의 본래 의미인 계절적 특성과 한난조습의 특성을 연계해서 살펴본다면 월령에 대한 감각을 익히게 될 것입니다.

2. 성격 · 심리분석

일간을 중심으로 나머지 각 십성들이 일간에 미치는 영향을 고려하면서 심리적 특성을 설명해야 합니다. 성격의 장단점을 파악해서 강점은 살리고 단점의 보완책을 생각해야 합니다.

특히 본인이 감지는 하고 있지만 확신이 없는 내면심리 구조의 발견은 어떤 일을 할 때 자신의 능력을 강화 시켜주는 요인이 될 수도 있습니다.

성격심리를 분석 할 때는 일간근처 특히 천간의 특성이 먼저 강하게 나타나는 것을 잊지 말아야 합니다.

대체로 본인은 일간 주변의 심리는 스스로 인지하고 있는 경우가 많으나 일간에서 떨어진 심리구조는 고개를 갸우뚱하는 하는 수가 있으니 잠재된 능력을 제대로만 찾아 준다면 아마 큰 도움이 될 것입니다.

물론 떨어져 있더라도 근이 있거나 힘이 있는 경우는 강하게 나타나게 됩니다.

십성으로서 성격을 분석할 때 항상 일간을 염두에 두고 십성의 심리구조를 해석하는데 먼저 음양을 생각하는데 음양은 크게 천간은 양 지지는 음, 천간 지지의 음양 즉 갑목은 양 을목은 음, 온도의 차로 보는 음양 즉 木火는 양 金水는 음의 특성을 살펴야 합니다.

그리고 십성과 그 십성이 나타나는 간지(상관이지만 갑목이 상관일 때와 을목이 상관일 때는 다릅니다.)의 특성을 함께 표현해야 합니다.

십성의 편중을 살피고 십성간의 작용(생극)으로 인한 심리적 특성을 이해하면 되는데 궁극적으로는 명식 전체를 바라보며 그 사람의 심리적 구조를 파악해야 하겠습니다.

3. 직업 · 진로적성분석

성격심리에서 나타난 특징과 직업의 특성(학생인 경우 학과의 특성)을 잘 연결시키는 훈련이 필요합니다. 먼저 그 직업이 가지고 있는 특징과 속성을 분석 분류하고 그 후에 그 사람의 성격이 적합한지 대입을 해야 합니다.

(예 : 공무원, 직장생활을 하려고 한다면 명식에서 관성의 유무를 살펴야 합니다. 관성이 없는 사람은 조직생활을 힘들어 하기 때문입니다. 그러나 관성이 없다고 해서 공무원을 할 수 없다거나 관운이 없다고 해서는 안 됩니다.)

4. 부부문제 분석

부부문제는 심리구조와 일간의 상생상극의 단순한 구조로 궁합을 판단하는데 여러 각도에서 살피는 능력을 키운다면 부부갈등의 해법을 제시할 수 있는 좋은 방책이 되므로 집중적인 공부를 해 두시기를 권합니다.< 궁합법 참조>

미혼일 경우에는 결혼의 시기와 자신에게 맞는 배우자감, 그리고 자신의 심리구조에서 결혼생활을 무난하게 유지하기 위해서 지녀야 할 태도 등을 제시해야 합니다.

궁합의 경우에도 단순히 일간과 일간 그리고 배우자궁 만을 대입해서 분석하면 정밀도가 부족합니다. 결국 궁합이란 것은 한 사람과 또 다른 한 사람의 기운과 성격이 서로 조화를 이루는 것에 대한 분석이므로 두 사람의 명식 전체적인 특성까지 고려해서 분석을 해야 합니다.

5. 대운분석

직업 · 진로적성분석을 하려면 반드시 뒤따르는 것이 앞으로 다가올 미래의 운세의 강약입니다. 원국에서 성격심리 구조로서는 사업가적인 능력이 뛰어나다고 해도 운세가 약하다면 사업의 시작은 분명히 재고를 해야 한다고 봅니다.

대운분석은 용신을 기준으로 가정되는 희, 기, 구, 한신을 원국에 일방적 대입은 오류를 가져올 수 있습니다. 먼저 원국의 구조를 살펴서 운을 대입할 때 원국에서 운을 받아 들일 수 있는 구조인지 운의 기운을 감소시킬 구조인지를 판단해야 됩니다. 그러다보면 용신운이라도 작용력이 거의 없는 경우와 기구신이라도 상당한 도움을 기대할 수 있는 경우를 발견할 수가 있습니다.

대운의 분석은 앞에서 공부했지만, 항상 신경을 곤두세워서 살펴야 감정의 오류를 줄일 수 있습니다.

6. 세운

그 해의 중요한 운, 그리고 단편적 혹은 특정한 시점에서 어떤 문제와 운세에 대해서는 십성의 의미를 적용함과 생극제화의 흐름으로 판단을 해서 통변을 하면 될 것입니다.

세운은 항상 대운과의 작용을 먼저 분석하고 원국에 대입을 해야 하는데 대운이 전반적인 환경이 만들어 지는 구조라면 세운은 그 환경을 통하여 실질적인 운세의 작용이란 측면에서 아주 중요합니다. 세운이 원국에 작용할 때에는 대운이 세운의 진입을 리드하는 길잡이 노릇을 한다고 보고 대입을 합니다. 세운대입은 여러 가지

변수의 조건을 살피면서 섬세한 대입 훈련을 통해서 감각을 익히는 것이 필요합니다.

통변의 실력은 하나의 틀을 만들어 계속 반복훈련을 하면 빠른 시간에 향상 될 수 있습니다.

◆ 대운과 세운의 관계

기초 과정을 지나고 어느 정도 사주명리를 이해할 쯤에서 가장 어려워하는 부분이 대운과 세운을 어떻게 대입해서 운세를 파악할 수 있느냐 하는 것입니다.

여러 가지 이론들이 있습니다만 저 수풍정의 생각에 대운은 현재 우주자연의 기운이 아니라, 태어날 때 사주와 함께 부여받은 기운입니다. 사주팔자의 그림자 같은 존재라고 할까요? 아니면 사주팔자의 옷이라고 할까요? 아무튼 세월(나이)에 따라 달라지지만 항상 내(사주) 주변에서 나를 기분 좋게 하거나 나의 신경을 건드리며 찌푸리게 하기도 합니다. 그러면서 현재 우주자연의 기운인 세운이 들어올 때 세운을 맞이하며 세운의 기운을 조절하는데 항상 좋은 방향으로만 안내하는 것이 아니라 때로는 나를 더 힘들게 하는 일을 하게 된다고 생각하며 대운과 세운을 생각하면 이해가 될 수도 있을 것 같습니다.

<실제 분석사례>

• 과제물 제출자 박 성 희

시	일	월	년
辛	壬	戊	壬 乾命 49
亥	寅	申	寅

72	62	52	42	32	22	12	2
丙	乙	甲	癸	壬	辛	庚	己
辰	卯	寅	丑	子	亥	戌	酉

1. 용신분석

이 명식은 申月에 태어난 壬水로서 천간에 辛金의 지원을 받는 비견의 힘이 있어 더욱 강한데 그 힘을 설기해야 할 식신이 극을 받아서 전체 명식이 불균형을 이루고 있어 아쉽습니다. 용신은 강한 일간의 힘을 설기하는 寅木으로 쓰고 희신은 火, 기신은 金, 구신은 水, 한신은 土로 하겠습니다.

용신 寅木이 극을 당한 상황이라서 항상 어려운 일을 겪으며 살아가는 모습이 예상됩니다.

2. 심리&성격분석

이 사람은 壬水의 기운으로 태어 났는데 壬水의 특성은 행동이나 사고가 유연하고 균형감각과 이성적인 지혜를 가지고 있으며, 모든 일을 슬기롭게 받아 들이는 친화력과 포용력을 가진 대범한 성품입니다. 목표를 향하여 쉼 없이 노력하는 사람입니다. 그러나 내면적 심리변화가 많고 일방통행적인 사고방식이 있어 때로는 이기적인 모습으로 보이기도 합니다.

강한 비견과 편관이 함께하여 배포가 크고 원칙주의적 성향을 보이며 고집과 추진력을 가지고 있습니다. 생각이 깊고 탐구심과 창의력을 발휘할 수 있는 구조입니다. 그러나 결단력과 열정이 부족하고 어떤 일을 결정할 때 방향 설정이 어려운 점이 있습니다. 식신이 월지의 신금으로부터 극을 당하고 있어서 직업(직장)에서 항상 어려움과 우여곡절을 겪어야만 될 것 같고 그 또한 용신이라서 삶이 더욱 힘들고 고단해 보입니다.

3. 직업적성분석

이성적인 성분의 壬水 일간이 주변에 水金의 기운이 강한데 화기가 부족하여 추진력은 강하나 열정은 아쉽습니다. 그리고 寅木속의 甲木 식신의 창의성과 천간에 있는 편관의 원칙성에 비추어 연구직, 전문직이나 공무원 등이 적성에 맞는다고 보며 종교나 예능계통에도 특성이 있습니다. 다만 재성이 없어서 재무관리에 취약하므로 사업방면은 하지 않는 것이 좋습니다.

4. 배우자 심리구조

일지 앉은자리에 식신이라서 아내를 딸처럼 잘 보살펴 주는 자상한 남편입니다. 생동감 있는 여성 특히 얼굴이 예쁜 것을 최우선으

342

로 여깁니다. 그러나 편인이 일지를 극하는 구조라서 아내입장에서
는 항상 만족을 못하고 살아 가게 됩니다.

5. 대운분석

　46세까지는 운의 흐름이 金水로 흘러서 노력에 대한 댓가가 주어
지지 않는 구조이나 47세부터 흐름이 좋아서 인생 후반부에 뜻을
이루겠습니다.

72	62	52	42	32	22	12	2
丙	乙	甲	癸	壬	辛	庚	己
辰	卯	寅	丑	子	亥	戌	酉

• 己酉대운 : 천간은 관성이 비견을 견제하지만 토생금은 아쉽습니
다. 지지의 인성 운은 기신이라서 공부에 집중이 어렵습니다.
• 庚戌대운 : 천간은 인성 운이라서 잡념으로 집중력이 떨어집니다.
지지는 관성 운이지만 인성 같은 운이라서 큰 도움은 되지 않습니다.
• 辛亥대운 : 천간은 관성의 역할을 방해하므로 잡념으로 집중력이
떨어 지고 서류 시험 등에 약합니다.
　지지 해수는 기신이지만 용신 인목이 극 받는 부분을 통관해 주니
능력발휘는 됩니다.
• 甲寅대운 : 천간지지에 용신 운이 오니 긴 터널에서 벗어 나게 됩
니다.
<실제 분석사례로서 5개월차 수강생의 과제물을 그대로 인용했습
니다>

요즘 애들은 버릇이 없다

고령화 시대에 접어든 지금의 우리나라에는 세대 간의 갈등이라는 문제가 점점 심화되어 가고 있는 것에 안타까움을 갖게 된다.

이념이나 가치관의 차이도 있지만 일 자리를 두고도 세대 간의 충돌을 목전에 두고 있는 것이 아닐까 하는 불안감이 우리 사회에 팽배해 지고 있다.

기본적으로 기성세대들은 자신들이 살아 온 시대와 비교하여 자유분방한 청년세대를 불안하고 나약한 모습으로 생각해 걱정을 하며 그들에게 사회의 주도권을 넘기지 못하고 훈계의 대상으로 인식하고 있는 것 같다. 청년세대는 과거의 어려움을 몸소 체험한 경험만 강조하며 다양하고 복잡한 현대사회의 변화와 흐름을 인정하지 않으려는 기성세대를 꼰대라고 지칭하며 불통의 존재로 생각하고 피하려고 한다.

고대 알타미라의 동굴 혹은 이집트 피라미드의 내부 돌벽에 '요즘 애들은 버릇이 없다' 란 말이 쓰여 있다는 얘기가 회자되고 있다. 그리고 필자는 오래전 군복무시절에 항상 후임 병들에게 '너희들은 군기가 빠져 있어서 앞으로 우리 군대의 앞날이 걱정 된다' 는 말을 달고 살던 고참병이 제대를 하고 그 어설퍼보이던 후임병이 고참병이 된 후 포사격대회 1등을 한 일의 경험이 있다.

어른이란 어휘를 사전에서 찾아 보면 '다 자라서 자기의 일에 책임을 질 수 있는 사람'이라고 설명하고 있다. 어른의 책임 중에는 경제적으로 열심히 일하여 가족을 부양하는 것과 자녀를 제대로 교육하여 그들이 나중에 어른이 될 준비를 하게 만들어야 할 책임이 있다.

지금 우리사회의 어른들은 어려운 환경 속에서 열심히 일하여 이 나라의 경제발전을 이루어 왔으니 하나의 책임을 완수하였지만, 자녀교육에 있어서는 각자 내 자식만은 고생을 시키고 싶지 않고 또 남들보다 경쟁에서 지지 않게 하려는 교육에만 몰두하지 않았나 생각한다.

그 결과 각자 대부분의 자녀들이 시민사회 일원으로서의 의식이나 자질보다는 오직 내 가족과 나 자신만의 성공과 행복만을 추구하는 이기적인 의식이 뿌리 깊게 자리 잡게 된 것이고 이런 부분이 사회화 된 것이 '요즘 애들은 버릇이 없다'로 나타난 것이다.

모든 일들이 결국은 어른들이 뿌린 씨앗이 싹이 트고 자라서 결실로 돌아 오는 것이니 누구를 원망한다는 말인가?

자녀는 부모의 믿음만큼 성장하므로 모든 부모님들은 현재 자녀가 하는 일이 어설프고 못마땅하더라도 한 걸음 물러서서 지켜보고 맡겨 보는 것이 지혜가 있는 어른의 모습이 아닐까?

동양의 오행에서 부모는 水이고 자녀는 木인데 水는 木에게 생존할 수 있는 자양분을 주는 것이다.

부모가 자녀에게 주는 가장 훌륭한 자양분은 오직 <믿음과 사랑>뿐이다.

십성의 구조와 활용

그동안 십성의 기본적 심리적 특성을 이해하는 중심이론으로서 아주 중요하게 다루었습니다. 그러나 이 부분에서는 십성이 어떤 작용과 역할을 하는지를 살펴 보는 것 즉, 원국의 구조론이라고 이해하면 되겠습니다. 같은 십성이라도 어떤 구조에 따라서 그 역할과 의미가 달라진다는 것입니다. 때로는 십성의 심리적 특성과 구조론은 별도로 관찰해야 할 부분도 있습니다. 사고력이 필요한 부분이지만 우리는 지금까지 공부하면서 사주를 원리를 바탕으로 감각을 길러 왔기 때문에 별 문제없이 이해되리라 생각합니다.

여기서 부터 강약이라고 할 때는 신강 신약을 넘어서 포괄적인 개념이란 인식을 전제로 원국을 바라보아야 합니다. 즉, 신약이지만 강하다고 할 수도 있고 신강이지만 일간의 기운이 약하다고 볼 수도 있습니다.

구조론의 설명은 원국을 이해할 때도 적용하고 운세대입 할 때도 적용할 수 있습니다.

1. 比肩

▶ 비견의 특성

비견은 일간이 약하면 협조하여 일간이 적극적이고 자신감을 가지게 해 줍니다. 또한 비견은 신강은 물론 신약이라도 일간이 강할 때에는 일간을 오만하게 만들어 무리한 일을 하거나 일간의 작용력을 방해하게 된다는 전제하에서 살펴야 합니다.

원국에 비겁이 없으면 관살의 공격에 대처하지 못하고 재성을 통제하지 못하여 현실에서 경제 활동력이 부족합니다.

그러나 원국에 비견이 있거나 운에서 온 비견의 작용이 일간에 협조하게 되면 이러한 문제는 해소가 됩니다.

비견이 강하면 일에 추진력이 있지만 반드시 관의 통제가 필요합니다. 관성의 작용이 없는 비견의 주체성은 교만으로 나타나게 됩니다.

그러나 약한 비견이 극을 당하면 조직이나 단체에 잘 융화하기 어렵게 됩니다.

또한 천간의 비견은 일간을 보호하고 일을 추진하는 역할이 주 임무이지만 지지의 비견은 일간의 根으로서 역할을 하는데 주로 소신을 지키거나 어려운 상황을 버티는데 유용합니다.

▷ 재성과의 작용

일간이 약할 때 비견은 일간을 도와 재성을 통제하여 물질을 취하는 형상이 되어 재물은 모이게 되나 만일 남자 명식에서 재성을 극

347

하게 된다면 처와의 불화 문제가 발생될 수 있음을 살펴야 합니다.

또한 신약이라도 강한 비견이 이미 약한 재성을 너무 압박하면 군겁쟁재의 현상으로 금전이 쌓이지 않거나 건강문제를 우려해야 합니다. 이점은 운에서 오는 비견에 의해서도 같은 작용이 일어납니다.

▷ 인성과의 작용

신약 명식에서 비견과 인성은 상호 보호를 해 주는데, 비견은 재성으로부터 인성을 보호하고 인성은 관성으로부터 비겁을 보호하게 됩니다. 또한 비견은 인성의 도움으로 약한 일간에게 추진력을 제공하며 때로는 인성의 기운을 설기하는 역할을 하기도 하는데 이 때는 인성이 너무 강하여 일간이 무력할 경우에 해당되는데 일간에 주체적 성향을 강화하여 추진력이 생기게 해 줍니다.

예를 들어 인성이 강한 원국이 운에서 비견을 만난다면 여러 가지 생각만 하고 있던 계획, 문서 등의 문제가 추진력을 얻게 된다고 보는 것입니다.

인성으로 신강한 명식에서 비겁이 설기해 준다면 비록 신강에 비견 운은 흉이지만 실제로는 흉으로만 보아서는 안 된다는 것입니다.

▷ 식상과의 작용

식상은 일간의 기운을 발산하는 역할을 하는 것인데, 식상이 태과하면 오히려 일간의 역량을 한 곳에 집중하는 능력이 떨어지고 목표가 분산되는 성향을 보이게 됩니다.

이 때 비견의 역할은 식상의 문제점을 일부 조절해 주게 됩니다. 즉, 비견이 식상을 생하는 것보다는 일간이 가져야 될 부담을 비견이 대신한다고 보는 것입니다.

그렇지만 일간이 너무 약한데 식상이 많으면 비견은 일간을 돕기보다는 식상에게 끌려가서 식상에게 에너지를 빼앗기게 되므로 과도한 식상의 힘에 의해 일간은 더욱 힘들어지게 됩니다.

▷ 관성과의 작용

비겁은 관성의 공격에 대해 일간을 대신해서 자신을 희생해서 방어를 합니다. 어려움으로부터 힘들지만 무난하게 극복할 수가 있고 그로인한 자신감을 가지게 됩니다.

신강이라면 비겁들과 연대하여 힘이 강해진 일간이 오만하여 관을 무시하게 되어 오히려 명예를 잃기도 합니다. 신약이라도 너무 강한 비겁들이 있으면 비슷한 현상이 생길 수 있습니다.

2. 劫財

▶ 겁재의 특성

겁재의 특성은 기본적으로는 비견과 유사하지만 아래의 내용에 유의해서 판단하면 됩니다.

겁재는 일간의 힘이 어느 정도 있는 경우에는 도움이 되는 쪽으로 움직이지만 일간이 약한 경우에는 협조적이지 않고 방관하는 편으로 봐야 합니다.

그리고 겁재는 비록 일간을 돕는다고 해도 일부 댓가를 치르고 좋아지게 되므로 세심하게 살펴야 합니다.

▷ 재성과의 작용

일간이 약하면 겁재의 도움이 필요합니다. 그러나 정재가 있는 경우에는 신중하게 살펴야 합니다. 겁재는 정재와 강한 충돌을 하므로 금전적 수익은 기대할 수 있지만 건강에 문제가 발생할 수 있기 때문입니다.

▷ 인성과의 작용

일간이 약하고 인성이 강한 명은 겁재는 인성에 의한 피해를 줄일 수가 있습니다. 그러나 정재에 의해 인성이 조절되는 구조라면 겁재가 인성과의 작용보다 겁재를 공격하게 되므로 오히려 일간의 피해로 나타나게 됩니다.

▷ 식상과의 작용

식상이 강하고 일간이 약할 때 겁재의 도움은 오히려 교만과 지나친 경쟁심으로 나타날 수 있습니다.

일간이 강하고 식상이 무력한 경우에는 겁재의 작용이 정재를 무력하게 만들 수 있음을 전제로 작용력을 살펴야 합니다. 다만 신약에서 식상이 재성의 강한 설기로 기능을 못하는 구조라면 겁재의 도움은 반갑게 볼 수 있습니다.

▷ 관성과의 작용

음간인 겁재는 양간의 편관을 합살하여 어려움에서 벗어 나게 해 줍니다. 그러나 신강에서 겁재의 합살은 관을 무기력하게 하여 일간 으로 하여금 불법을 조장하는 결과를 가져옵니다. 양간인 경우에는 관성에 대항하여 일간을 보호해 줍니다.

3. 食神

▶ 식신의 특성

식신의 작용은 재성을 생하는 역할로 일간의 역량을 극대화 하는 면과 살(殺)로부터 일간을 보호하는 것이라는 전제로 살펴야 하겠 습니다.

또한 식신의 작용에 의해 일간의 의지나 재능을 꾸준하게 밖으로 표현하는 것으로 봅니다.

일간이 강하고 식신의 기운도 균형있게 흐른다면 자신의 능력을 발휘하는데 순조롭고 여유로움을 가지게 됩니다.

그러나 식신이 인성에 의해 극을 받고 있다면 자신의 능력을 외부 로 표현하는데 문제가 있다고 보아 자신의 재능을 발휘하는데 애로 가 발생합니다.

▷ 재성과의 작용

식신생재가 되어 생산력의 증가나 외적인 활동력의 증가로 나타 납니다. 신강에서 식신생재는 재성을 보호하는 역할을 합니다.

그리고 식신정재는 집요하고 소유욕이 강한 구조로서 현실적이고 치밀한 부분이 식신의 탐구에 의한 창조력과 결합되는 형상이니 사업적인 면보다 섬세하고 집중력이 요구되는 연구직이나 관리직에서 역량을 발휘할 것 같습니다.

식신편재는 안빈낙도(安貧樂道)하는 낙천적인 특성으로서 사업을 하면서 장기적인 노하우를 기반으로 하며 안정적 여유를 즐기려는 형태가 됩니다.

▷ 비겁과의 작용

일간이 약하고 식신이 강하게 되면 일간이 식신을 조절하는 힘이 약하여 식신의 긍정적인 면을 기대하기 어렵게 됩니다. 더구나 식상이 혼잡되면 더욱 큰 피해로 나타날 수 있습니다. 좌충우돌하여 어려움이 예상됩니다.

이때 약한 일간이나 비겁과 협조를 하게 되는 것은 옆에 식신이 있으면 일간이나 비겁을 관의 위협으로부터 보호를 하게 됩니다.

그러나 일간이 비겁으로 강하고 식신이 약한 경우에는 비겁이 일간의 힘을 감당하기 어려워 식상의 역량을 원활하게 펼치기 어렵게 됩니다.

▷ 관성과의 작용

식신제살하는 구조가 되려면 일간이 강해야 전화위복(轉禍爲福)을 하는데 일간이 약할 경우 식신제살은 극설교가(克洩交加) 현상이 나타나서 일간은 더욱 힘들게 됩니다.

일간이 강하고 식신제살이 제대로 이루어져 있다면 뛰어난 리더십과 위기대처 능력을 갖춘 명으로 봅니다.

▷ 인성과의 작용

식신이 인성을 보면 치명적입니다. 자신의 능력을 발휘하는데 문제가 생기기 때문입니다. 그러나 식신이 많아 강하여 재능이 분산된 경우에는 인성의 조절에 의해 오히려 재능이 발달되는 경우로 봐야 합니다.

4. 傷官

▶ 상관의 특성

상관은 일간의 기운을 강하게 발산하는 기능이므로 지적 순발력, 응용력, 임기응변이 뛰어 나다고 하겠습니다. 그러나 상관은 돌발적인 성향을 가지고 있으므로 상관의 기운을 다스려 유용하게 활용하려면 인성으로 제화하거나 재성으로 순화하는 방법이 있습니다.

일간이 강하고 상관도 어느 정도 힘이 있다면 재성으로 상관생재를 해 주면 좋습니다.

일간이 약하고 상관이 강하다면 인성으로서 일간에게 힘을 보충해주고 상관을 제화해야 상관의 피해를 줄일 수가 있습니다.

천간의 상관은 정신적 작용이 강하여 생재가 이루어진다면 형이상학적인 언어, 예능적인 면에서 능력을 발휘하기 쉽고, 지지의 상관은 생재가 되면 재물을 위한 활동, 욕구 등의 형이하학적인 형태로 발휘되기 쉽습니다.

일간이 신약이라도 재성을 다스릴 힘이 있으면 재성이 빚이라도 크게 흉하지 않으므로 향후 운이 괜찮다면 투자를 할 수 있는 운으로 판단할 수 있습니다.

▷ 재성과의 작용

상관이 편재를 상관생재하면 사업적 수완이 뛰어나고 대범하게 자신의 능력을 펼칠 수 있습니다. 그러나 일간이 무력하면 편재를 제대로 통제하지 못하니 허장성세(虛張聲勢) 하게 됩니다.

상관이 정재를 생재하면 재에 대한 집착으로 소유욕이 강한 성향을 가지게 됩니다.

▷ 관성과의 작용

인성이나 재성이 보호하는 관성 즉, 관인상생이나 재생관의 구조는 보수적이고 현실(관성의 틀)에 안주하는 성향이 있습니다.

이 때 상관견관의 작용은 적극적인 자세를 취하게 되어 좋은 결과를 가져오게 되지만 인성과 재성의 보호가 없는 상관견관은 조직을 거부하고 반항하는 투쟁일변도의 모습을 보이게 됩니다.

▷ 비겁과의 작용

일간이 약하다면 상관은 흉으로 작용하게 됩니다.

그러나 일간이 어느 정도 힘이 있다면 상관은 일간의 능력을 적극적으로 표현하고 발산하게 되는데 재성의 도움이 있어야 상관의 능력이 재성으로 결실을 맺을 수 있다고 봅니다. 만일 일간이 무력한데 상관이 발달되어 있으면 일간이 상관에게 휘둘려서 한 곳에 오래 머물기 어려우니 안정감이 부족합니다.

▷ 인성과의 작용

일간이 약할 때 상관이 제대로 작용하려면 인성으로 다스려 주어야 합니다. 이 때 상관은 탁월한 재능을 발휘하게 됩니다.

그러나 웬만하면 상관은 인성이 다스려도 괜찮지만 일간의 힘에 비해 약한 상관이 인성의 극을 받으면 자신의 역량을 발휘하기 어려울 수도 있습니다.

5. 偏財

▶ 편재의 특성

편재가 공간개념의 시각으로 볼 때 식상을 만나면 공간 활용개념으로 유동성을 갖추게 되고 편재가 관성을 보면 공간 확보개념으로 자신만의 틀을 갖추게 됩니다.

편재는 즉흥적이고 충동적인 특성이라서 신약한 명식에서는 비겁의 제어가 필요합니다.

편재는 비겁이 강할 때는 의리와 배포도 커지고 위험과 모험을 즐기게 되지만 한 방을 노리는 도박의 성향도 있습니다.

신강할 때 편재가 상관의 도움을 받는다면 사물이나 상황에 대한 뛰어난 안목과 처신을 하는 능력을 가지게 됩니다.

▷ 관성과의 작용

신강한 명식에서 편재가 관성을 만나면 현실에 대한 적극적인 참여와 대범함을 가지게 됩니다.

그러나 일간이 약하다면 마음만 급하지 자신감 있게 일을 추진하지 못하고 항상 어려운 현실에 허덕이게 됩니다.

▷ 식상과의 작용

식상과 연결되는 편재는 여유로움이 있으며 수완이 좋고 예술적인 감각도 보입니다. 그러나 일간이 허약하면 일을 벌이고 감당하지 못하는 형태가 됩니다.

▷ 인성과의 작용

편재는 인성을 극하는 구조인데 강한 인성을 극하는 편재는 공간개념이나 거시적 안목이 뛰어난 사고력을 갖추게 하며 약한 인성을 극하는 구조에는 이상이나 목표에 스트레스를 받는 성격이 됩니다.

▷ 비겁과의 작용

편재는 너무 커지면 일간이 제압하기 부담스러워 힘이 들기 때문에 비겁의 견제를 받아야 공간개념으로 혹은 여유로움 등으로 긍정적인 역할을 할 수 있습니다. 그러나 너무 강하게 통제하면 편재의 여유로움이나 그릇이 큰 모습을 기대하기 어렵고 군겁쟁재의 위험도 있습니다.

편재는 식상을 보면 식상의 크기와 범위를 넓혀 주고 관성을 보면 관성을 더 견고하게 해 줍니다 편재가 인성을 보면 인성을 다듬어 인성을 예민하게 만들고 인성은 편재의 영향으로 사고력이 넓어집니다.

신약에 편재가 비겁의 제어를 받지 못하면 뜬 구름 잡으며 허송세월을 보내게 됩니다. 신약이라도 일간이 비겁에 근을 두어 강하다면 편재 운은 투자 운이나 활동영역을 넓혀도 좋은 운으로 볼 수 있습니다.

편재는 다스릴 힘만 있으면 큰 일을 할 수 있지만 다스리지 못하면 재앙입니다.

6. 正財

▶ 정재의 특성

정재의 기본적인 성향이 현실성과 소유욕이라고 하겠습니다.

정재가 식상의 지원을 받으면 소유욕으로 발전되기 쉽지만 동적(動的)이고 정재가 관성으로 향해 재생관의 형태가 되면 현실성을 갖게 되는데 정적(靜的)이 됩니다. 정재를 제대로 활용하기 위해서는 식상이나 관성의 보호를 받아야 합니다.

▷ 관성과의 작용

정재가 정관을 보는 재생관이 되면 현실을 바탕으로 한 합리적이고 책임감을 완수하려는 성향이 강해서 관료적인 성향을 보입니다.

이 구조는 관인상생에서 오는 보수적 성향보다는 현실 참여를 적극적으로 한다는 점에서 비교를 할 수가 있습니다.

정재가 편관을 생하는 구조라면 먼저 일간의 강약을 살펴서 재생살(財生殺)이 되는지 관찰해야 합니다.

일간의 근(根)이 약해서 운에서 오는 정재가 재생살이 된다면 건강문제, 안전사고, 직장의 문제를 살펴야 합니다.

이런 것들은 비겁으로 신강한 경우에는 문제가 없고 오히려 큰 일을 할 수 있습니다.

▷ 식상과의 작용

재성이 식상을 설기하는 구조인지 식상이 재성을 생하는 구조인지 또는 식상이 지나치게 재성을 생하는지를 관찰해야 합니다. 구조에 따라서 재성을 활용하는 특성이 다르기 때문입니다.

정재가 식신을 보면 재화를 운용하는 능력과 집착으로 볼 수 있으며 정재가 상관을 보면 재화를 운용하는 능력과 재물에 대한 욕심으로 이어집니다.

▷ 인성과의 작용

정재의 현실적인 심리구조가 정신적인 영역의 심리구조인 인성을 조절하는 형태입니다.

그러나 정재로부터 인성이 극을 당하게 되는 상황이라면 기본적으로 예민한 성향이 나타나지만 강한 인성을 조절한다면 사고력이나 사물을 섬세하게 바라보는 감각이 발달된다고 하겠습니다.

▷ 비겁과의 작용

신강에서 재성이 긍정적 작용을 하려는데 비겁의 극을 받는다면 수익은 있으나 주변사람에 의해 손실로 전환될 수 있으며, 신약하여 재성 운이 어려운 상황에서 비겁을 만나면 주변사람에 의해 어려움을 벗어 나는 경우로 보거나 신약명이지만 비겁으로 극이 강하다면 재성 운은 일시적 손실이지만 투자를 할 수 있는 운으로 보아야 합니다.

7. 扁官

▶ 편관의 특성

관성은 일간을 통제하고 일정한 틀에 묶어 두려는 성향을 말하는데 이것은 곧 일간의 외부에 대한 심리적 방어 역할을 의미하기도 합니다.

그래서 命에 관성이 없으면 규율이나 통제받는 조직생활을 싫어하는 경향도 있지만 주변 환경이나 조건에 대한 심리적 방어 시스템이 없다는 것으로도 보입니다.

편관은 일간이 감당할 때는 관(官)이지만 일간이 약할 때는 살(殺)이 됩니다.

신약 명식에서 살을 조절하는 방법에는 제살(制殺), 합살(合殺), 화살(化殺)이 있습니다.

제살은 식신에 의한 적극적인 견제 방법이지만(상관은 제살 효과

가 약함) 일간이 강해야 한다는 전제 조건이 있습니다. (일간이 약하면 극설교가 현상)

합살은 합의 작용으로 살을 묶어 두는 방법으로, 일간이 양간일 경우는 겁재로 합살하며, 일간이 음간일 경우는 상관에 의한 합살이 이루어지게 됩니다.

화살은 인성에 의해 살의 기운을 설기하는 방법으로 살을 통제하는 방법으로는 적극적이지 못하고 효과가 느리게 나타나지만 안정적인 방법이 됩니다.

효과적인 것은 두 가지의 방법을 함께 사용될 때입니다.

▷ 인성과의 작용

관인상생의 현상으로 환경이나 조건 집단을 지키기 위해 노력하며 명분에 의지하는 보수적인 성향을 보이게 됩니다.

대체로 전문직이나 명분이 강한 직업에 종사하려는 경향이 강합니다. 신약일 경우에 어려움을 슬기롭게 이겨 나갈 수 있는 점이 있습니다.

▷ 재성과의 작용

신강에서는 대범하고 그릇이 크게 나타나지만 신약에서는 재성의 생을 받는 편관은 제화하기 힘든 상황이 되어 삶이 고단하거나 심리적으로 위축된 모습이 될 수 있습니다. 이 때는 비겁의 작용이 적극적으로 이루어지면(일간을 강화하고 재성을 제어하는 역할) 살에 대항할 힘을 가집니다.

▷ 비겁과의 작용

신강에서 비겁을 통제하는 편관은 책임감이 강한 리더가 되지만 신약에서는 비겁을 대하는 편관은 비겁의 주체성을 위축시키게 됩니다. 그러나 비겁의 작용이 천간에서 일간을 보호하거나 근(根)으로서 일간과 협력하여 작용한다면 능히 살(殺)의 작용에 대항하여 어려운 상황이나 조건을 이겨내어 상황을 반전시킬 수가 있습니다.

▷ 식상과의 작용

신약 명에서 편관이 살로 판단될 때 식상을 만나면 어려움에서 극적인 반전이 일어나지만(단 일간이 어느 정도 힘이 있을 때) 일간이 비겁으로 신강한 경우는 편관이 식상으로부터 공격을 받으면 명예에 관한 문제가 생길 수 있습니다.

8. 正官

▶ 정관의 특성

정관은 일이나 직무를 수행하는 역할과 직분을 수호하려는 역할을 구분해서 살펴야 합니다.

직무를 수행하는 역할은 정관이 재성을 보는 것으로 합리적인 수단에 의한 직책이나 직무를 위해 부단히 노력하고 성실하게 살아가는 형태를 말합니다. 관료적인 성향으로 볼 수 있습니다.

직분을 수호하려는 역할은 정관이 인성을 보는 것으로 자신의 소신이나 이념을 지키기 위한 명분에 스스로의 자존심을 바치는 형태로 보입니다. 선비나 학자적인 성향으로 볼 수 있습니다.

정관도 신약 명에서는 억압의 기운이 있고 운세 대입에서는 기신이 되므로 항상 신강 신약에 따라서 해석을 달리해야 하는 것을 잊지 말아야 합니다.

▷ 인성과의 작용

관인상생의 기운은 일간의 명예나 명분을 위해 노력하는 학자적인 심리구조로서 때로는 보수적이고 고지식한 면이 나타나기도 합니다. 또한 변화나 변동에 대한 적응력이 떨어져 현실감이 부족하기도 합니다. 신강 신약에 따른 의미 해석은 앞에서 설명한 편관에서의 설명을 참고해야 합니다.

▷ 재성과의 작용

재생관의 형태는 관성의 입장에서 보면 재성에 의해 주어진 직책이나 직무를 수행하는 능력을 의미합니다.

정재와 정관이 만나면 지극히 현실적 계산적이며 자신의 일에 충실한 전형적인 관료형이 됩니다.

편재와 정관이 만나면 업무처리를 원활하게 하며 리더십을 발휘하게 됩니다.

▷ 비겁과의 작용

명식에 비겁이 강하면 관성의 작용은 재성을 비겁의 공격으로부터 보호하게 됩니다.

만일 관성의 작용이 미약하면 수시로 財에 의한 잡음이 생기거나 재물의 손실을 입게 됩니다.

일간이 신약하다면 관성의 작용은 일간을 억압하고 통제를 하게 되어 관의 피해를 벗어나기 어려우니 비겁이 필요합니다.

9. 偏印

▶ 편인의 특성

편인의 수용력은 전체에서 일부만 받아 들이거나 표본을 추출하여 전체를 분석하려는 성향이 아주 강하게 나타납니다.

편인은 일부로서 전체를 파악하는 심리나 의문이 많고 부정적 시각을 견지하기 때문에 스스로도 자신의 결과에 대하여 확신을 못하는 경향이 있으므로 다소 늦게 결론을 내게 됩니다. 그러나 스스로 필요한 부분은 이해력이 빠릅니다.

편인은 특정한 목표나 특정한 직무에서 발군의 실력을 나타낼 소지가 많습니다.

▷ 비겁과의 작용

운을 대입할 때는 일간의 강약을 살펴서 분석해야 하겠습니다. 일간의 뿌리가 강하다면 편인은 긍정적인 작용을 하게 되지만 뿌리가 없으면 일간을 전적으로 지원하지 않는 경향을 보입니다.

일간이 신약해도 비견에 뿌리를 두고 있으면 편인의 특화된 수용력은 그 능력을 제대로 발휘하게 됩니다.

▷ 관성과의 작용

편인이 관성을 만나면 자신의 영역이나 세계에 빠져 있는 구조인데 신약인 경우에는 편인의 전문화된 기술 지식 학문 등이 관성에 의해 자리가 주어 지거나 인정을 받게 되는 구조가 됩니다.

신강인 경우에는 관성의 통제기능이 무기력하여 지나친 공명심으로 자리에 대한 처신을 잘 못하는 경우가 발생할 수 있습니다.

▷ 식상과의 작용

명식에서 너무 강한 식신이나 힘이 있는 상관을 조절하는 편인이라면 아주 긍정적인 작용이 됩니다. 이는 뛰어난 지적순발력과 감각을 모두 갖추게 되는 것이기 때문입니다.

그러나 강하지 않은 식신을 너무 극하면 자신의 재능을 제대로 인정받기 어려운 피해로 드러나기 쉽습니다.

편인이 식상을 적당한 수준에서 조절한다면 전문가 의사 예술인 등 전문 직업에 종사하는 경우가 많습니다.

▷ 재성과의 작용

편인이 재성을 보면 편인의 부정적이고 엉뚱한 사고력이 조절이 되어 탁월한 통찰력의 소유자가 될 수 있습니다. 편재라면 전체를 바라보는 시각, 정재라면 현실감각이 뛰어 납니다. 그러나 성격의 예민함은 염두에 두어야 합니다.

10. 正印

▶ 정인의 특성

정정인의 수용력은 있는 그대로 보편적이고 상식적인 시각에서 보기 때문에 지속력이 있고 안정적이며 꾸준하다고 봅니다. 정인의 수용력을 다르게 표현하면 참고 견디는 정신적인 인내력이라고 합니다.

정인은 보편타당한 문제를 바라볼 때 이해력이 상당히 뛰어나다는 것이고 반대로 본다면 어떤 특별한 문제에 대하여 그 내면을 바라보는 시각은 부족하다는 것입니다.

▷ 비겁과의 작용

정인은 일간이 비겁으로 신강한 입장이 되면 정인은 비겁에게 기운이 설기되어 제 기능을 다하기 어렵게 됩니다.

정인은 일간이 신약하여 정인의 도움이 필요할 때 긍정적인 작용을 하게 됩니다.

▷ 관성과의 작용

신약에서의 관인상생 관계는 관성에 의해 만들어진 자리나 능력 등이 인성에 의해서 활용되어지는 형상이 되어 일간에게 안정을 줍니다. 신강에서 관성의 절제력을 방해하는 구조가 되므로 개인의 명예욕심을 떨쳐내기 어렵고 자신의 생각이 옳다는 확신에 빠지기 쉽습니다.

▷ 식상과의 작용

신강에서 정인은 식상의 재능을 자신의 방식으로 드러내려고 하기 때문에 이기적인 생각으로 흐르기 쉽습니다.

신약에서는 식상을 조절하여 아주 합리적이고 이타적인 방향으로 펼치려고 합니다.

> ### ▶ 인성의 구조와 작용의 정리
>
> 인성은 신약에서 도움을 기대할 수 있으며 비겁에 비교하여 순간적 힘은 약하지만 꾸준하고 안정적으로 지원되는 힘이므로 일간이 오랫동안 버틸 수 있는 정신적 인내심을 가지게 해 주며 일간이 올바른 판단을 할 수 있도록 하므로 신약에서 인성의 역할은 아주 중요합니다.
>
> 그러나 정인은 일간이 약할 때는 조건 없는 지원을 해 주지만 편인은 일간의 힘이 너무 약하면 일정부분만 지원하기 때문에 편인 운에는 큰 기대를 할 수 없으니 신중한 판단과 무리한 일 추진을 해서는 안 된다고 봐야 합니다.
>
> 그리고 신약이지만 원국에 인성이 2개 이상 있을 때는 인성 운이 나쁘지는 않으나 크게 발복하기 어렵고 학생일 경우에는 잡념이 많아 져서 학습 집중력에는 어려움이 있다고 봅니다.

〈부 록〉

실전에서 이론의 적용과 응용

명식을 해석할 때는 신강 신약을 먼저 구분하고 명식구조의 핵심 포인트를 찾아 내는 훈련이 필요 합니다.

▣ 두 명식의 비교 1

용신과 구조가 비슷하지만 실제 대입을 하면 같은 대운에 다르게 살아 가는 모습을 알 수 있습니다.

<table>
<tr><td>丁 庚 壬 壬</td><td>丁 辛 辛 壬</td></tr>
<tr><td>亥 辰 子 寅</td><td>酉 亥 亥 寅</td></tr>
</table>

<table>
<tr><td>戊 丁 丙 乙 甲 癸</td><td>丁 丙 乙 甲 癸 壬</td></tr>
<tr><td>午 巳 辰 卯 寅 丑</td><td>巳 辰 卯 寅 丑 子</td></tr>
</table>

두 명식은 겨울의 金이라서 용신을 조후로 판단하여 천간의 丁火를 용신으로 木을 희신으로 하는 점은 같습니다. 또한 식상이 많고

그 식상을 寅木이 설기해 주고 있는 모습도 같고 용신이 무기력한 것도 같습니다.

두 명식 모두 총명하며 庚辰일주는 직장생활 辛亥일주는 직장생활을 하다가 사업을 하고 있는데 둘 다 자신의 직업에 모범적입니다.

두 명식 모두 甲寅대운에는 좋은 모습을 보입니다. 甲木은 壬水를 설기하여 용신 丁火에 도움을 주게 됩니다. 寅木은 水기운을 설기하는 것은 좋으나 庚辰일주는 앉은 자리 辰土가 寅木에 극 받는 점은 운세의 반감(半減)으로 봐야 합니다. 실제로 庚辰일주는 그때 가정형편은 좋았으나 정신적 방황으로 공부를 열심히 하지 못하였습니다. 乙卯대운에 庚辰일주는 乙木이 일간에 묶여 용신을 생하지 못하고 卯木은 앉은 자리를 강하게 극하므로 엄청난 방황과 금전적 고통을 받습니다. 그러나 辛亥일주는 乙木이 용신을 어느 정도 받쳐주고 卯木은 음이 부족한 寅木을 도와 水기운을 설기하므로 이 시기에 전성기를 맞이하며 수십억 재물을 모으게 됩니다. 물론 세운도 도움을 주었습니다.

같은 용신, 같은 대운이라도 원국에 대입했을 때 그 구조에 따라 생극이 달라지고 세운에 따라서 운의 결과가 전혀 다른 모습으로 나타나는 좋은 사례입니다.

■ 두 명식의 비교 2

비슷한 십성의 구조이지만 신강 신약에 따른 십성의 생극제화를 해석하는 차이를 이해할 수 있습니다.

368

戊 壬 丙 壬　　　　辛 壬 戊 壬
申 寅 午 寅　　　　亥 寅 申 寅

壬辛庚己戊丁　　　甲癸壬辛庚己
子亥戌酉申未　　　寅丑子亥戌酉

　두 명식은 年柱도 같고 日柱도 같으며 월이 2개월 차이가 납니다. 한 명식에는 재성이 보이지 않습니다. 앞의 명식은 午月의 壬水라서 신약으로 용신이 金, 희신은 土이며 뒤의 명식은 申月의 壬水라서 용신을 木, 희신을 火로 볼 수 있습니다.

　두 명식 공통으로 식신인 寅木이 극을 받고 있습니다. 앞의 명식은 申金이 寅木의 산만함을 조절한다고 봐야 하며 뒤의 명식은 강한 월령의 申金이 용신인 寅木을 제어하여 식신의 안정적인 능력발휘가 제한된다고 봐야 합니다. 같은 금극목으로 식신이 극 받더라도 신강 신약에 따라서 혹은 강약에 따라 다른 시각에서 관찰해야 합니다.

　두 명식 모두 대운이 金水로 흘러 가는 모습입니다. 두 명식 모두 총명하여 학업성적이 우수하여 국내 최고의 기업체에서 간부로 근무하고 있습니다만, 뒤의 명식은 식신이 제어되고 운의 흐름이 기구신이라 항상 어려움을 겪으며 고전을 하는데 비하여 앞의 명식은 큰 어려움없이 직장 생활을 하고 있습니다.

▣ 지지 土의 중요성을 보여주는 명식 1

```
庚 庚 戊 甲
辰 子 辰 辰
```

```
乙甲癸壬辛庚己
亥戌酉申未午巳
```

이 명식은 辰月의 庚金으로서 월주의 土가 간지통하고 있고 지지와 천간의 인성이 넷, 천간의 비견 庚金이 있어 무척 신강해 보입니다. 그러나 인성 辰土는 봄의 土라서 일간 庚金의 근이 되기는 어려워 보이고 오히려 辰土는 甲木의 뿌리가 되는데 힘이 있는 甲木이 용신 戊土를 극하고 있어서 사는 일이 쉽게 풀리지는 않을 것 같고 모든 일을 혼자 도맡아 해야 하므로 고달프게 살아 갈 것입니다.

강한 편인으로 공상 이상주의자이며 월령과 일지의 子辰 암합으로 인해서 매사에 의문과 확인해 보고 싶은 심리가 강합니다.

편인과 庚金 비견으로 자기 확신과 고집이 있어 추진력이 대단히 강하지만 관성인 火가 없어서 열정이 부족하고 추진력이나 감정을 조절하는 능력이 떨어집니다.

지장간에서 조차 관성이 없지만 국영기업체에서 간부로 근무하고 있으니 관성이 없다고 관운이 없다는 말은 맞지 않습니다. 그리고 壬申 대운에 승진과 영전을 거듭하였으니 申子辰 水局, 水化로 보면 운대입이 올바르지 못합니다. 최근 戊子 己丑 庚寅 辛卯 壬辰 癸巳 甲午 乙未년이 어려우니 세운이 동남 방향으로 흘러간 이유입니다.

▣ 乾命에서 재성이 없는 경우 1

```
戊 辛 己 癸
戌 酉 未 巳
```

```
壬 癸 甲 乙 丙 丁 戊
子 丑 寅 卯 辰 巳 午
```

이 명식은 未月의 酉金이 戌時에 태어나 신강한 명입니다. 용신은 관성이 관인상생하므로 쓸 수가 없고 연간의 癸水로 봐야 합니다.

용신의 상태는 앉은자리도 불안하고 己土로 부터 극을 받고 있어서 어려운 상황인데 실제로 사주의 주인은 편안하게 살지 못하고 항상 바쁘게 살아 갑니다. 그리고 식신이 충극받으면 단명하거나 빈천하다고 고서에 나와 있는데, 이 분은 명식에 재성도 없는데도 사업을 해서 잘 살고 있다고 하면 어떤 분들은 未土속의 乙木재성이 있다고 억지 강변하기도 합니다.

재성이 없어 돈을 벌지 못한다고 하는 단편적인 해석을 해서는 안될 것입니다.

이 명식의 주인은 어릴 때 관성운인데도 관성이 인성을 생하는 상황이라서 오히려 어렵게 살았지만 乙卯 甲寅 재성 대운에 제조업을 하여 성공을 하였습니다.

◼ 乾命에서 재성이 없는 경우 2

丁 辛 戊 丁
酉 酉 申 未

辛 壬 癸 甲 乙 丙 丁
丑 寅 卯 辰 巳 午 未

이 명식은 申月의 辛金으로 인성과 비겁이 강하여 신강이므로 용신은 천간의 火 희신은 木으로 하면 되겠습니다.

비겁이 너무 강하여 식상이 필요한데 없어서 아쉬우며 시간 관성의 위치는 좋으나 근이 약하고 재성의 생을 받지 못해 아쉬운 상황입니다.

주의해야 할 점은 천간에서 火木 운은 좋지만 지지의 火운은 나쁘지는 않겠지만 火剋金을 잘 할 수 있을까 하는 걱정이 됩니다. 未土의 방해도 있고요. 지지의 木은 재성운이라고 기뻐할 수는 없습니다. 군겁쟁재의 현상을 간과할 수가 없기 때문입니다.

이 명식의 주인은 강한 비겁에 재성이 없으나 甲辰 대운에 재산을 모으고 직장에서 승진도 하고 좋은 10년을 보냈는데 辰土는 지지의 재성 세운인 寅木과 卯木 운이 왔을 때 큰 힘이 됩니다. 비겁이 강해 업무 추진력이 좋고 편관이 천간에 있어 책임감이 강하고 원칙주의로 편법을 싫어합니다. 식상이 없어 새로운 일에 소극적이고 융통성이 부족하지만 과묵한 편인데 가끔 썰렁 개그를 던지기도 합니다.

辛卯年에 상가 건물을 구입했는데 지지의 卯木 편재가 들어와 군겁쟁재가 되지만 대운 甲辰이 있어서 군겁쟁재를 면하고 辰土가 재성 卯木을 보호하기 때문입니다.

▣ 乾命에서 식상이 태과인 경우

```
丙 乙 丁 乙
戌 亥 亥 巳
```

```
辛 壬 癸 甲 乙 丙
巳 午 未 申 酉 戌
```

이 명식은 亥月에 태어난 乙木이 신강하지만 火氣는 이미 충분하므로 강한 인성을 제어하는 재성을 용신으로 봐야 하겠습니다. 식상이 태과하여 산만하게 보이지만 水氣나 土氣에 의해 조절되므로 태과의 단점 보다는 영민함으로 보입니다. 강한 인성이 戌土에 의해 적당히 조절되므로 상황판단의 센스가 돋보입니다. 乙酉 甲申 대운은 관성대운이지만 관인상생으로 빛을 보기 어렵고 癸未 대운에 사업을 시작하여 크게 성공하였습니다. 앞으로 壬午 대운도 좋으니 더욱 성장하리라 봅니다.

■ 수풍정의 심리사주에 의한 진로적성분석법

1) 심리사주와 진로적성분석의 필요성

 최근 공무원 지원자가 엄청 많다고 합니다. 사주적인 관점에서 예를 들면, 관직 사주가 아닌 사람이 관직에 근무할 경우 오래 근무하지 못하고 그만두게 되거나 힘들어 하는 경우를 많이 볼 수 있습니다. 직업은 타고난 적성과 운세가 맞을 때 성공하는 경우가 대부분입니다. 대학의 학과 선택도 마찬가지입니다.

 서양식 적성검사는 검사 시점의 학생이 마음먹기에 따라 다른 결과가 나올 확률이 높거나 정밀하고 구체적인 학생의 특성을 알아내기 어렵습니다.

 그리고 사주를 감정하려고 오시는 분들도 대부분 어린 자녀는 사주를 감정하지 않으려고 합니다. 아이의 장래에 관한 안 좋은 소리를 듣기 싫어서입니다.

 심리사주학에 의하면 어린 자녀의 사주감정은 오히려 필수 사항입니다.

 자녀의 성격심리 구조를 정확하게 파악하여 생활이나 학습 지도를 할 수 있고 적성을 분석하여 진학지도에 효율성을 높이기 위해서입니다.

 <심리사주학>은 아주 중요한 역할을 할 수 있습니다. 적성은 그 사람의 심리, 성격과 바로 연결됩니다.

 즉 각자 개인은 심리적 성향이 강하게 나타나는 분야에 재능을 보이고 적성이 맞습니다.

이미 선진국에서는 사람의 재능, 적성을 찾아내기 위해서 각종 심리검사, 지능검사, 인성검사, IQ검사 등의 설문 식 프로그램과 도구를 개발하여 활용해 왔습니다.

우리나라에서도 근대에 와서 이러한 방법을 받아들여 적성, 진로, 직업선택 등에 많이 활용하려고 노력하고 있으나 아직 그 중요성에 대한 인식이 부족한 것이 사실입니다.

이유를 보면 아직도 우리 사회가 적성에 맞는 진로, 직업선택을 하는 가치관이 약하고 또한 현재의 각종 심리 적성검사 방법들이 사람의 타고난 내면적 심리, 적성분야를 정확히 밝혀내는데 한계를 보이기 때문에 그 신뢰성에 의문을 가지고 반신반의하는 경향이 많습니다.

사주명리학은 음양오행의 생극제화를 활용하여 타고난 운명의 방향을 예측할 수 있는 동양의 학문 체계입니다.

고대사회에서는 직업의 종류와 사회구조가 단조로운 시대였기 때문에 사주명리학의 방향도 단순한 길흉화복의 풀이만으로도 활용가치가 있었다고 봅니다.

하지만 현대사회는 복잡한 구조의 시대이고 다양한 직업과 수많은 사람들과 이해관계의 연속성과 환경의 변화가 엄청나게 빠르게 진행되고 있습니다.

또한 직업에 대한 패러다임의 변동 폭이 크기 때문에 과거에 사용하던 명리학의 패튼과 메뉴로서는 이러한 현대의 변화를 따라가지 못하고 있는 실정입니다.

이제는 사주명리학의 활용 범위와 활용 가치의 변화가 필요한 시기입니다.

서양심리학이나 정신분석학에 의하면 타고난 심리구조가 그 사람의 정신세계를 지배하며, 그 사람이 일생동안 어떤 방향의 선택할 때에는 항상 그 심리구조범위 안에서 결정한 결과치가 인생의 성공과 실패를 결정하게 된다고 합니다.

누구나 가지고 있는 사주명식 속에서 음양오행의 원리에 의한 십성(十性)의 구조는 그 사람의 심리구조를 외면(外面)은 물론 내면(內面)까지도 파악할 수가 있고, 그 타고난 특성의 활용시기까지 알 수 있습니다.

우리는 이 십성(十性)의 원리를 활용하여, 학생들의 특성과 적성을 분석하여, 효율적인 학습지도 및 진학지도와 한 걸음 더 나아가 직업선택에도 활용하는 시스템을 만들고자 합니다.

2) 수풍정의 심리사주와 진로적성분석의 실제 사례

사례 1> 교육용 분석(수강생용)

丙 壬 丁 辛 女命
午 申 酉 丑

甲癸壬辛庚己戊
辰卯寅丑子亥戌

▷ 사주분석

가을의 정점에서 水(壬)의 기운으로 태어난 사주입니다. 유(酉)월의 水기운은 에너지를 강하게 축적해 가는 계절인데 마치 상현달의 의미를 생각해 볼 수 있습니다. 출생일인 임신(壬申)일은 水의 기운이 앉은 자리에서 金氣의 생을 받고 있으니 강한 추진력은 부족해도 자신의 소신을 지키고 버텨내는 힘은 충분해 보입니다. 1961년 신축년 또한 金氣와 水氣의 기운이 충만하니 사주전체가 차갑고 습한 기운이 너무 강한데 다행인 것은 출생시가 丙午時라서 전체적인 한난(寒暖)의 균형은 갖추었다고 보입니다. 이 사주는 木기운과 火기운을 가진 해(歲)가 되면 운세의 상승이 되어 하는 일이 순조롭게 진행될 것입니다.

▷ 심리분석의 강점

陽水(壬)의 특성은 이성적인 균형 감각과 포용력이 있으며 유연한 처신으로 주변의 변화에도 잘 적응하는데 자신의 목표를 향한 집중력도 상당히 강합니다.

1. 생각이 깊고 사색적이지만 잡념과 공상이 많아지지만 아이디어가 풍부한 이상주의자입니다.

2. 열정이 강하고 욕심이 많아서 항상 부지런하게 움직이는데 정밀한 계획성과 거시적 공간 개념이 있어서 금전관리에 강점이 있는데 저축과 투자의 시기와 방향감각이 빠르다고 하겠습니다. 또한 옳고 그름이 분명하고 어떤 일이든지 정확하게 짚고 가는 특성이 있습니다.

3. 명예를 중시하고 합리적인 처신과 책임감과 성실함이 있으며 분노 조절을 잘할 수 있습니다.

▷ 심리분석의 보완점

내면에 강한 열정(午火)이 있으나 자신의 재능을 적극적으로 표현하는 것(食傷)이 부족하고 모험 보다는 안정적인 선택(일간합)을 하는 성격이고, 강한 추진력이 부족(비겁이 없음)하여 바쁘게는 살지만 어떤 일을 도모할 때는 소극적입니다. 주변의 환경을 만들어 주면 열정을 가질 수 있습니다.

가끔씩 중심이 흔들리는 특성이 있는데 슬럼프에서 민감하게 반응하는 원인입니다. 그러나 아이디어나 예리한 판단력이나 예지력 같은 감각의 촉은 발달되어 있습니다.

▷ 재능과 성격의 특성

　욕심이 많아 부지런하게 움직이지만 실제로는 재능의 응용력(식상생재)이 떨어지고 도전 보다는 모험을 하지 않으려는 특성이 정체성의 혼란을 가져오게 되어 항상 답답한 마음으로 살아 가게 됩니다. 내 스스로 추진하기 어려우니 자신의 분야에서 내공을 쌓아서 내가 움직일 수 있는 공간이 만들어 주는 곳에서 능력을 발휘할 수 있습니다.

▷ 적성과 진로

　명분과 체면을 중시하며 정신세계가 발달된 선비형으로 학자나 교수 혹은 예술가에 적성을 가지고 있습니다. 생각이 깊고 통찰력이 있고(편인+재성의 극) 자신의 주장보다는 들어 주는 특성(식상이 없음)과 전체를 바라보는 공간개념과 꼼꼼하게 챙기는 정밀성 등을 종합하면 상담가로서 재능을 발휘할 수 있습니다.

▷ 배우자 선택

　나를 인정해 주고 챙겨주는 따뜻한 남편을 원하며 자신이 해야 할 도리는 다 하는 형입니다.

　실제 남편은 나에게 도움이 되지 않고 근심만 만드는 사람입니다.(관성 무력과 축토의 인성 성향)

▷ 표현의 방식과 소통

　사교적이며 항상 상대의 입장을 배려해서 상대가 듣기 좋은 얘기로 대화를 합니다. 그러나 화가 나면 공격적인 말로 변하게 됩니다.

▷ 수용의 방식과 소통

자신이 옳다고 판단되는 얘기는 아주 잘 받아 들이고 인정하지만 아니라고 생각하면 잘 받아 들이지 못합니다. 그리고 대충 듣는 특성(편재)이라서 큰 부분은 잘 파악하지만 섬세하게 받아 들이는 부분이 부족합니다.

▷ 전체운세 분석

초년의 19세까지는 천간 운(관성운)은 좋아서 하는 일이 순조롭고 자신감이 있게 되므로 학생시절의 공부는 잘 되었겠으나 지지 운은 산만하고 안정감이 떨어지므로 항상 갑갑한 일상을 겪어야 합니다.

20세부터 37세까지는 모든 일에서 전반적 운이 약한데 천간 운(인성운)은 판단력이 떨어지고 불필요한 욕심이 생겨서 서류 문서 등이 취약하고 주변에 사기를 당하기 쉽습니다.

지지운(비겁운)은 금전에 대한 욕심으로 주변권유에 의한 투자 투기 등으로 금전 손실이 예상되는 운이므로 전반적인 생활수준이 점점 어려워집니다.

38세부터 60세까지는 천간 운(비겁운)이 무리한 추진이나 주변사람들로 인하여 손해를 보는 운입니다. (군겁쟁재 : 군겁쟁재는 재성이 비겁에 의해서 깨어지는 것인데 이 사주에서는 재성이 강하지만 식상이 없고 강한 인성이 있어서 비겁운이 되면 군겁쟁재의 효과가

380

있다)

지지 식상 운은 식상생재로 금전 운이 상승되지만 월지 일지의 인성으로부터 극을 받으므로 사업의 확장이나 재능의 발휘가 쉽지는 않습니다.(세운에 의해서 5~6년 단위로 상승과 하락이 교차된다.)

61세부터 99세까지는 천간지지 운이 모두 재물 운과 연결되어 있고, 재다신강 사주이라서 금전 적으로 크게 성공할 수 있는 운이니 남은 시간에 준비를 충분히 하시기 바랍니다.

▷ 61~70세 운세분석

천간의 강한 식신 운은 식상생재의 구조가 제대로 작동을 하는데 자신의 능력을 널리 발휘할 수 있고 그 결과를 크게 거둘 수 있는 운입니다. 식신 운이 원국의 인성으로부터 제어를 받을 수 있으나 원국에 축토(丑土)가 있고 식신이 갑진(甲辰)이라서 힘이 있으므로 충분히 역할을 하겠습니다. 지지의 관성운(辰土)은 재성을 설기하지만, 지지 인성운을 돕지 않고 무력화시키는데 세운에서 62세부터 67세까지 세운이 木火로 흘러가니 61~70세 운은 吉운이라고 하겠습니다.

◆ 2018년 무술년

2018년은 아직 계묘(癸卯) 대운인데 천간의 계수는 재성 병화를 극하므로 재화의 운용을 원활하지 못하도록 방해하고 운에서 들어오는 火운을 방해하는 흉작용을 합니다.

지지의 묘목은 시지 오화를 생하기에 소극적이고 월지 유금으로

부터 상처를 입어 역할을 하기 어렵습니다. 다만 년지 축토의 도움이 있어서 어느 정도 충격을 완화해 주게 됩니다.

2018년 무술년은 천간 세운 무토는 대운 계수를 합하여 묶어 주므로 시간 병화 재성이 활동을 하게 되므로 금전의 유동성은 좋아지게 됩니다. 지지 세운 술토는 관성이지만 인성을 생하기 때문에 서류 문서 등으로 인한 손해를 볼 수 있는 경우 이지만 대운의 묘목 상관에 의해 통제가 되므로 아주 어려운 상황은 면하지만 상관견관에 의한 시끄러움은 피할 수 없습니다.

◆ 2019년 기해년

2019년은 아직 계묘(癸卯)대운이며 천간(과정) 세운 기토는 재화운용의 활성화(丙)와 함께 서류 문서 등에서 일이 진행될 것인데 그것은 기토가 정인(辛)을 생하므로 명예에 대한 욕심으로부터 시작되는 것입니다.

지지(결과) 세운 해수는 직접 정재 오화를 공격하지 않더라도 자신감으로 무리한 추진이나 결정을 하면서 상황을 어렵게 만들 것인데 해결할 수 있는 방법은 금전적 욕심을 버리고 나를 부추기는 주변사람들과는 멀리하고 새로운 방향으로 자신의 열정과 재능을 발휘하는 일에 전념을 하는 것입니다.

◆ 2020년 경자년

2019년은 아직 계묘(癸卯)대운이며 천간(과정) 세운 경금은 대운 계수를 생하여 시간 병화 편재를 공격하게 되며, 지지(결과) 세운 자수는 지지 신금 유금의 생을 받아 시지 오화 정재를 압박하게 되는데 대운 묘목으로 통관하여 사태를 진정시키는데 한계가 있습니다. 2020년은 자신의 판단 부족이나 과욕 혹은 주변사람들의 유혹 등으로 금전적 손실을 가져오거나 건강에 문제가 생길 수 있으니 갑진 대운을 기다리며 극도로 신중한 행동을 해야 하며 건강에 신경을 써서 체력을 길러야 하겠습니다.

사례2〉 교육용 분석(수강생용)

壬 癸 甲 癸
子 亥 子 未

丙 丁 戊 己 庚 辛 壬 癸
辰 巳 午 未 申 酉 戌 亥

▷ 사주분석

　동지를 넘긴지 열흘이 되지 않아서 강한 음 기운이 세상을 덮고 있는 子月의 계수(癸水)의 기운으로 태어난 사주(四柱)입니다. 월, 일, 시에 강한 水 기운으로 그 기운과 기질이 대단히 강하여 무모한 도전이나 오만함을 걱정하게 되는데, 연지에 건토인 미토편관이 자리 잡고 있으며 월간의 갑목은 수 기운을 설기하고 있고, 金기가 없어 날카롭지 않으니 강하지만 이성적이며 부드럽고 사교적이며 자신을 잘 제어할 수 있는 구조로 보입니다. 다만 火기가 없어서 항상 건강에 신경을 써야 합니다.

▷ 심리분석의 강점

陰水(癸)의 특성은 명랑 사교형으로서 처신을 잘 하므로 대인관계가 좋고 환경의 변화에도 잘 적응하는데 자신의 목표를 향한 집중력도 상당히 강합니다.

1. 비견과 겁재가 강하여 자신감과 경쟁심으로 추진력이 뛰어나고 어려운 상황에서 자신의 중심을 잃지 않는 배짱이 있습니다.

2. 표현궁의 상관은 두뇌형으로서 재치가 있고 언변이 논리적이며 자신의 생각을 솔직하고 적극적으로 표현하는데 창의성이 있어서 에드립이 능합니다.

3. 원칙주의로서 책임감이 강하고 편재가 내재되어 있는 편관이라서 그릇이 크다고 하겠습니다.

▷ 심리분석의 보완점

수용기능이 미약하여 항상 자신의 방식으로 사물을 이해하므로 상대와 공감하는 능력이 부족하게 되는데, 상황인식을 단순화 시키는 강점이 되어 목표에 대한 집중력이 강화됩니다.

다만 칭찬이 필요하며 이해를 시키려면 상세한 설명이 꼭 필요합니다.

그리고 자신감이 넘치며 일의 추진력은 좋으나 그것을 스스로 마무리하여 정리하는 점이 부족하며, 재무관리가 취약하여 자신이 소유한 금전관리에 취약한 면이 있습니다.

▷ 재능과 성격의 특성

역발상하는 특성이 있어서 남과 다른 생각을 하며 남과 다른 행동을 할 수 있는 가능성이 높은데 가끔은 돈키호테적인 발상을 할 수 있습니다. 이러한 특성은 한 분야에서 차별성이 높아 운이 따라준다면 대가(大家) 혹은 천재성을 발휘하게 됩니다. 그러나 일관성이 필요하며 같은 일이 단순 반복되는 업무에는 오래 버티지 못하고 엉뚱한 방법으로 그곳을 벗어 나려는 시도를 하게 됩니다. 주로 추진력과 타협이 필요한 부분에서 역발상의 능력을 발휘할 수 있습니다.

▷ 적성과 진로

상관의 변화무쌍하고 뛰어난 언변과 그릇이 크고 절제력이 강한 면이 유용한 직업에 어울리는데 <강사, 아나운서, PD, 외교관, 정치인, 교수, 발명가, 여행가(탐험가)> 등이 유리합니다.

▷ 배우자 선택

친구 같이 <대화, 소통>이 되는 아내를 원하고 사교적이며 친화력이 높지만, 아내 입장에서는 고집이 세다고 느껴져 부담스러울 수 있습니다. 그렇지만 사주에 아내를 공격하는 기운은 없기 때문에 큰 문제는 되지 않습니다.

▷ 표현의 방식과 소통

자신의 생각을 가감 없이 솔직하게 표현하고 전달하므로 뒷담화의 문제는 전혀 없지만, 혹시 상대가 생각지 못한 얘기를 듣게 되어 당황하게 되는 경우가 있습니다.(갑목 상관)

평소 재미있고 재치 있는 언변으로 주변에 호감을 얻을 수 있고 순수함이 묻어 있어서 상대가 편하게 느끼게 됩니다.

▷ 수용의 방식과 소통

내가 듣기 싫어도 일단 대범하게 수용하는 자세를 취하게 되지만 자신이 필요한 부분만을 듣게 되는데 이때는 구체적인 내용까지 관심을 갖고 깊은 곳까지 생각을 하게 됩니다.(임수 겁재)

▷ 전체운세 분석

초년부터 43세까지는 운세가 좋지 않습니다. 그렇지만 13세까지 세운이 목화로 구성되어 있고 20세부터 25세까지 목화로 흘러가며 32세부터 37세까지 모두 목화 운이 천간지지에 함께 왔기 때문에 비록 대운이 약했더라도 세운이 좋아서 그렇게 힘들지는 않았을 것이라고 판단할 수 있습니다. 52세부터는 대운이 천간지지 모두 관성 운인데 세운이 천간에 목화로 함께하니 점점 좋아지게 됩니다.

58세부터 무오대운 68세부터 정사대운은 대단히 강한 재성 운이지만 원국의 비겁 기운이 워낙 강하므로 부담이 되지만 세운이 10년 내내 목화토로 구성되었기 때문에 좋은 운세를 이어가는데 문제가 없어 보입니다.

이 사주에서 운세 분석할 때 특이한 점은 대운이 안 좋은 때는 세운이 천간지지가 5~6년 함께 집중적으로 와서 위기를 넘겨주고, 대운이 천간지지로 좋은 때는 세운이 천간지지로 나누어 10년을 모두 받도록 구성되어 있다는 점입니다.

앞으로도 98대운(107세 까지)까지 목화 대운으로 구성되어 있으니 건강만 챙겨 주시면 안정된 복록을 누릴 것으로 판단됩니다.

▷ 68~77세 운세분석

천간지지에 정사대운의 강한 火재성운을 맞게 되는데 세운 역시 목화로 흘러가서 평탄한 운세를 누리게 됩니다. 다만 2019년부터 2021년(신축년)까지 운세가 다소 약하므로 건강관리에 더욱 힘써야 하겠습니다.

◆ 2018년 무술년

2018년 무술년은 천간의 무토 관성운으로서 원국의 갑목의 방해로 무계합을 할 수 없고 무토는 또한 대운 정화가 정임합하는 것을 방해하는 구조가 되어 결국은 원국 갑목이 무토를 극하는 것을 정화가 통관하는 구조가 되므로 정관의 역할을 하므로 문서 서류 등에서 좋은 흐름이 있다고 봅니다. 지지의 술토는 관성이지만 토생수하는 면이 있어서 관성의 역할이 어려우니 지장간의 인성의 작용으로 명예에 대한 욕심으로 오히려 어려워지는 것으로 봐야 합니다. 그러나 대운이 사화로서 화생토하여 술토의 차가움을 완화(지장간의 병신합)시키므로 술토는 어느 정도 토극수를 할 수 있다고 봐야

387

하니 그동안 내가 만들어 놓았던 금전이나 인맥의 덕분으로 서류
문서 등 명예에 관한 결과가 좋다고 하겠습니다.

◆ 2019년 기해년

2019년 기해년은 천간의 기토 관성운으로서 원국의 갑목과 합을
하게 되고 대운의 정화는 원국의 임수와 합을 하게 됩니다. 그러므
로 원국의 식상과 대운의 재성 운이 활동을 못하게 되므로 활동력
이나 금전운용 면이 원활하지 않으므로 일이 진행이 순조롭지 못하
더라도 마음을 조급하게 갖지 말아야 하겠습니다.

지지의 해수는 원국의 水 기운들과 힘을 합쳐 대운사화를 공격하
므로 군겁쟁재로 될 수 있지만 원국 연지의 미토의 도움으로 어느
정도 위기를 넘기게 됩니다. 그렇지만 주변사람들로부터 금전적 손
해를 입을 수 있고 건강이 약화될 수 있으니 항상 대비하셔야 합니
다.

사례3> 상담용 분석(상담고객)

丁 癸 甲 壬
巳 巳 辰 寅

丁 戊 己 庚 辛 壬 癸
酉 戌 亥 子 丑 寅 卯

▷ 사주분석

봄의 끝자락인 辰월의 陰水(癸)의 기운으로 태어났는데 水의 기운을 도와줄 金기가 없는 사주라서 그 기운이 허약 합니다. 더욱 어려운 것은 木(甲)기운이 왕성하고 火기운 또한 강력하여 자신의 에너지를 항상 밖으로 분출해야 하므로 재능은 많으나 기운의 소모가 빨라서 항상 건강에 신경을 써야합니다.

▷ 심리분석의 강점

陰水(癸)의 특성은 명랑 사교형으로서 처신을 잘 하므로 대인관계가 좋고 환경의 변화에도 잘 적응하는데 자신의 목표를 향한 집중력도 상당히 강합니다.

1. 주변 여건에 쉽게 타협하므로 자존감이 약해 보이지만 내면에 경쟁심이 강하여 목표가 생기면 반드시 성취하려는 특성이 있습니다.

2. 열정이 강하고 욕심이 많아서 항상 부지런하게 움직이는데 정밀한 계획성과 거시적 공간 개념이 있어서 금전관리에 강점이 있는데 저축과 투자의 시기와 방향감각이 빠르다고 하겠습니다. 또한 옳고 그름이 분명하고 어떤 일이든지 정확하게 짚고 가는 특성이 있습니다.

3. 총명하고 임기응변에 능하며 언변이 논리적이라서 어문학적인 방면에 탁월한 재능을 발휘할 수 있으나 자신의 생각을 너무 솔직하게 애기 하는 점이 있어서 손해를 볼 수 있습니다.

4. 합리적인 처신과 책임감과 성실함이 있으며 분노 조절을 잘할

수 있는데 스스로에게는 억압심리가 될 수도 있습니다.

▷ 심리분석의 보완점

수용기능이 미약하여 항상 자신의 방식으로 사물을 이해하므로 상대와 공감하는 능력이 부족하게 되는데 상황인식을 단순화 시키는 강점이 되어 목표에 대한 집중력이 강화됩니다.

다만 칭찬이 필요하며 이해를 시키려면 상세한 설명이 꼭 필요합니다.

그리고 기력이 쉽게 약하게 되므로 육체적인 노동을 가급적 피하고 충분한 영양공급이 필요 합니다.

▷ 재능과 성격의 특성

주어진 업무에 충실한 관료형의 특성이 있는데 사회적 규범을 잘 지키며 스스로 문제를 해결 해 나가는 모습을 보입니다. 그리고 창의성을 바탕으로 한 도전적 성향이 있는데, 이 점은 새로운 것을 접하는 데는 유리하지만 주변과 충돌할 수 있는데 본인의 기(氣)가 약하기 때문에 충돌에 대한 분노로 스스로 상처를 입을 수 있습니다.

가장 중요한 특성은 역발상하는 기운이 있다는 것인데 보편적인 사람들의 생각과 전혀 다른 생각이나 행동을 할 수 있는 특성으로서 어떤 특정한 분야에서 뛰어난 능력을 발휘할 수 있습니다. 특히 정밀한 어떤 부분을 식별하거나 에드립과 창의성이 동반되는 언변 등에 유리합니다.

▷ 적성과 진로

미시적 경제개념과 거시적 경제개념이 함께 있으므로 재무관련 부분, 특히 증권분석이나 부동산컨설팅 등에 어울리며, 창의성과 역발상 그리고 거침없는 언변은 통역이나 여행가이드, 어학계통의 선생님으로 적합해 보입니다. 기본적으로는 한 곳에 오래 머물지 못하고 변화무쌍한 상황이 전개되는 일에는 모험심이 발동을 하게 됩니다.

▷ 배우자 선택

현모양처형으로 남편을 내조하여 성공을 시킬 수 있는 특성이 있으나 남편을 다소 자극하는 경우가 있으므로 너무 예민하거나 수용기능이 미약한 남자는 피해야 합니다.

▷ 표현의 방식과 소통

자신의 생각을 가감 없이 솔직하게 표현하고 전달하므로 뒷담화의 문제는 전혀 없지만 혹시 상대가 생각지 못한 얘기를 듣게 되어 당황하게 되는 경우가 있습니다. 평소 재미있고 재치있는 언변으로 주변에 호감을 얻을 수 있고 순수함이 묻어 있어서 상대가 편하게 느끼게 됩니다.

▷ 수용의 방식과 소통

다른 사람의 입장을 배려하고 미리 걱정해서 생각하므로 항상 어떤 문제를 풀어가면서 상대방의 생각을 의식하게 되는데, 상대가 그

것을 몰라 주면 그만큼 서운함이 생기게 됩니다.

▷ 전체운세 분석

초년의 26세까지는 천간 운은 좋아서 하는 일이 순조롭고 자신감이 있게 되므로 학생시절의 공부는 잘 되었겠으나, 지지 운은 산만하고 안정감이 떨어지므로 항상 갑갑한 일상을 겪어야 합니다.

27세부터 36세까지는 천간 운은 좋아서 기운을 얻게 되고 문서 서류 등에서 좋은 결과를 얻을 수 있으며, 지지 운은 에너지가 축적이 되므로 심리적 안정감이 생기고 금전적으로도 어려움에서 벗어나는 좋은 운으로 보내게 됩니다.

37세부터 46세까지는 천간 운이 좋으나 항상 충돌하며 변화무쌍한 일을 겪어야 하고 지지 운이 水운이라 좋지만 강한 木에게 기운이 빼앗기고 강한 火와의 충돌로 금전 운은 좋으나 항상 불안하고 흔들리는 어려움을 겪어야 합니다.

47세부터 56세까지는 천간 운이 분산되어 있던 일들이 방향설정이 되고 에너지(氣) 낭비가 줄어 안정감은 찾게 됩니다. 지지 운은 水기운이라서 좋아 보이지만 49~54까지 세운(歲運)이 좋지 않아서 금전적 어려움으로부터 벗어 나기 어렵습니다.

57세부터 84세까지는 기본적으로 심리적 안정감과 하는 일이 순조롭게 풀려나가므로 노후에 경제적으로도 어려움을 겪지 않게 되는데 다만 건강에 유의하고 과욕을 부리지 않는 것이 중요 합니다.

▷ 57~66세 운세분석

강한 관운(官運)이라서 기본적으로 다양한 변화와 나에게 주어진 여러 가지 책임량이 많아져서 심리적으로 답답함을 겪게 되지만 금전적 어려움이나 조급함은 비교적 안정을 찾게 될 것입니다.

◆ 2018년 무술년

57~66세가 무술운인데 2018년이 무술년이라서 관운(官運)이 4개가 겹치게 되므로 외견상 어려운 일이 앞을 막게 되어 어려울 것으로 보입니다.

그러나 이 사주는 천간의 木(甲) 지지의 木(寅)이 강하므로 토의 기운을 제어할 수 있어서 큰 문제는 피할 수 있습니다.

이 사주의 가장 문제점은 화기가 너무 강한 것인데 지지운의 술(戌)은 화기를 충돌하지 않고 다스리게 되고 약한 사주 주인에게 氣를 제공하게 됩니다.

2018년 운세를 정리하면 여러 가지 어려운 일들이 생겨나지만, 그것을 적극적으로 이겨나갈 수 있고 금전운은 순조롭게 되므로 안정적인 한 해가 될 것으로 분석을 했습니다.

에필로그

　사주명리를 공부하고 직업으로 전환한지 20여년이 되었다. 그리고 더 뒤돌아 보면 1989년도에 어느 명리선생님의 책을 사서 밑줄 그으며 읽은 흔적을 보면 이 쪽 방면에 얼쩡거린 해는 20년이 훌쩍 넘어선 것 같다. 20대 후반에 왜 운명학 서적을 읽었을까? 지금 생각해도 잘 이해가 안 된다. 운명이었을까? 아마 의지대로 열심히 살지 못해 고민과 방황의 흔적이 아니었을까? 아무튼 사주명리를 직업으로 할 때 주변에 무언의 반대, 그리고 원망이 서린 눈빛을 감수하며 용케 20여년을 버티며 왔나보다. 스스로에게 수많은 질문과 대답을 반복하며 고민과 번민 그리고 생활고까지 겪어야 했으니 언제부터인가 그것이 수행의 과정으로 자리 잡아 온 것 같다. 참 어려운 인생항로를 선택한 것 같았다. 나는 언제나 마음속에는 안정적인 삶을 원했지만 선택과 행동은 모험과 돌발적인 것이었으니 이중적인 모습에 갈등했던 것 같다. 그래서 항상 생각해온 화두가 '운명이란 것이 있는가?' 였다. 20여년을 사주명리 속에 살면서 얻은 결실은 "운명이라는 것이 어떤 부분에 이미 설정은 되어 있는데 우리는 주어진 그 운명의 틀에서 이탈된 삶을 선택하기에 어려움을 자초

한다."는 나름의 가설을 설정하였다는 것이다. 이것은 우리에게 희망을 줄 수 있는 사실로서 가슴 벅차는 희열을 느낀다. '운명이란 틀이 정해져 있으니 운명대로 살 것이다.' 가 아닌 '주어진 자신의 꼴(운명)대로 열심히 노력하면 누구나 자신의 인생에 만족할 만한 결과를 누릴 수 있다.' 라는 희망의 메시지를 명리에서 얻었다. 세상살이가 자신의 노력으로 최상의 결과를 가져온다면 더 바랄 것이 없지만 언제나 누구에게나 최상의 결과가 오지를 않는다. 오히려 최상의 결과를 꿈꾸며 귀중한 인생의 시간을 실험만 하다가 끝나는 경우가 많은 것 같다. 물론 그 과정을 아름답게 볼 수도 있지만 냉정하게 보면 실패는 고통이다. '실패하지 않은 인생'이 차선의 선택이라면 명리는 정말 좋은 정보가 된다. 사회적으로 '성공'의 기준과 가치관의 변화가 온다면 금상첨화가 될 것이다. 사주명리를 자신의 타고난 재능을 찾는 도구로 쓴다면 젊은이에게 진정한 희망을 줄 수 있고 동양의 우수한 문화유산인 명리를 음지에서 양지로 끌어내는 효과도 거둘 수 있다. 사주명리가 동양사상의 한 장르로서 인정을 받지 못하고 점술과 혼용되어, 오랜 세월 동안 신비주의적 관심 정도로만 인식되어 항상 사회의 주변에만 머물고 있어 왔다.

  이러한 사주의 미신적 요소를 과감하게 현대화를 시도한 <심리사주학>에 기반을 두고 연구하여 실생활에 적용할 수 있도록 체계화하여 <생활속의 사주학>으로 발전시키고자 노력하고 있다.

힘차게 외치고 싶다 "우리 것이 좋은 것이여!"

◆ OPA심리사주분석 프로그램(상담용)

• 수풍정에서 개발한 상담용 심리사주분석 프로그램으로서 수작업 수준의 섬세한 분석이 가능합니다. 다만 수작업 방식이기 때문에 어느 정도 실력을 갖춘 분들이 사용할 수 있습니다.

– 성인용 –
20세 이상의 성인용으로 심리분석
과 진로적성 그리고 운세분석

– 커플궁합 –
청춘커플 심리궁합과 부부갈등을
해소하기 위한 심리분석과 궁합

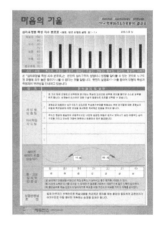

– 학생용 –
유치원생부터 고등학생용으로 개인별 심리&진로적성과 학습지도법 안내

문의 : 김명숙 본부장 010-4586-6836